为中华崛起传播智慧

To disseminate intelligence for the rise of China

中国战略性新兴产业
研究与发展

R&D of China's Strategic New Industries

物联网
The Internet of Things

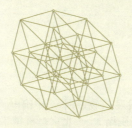

中国电子商会
机械工业经济管理研究院　组编
徐东华　主编

机械工业出版社
China Machine Press

本书分上、下两篇共9章对物联网产业的国内外发展现状、发展前景及趋势进行了深入分析，从物联网产业的准入条件、技术评价、风险规避等方面提出了产业发展的指导性意见，并列举物联网应用的先进应用案例对产业发展进行现实指导。附录中的国家政策文件指明了当前我国物联网产业的发展方向和具体内容。

本书上篇包括第1～4章，内容分别为物联网概述、国际物联网产业发展现状、我国物联网产业发展现状、我国物联网产业发展前景及趋势。下篇包括第5～9章，内容分别为物联网产业发展战略指导、物联网产业的基本准入条件、我国物联网的技术评价、物联网领域风险分析、物联网应用先进案例。

本书将普及性、科学性有机地统一起来，既具有一定的思想、理论深度，又具有浅显易懂、实用的特点，实际应用案例为产业、企业发展提供的具体指导，更具有现实意义。本书既适合政府部门、行业决策机构制定政策法规，物联网产业学术研究机构规划研究方向参考，也适合企业决策者，技术、管理及市场人员，以及投资、证券行业及咨询机构的人员在规划、投资、研究、项目实施中使用。

图书在版编目（CIP）数据

中国战略性新兴产业研究与发展．物联网／中国电子商会，机械工业经济管理研究院编．—北京：机械工业出版社，2017.12
 ISBN 978-7-111-58403-2

Ⅰ.①中… Ⅱ.①中… ②机… Ⅲ.①新兴产业－产业发展－研究－中国②互联网络－应用－产业发展－研究－中国③智能技术－应用－产业发展－研究－中国 Ⅳ.
①F269.24 ②F426.67

中国版本图书馆CIP数据核字（2017）第267838号

机械工业出版社（北京市百万庄大街22号　邮政编码 100037）
责任编辑：张珂玲　　责任校对：李 伟
北京宝昌彩色印刷有限公司印制
2017年12月第1版第1次印刷
170mm×242mm · 19.25 印张 · 345 千字
标准书号：ISBN 978-7-111-58403-2
定价：128.00元

凡购本书，如有缺页、倒页、脱页，由本社发行部调换
电话服务　　　　　　　　　网络服务
社 服 务 中 心：(010)88361066　　年 鉴 网：http://www.cmiy.com
销 售 一 部：(010)68326294　　机工官网：http://www.cmpbook.com
销 售 二 部：(010)88379649　　机工官博：http://weibo.com/cmp1952
读者购书热线：(010)68326643　　封面无机械工业出版社专用防伪标均为盗版

《中国战略性新兴产业研究与发展》编委会

主　任　路甬祥　第十届、十一届全国人大常委会副委员长，
　　　　　　　　　　中国科学院院士、中国工程院院士

副主任　苏　波　中纪委驻中央统战部纪检组组长
　　　　　　王文斌　中国机械工业联合会副会长、机械工业信息研究院院长、
　　　　　　　　　　机械工业出版社社长

委　员　（按姓氏笔画排序）

　　　　　　石　勇　机械工业信息研究院副院长
　　　　　　冯金尧　中国机械通用零部件工业协会紧固件分会会长
　　　　　　邢　敏　中国内燃机工业协会常务副会长兼秘书长
　　　　　　吕天文　中国电子节能技术协会数据中心节能技术委员会秘书长
　　　　　　刘庆宾　重庆材料研究院有限公司董事长兼总经理、中国仪器仪表
　　　　　　　　　　行业协会仪表功能材料分会理事长
　　　　　　孙容磊　华中科技大学教授、中国人工智能学会智能制造专业
　　　　　　　　　　委员会秘书长
　　　　　　吴正元　中国塑料加工工业协会专家委员会委员，南京聚隆科技
　　　　　　　　　　股份有限公司、南京聚锋新材料有限公司名誉董事长
　　　　　　于庆瑞　甘肃长城电工电器工程研究院有限公司院长、天水长城
　　　　　　　　　　开关厂有限公司总工程师
　　　　　　陆大明　中国机械工程学会副理事长兼秘书长
　　　　　　武兵书　中国模具工业协会会长
　　　　　　赵志明　中国石油和石油化工设备工业协会首席顾问
　　　　　　徐东华　机械工业经济管理研究院院长、国务院发展研究
　　　　　　　　　　中心研究员
　　　　　　郭　锐　机械工业信息研究院副院长、机械工业出版社总编辑
　　　　　　蒋善武　天安电气集团有限公司总裁
　　　　　　景晓波　工业和信息化部运行监测协调局副巡视员
　　　　　　谢三明　工业和信息化部运行监测协调局监测预测处处长
　　　　　　樊高定　中国制冷空调工业协会常务副理事长
　　　　　　瞿金平　华南理工大学教授、中国工程院院士

《中国战略性新兴产业研究与发展·物联网》
执行编委会

主　　编　徐东华
副 主 编　王　宁　聂秀东　史仲光　刘曙光
撰 稿 人　(按姓氏笔画排序)
　　　　　吕汉阳　宋　嘉　姚丽媛　李广乾　杨　瑛
　　　　　唐建国　薛　健　汤　立　李　行　徐静冉
　　　　　李亚亚　徐宇辰　靳雨桐　樊一江　胡艳超
　　　　　武　通　周　强　宋立松　高建龄　关力洋
　　　　　王小冉　王俊民　霍正卿　张　伟　张　亮
　　　　　李　雪　庞洁琛　李鹏飞　杜广斌　范　渊
　　　　　姚海鹏　李天洋　刘　芳　侯志华　李丽娜
　　　　　郭　瑜　卜天舒　王　茜　王　健　贾庆贺
　　　　　段雪峰　李靖怡

《中国战略性新兴产业研究与发展》
编委会办公室

主　　任　石　勇（兼）
副 主 任　李卫玲
成　　员　刘世博　任智惠　董　蕾　张珂玲　李　晶

序言

全球金融危机和经济衰退发生以来，美欧日俄等各国为应对危机、复苏经济、抢占未来发展的先机和制高点，都在重新审视发展战略，不断加快推进"再工业化"，培育发展以新能源、节能环保低碳、生物医药、新材料与高端制造、新一代信息网络、智能电网、海洋空天等技术为支撑的战略性新兴产业，在全球范围内构建以战略性新兴产业为主导的新产业体系。力图通过新一轮的技术革命引领，重新回归实体经济，创造新的经济增长点。这已成为很多国家摆脱危机、实现增长、提升综合国力的根本出路。可以预计，未来的二三十年将是世界大创新、大变革、大调整的历史时期，人类将进入一个以绿色、智能、可持续发展为特征的知识文明时代。那些更多掌握绿色、智能技术，主导战略性新兴产业发展方向的国家和民族将在未来全球竞争合作中占据主导地位，赢得全球竞争合作，共享持续繁荣进程中的主动权和优势地位。

为应对金融危机和全球性经济衰退以及日趋强化的能源、资源和生态环境约束，以实现中国经济社会的科学发展、和谐发展、持续发展，党中央、国务院提出加快调整产业结构、转变经济发展方式，加快培育和促进战略性新兴产业发展的方针，出台了《国务院关于加快培育和发展战略性新兴产业的决定》以及相关政策举措。可以肯定，未来5~10年将是我国结构调整与改革创新发展的一个新的战略机遇期，将通过继续深化改革，扩大开放，提升自主创新能力，建设创新型国家，实现我国科技、产业、经济由大变强的历史性跨越，我国经济社会发展将走出一条依靠创新驱动，绿色智能，科学发展、和谐发展、持续发展之路，实现中华民族的伟大复兴。

展望未来，高端装备制造、新能源汽车、节能环保、新一代信息技术、生物医药、新能源、新材料、绿色运载工具、海洋空天、公共安全等全球战略性新兴产业将形成十数万亿美元规模的宏大产业，成为发展速度最快，采用高新技术最为密集，最具持续增长潜力的产业群落。战略性新兴产业的发展需求也将拉动技术的创新突破和产业的结构调整，为包括我国在内的全球经济发展注入新的强大动力。

在世界各国高度重视培育和发展战略性新兴产业的新形势下，编著一套《中国战略性新兴产业研究与发展》图书，借鉴国外相关产业发展的成功经验，对行业发展思路、发展目标、发展战略、发展重点、投资方向、政策建议等方面进行全面、系统研究，凝聚对战略性新兴产业内涵和发展重点的认识，为国家战略性新兴产业发展规划的顺利实施，以及政府和有关部门制定促进战略性新兴产业发展的相关政策和法规提供参考，具有十分重要的现实意义。

《中国战略性新兴产业研究与发展》系列图书对相应产业的阐述、分析均注重强调战略性新兴产业的六个主要特点：

一是**绿色**。战略性新兴产业属于能耗低、排放少、零部件可再生循环的"环保型""绿色型"产业，无论从产品的设计、制造、使用，还是回收、再利用等整个生命周期的各个环节，对资源的利用效率与对环境的承载压力均要求达到最理想水平。

二是**智能**。新型工业化要求坚持以信息化带动工业化、以工业化促进信息化，即要实现"两化融合"。而"两化融合"决定了智能是未来产业尤其是战略性新兴产业的发展方向。所谓智能，是指制造过程的智能化、产品本身的智能化、服务方式的智能化。这些均是智能的最基本层次，它还具有其他更为丰富的内涵。如：智能电网，通过先进的传感和测量技术、先进的设备技术、先进的控制方法以及先进的决策支持系统技术的应用，可实现电网的可靠、安全、经济、高效、环境友好和系统安全等方面的智能；智能汽车不只是安全智能，还包括节能、减排、故障预警等方面的智能。

三是**全球制造**。随着全球化趋势不断深化，战略性新兴产业的发展成果也必将是由全人类共创共享。新产品的研制开发，不再由一个企业独自完成，需要集成各方面优势资源共同解决。例如 iPhone 在中国完成装配，但它的设计、研发以及许多零部件的供应都是在美国、日本、欧洲等国实现的，其本身就是一个全球化的产品。因而，未来的制造必然是全球化制造、网络化制造。

四是满足个性化需求与为更多人分享相结合。目前中国有 13 亿人口，印度有 12 亿人口，还有巴西、印度尼西亚等新兴国家、发展中国家也都要实现现代化。在全球如此规模庞大的人群中，既存在富裕阶层、高消费阶层，他们的消费需求是个性化、多样化的；又有占比较大的中产阶层、贫困人口，他们的消费需求是基本层次的，但也不能被忽视。两种类型的消费需求必须同时被满足，这不仅是构建和谐社会的需要，而且是构建和谐世界的需要。因此，我国发展战略性新兴产业，应该既要满足中高端个性化的需求，同时又要满足我国与其他发展中国家广大普通消费者的需求。要把个性化的设计、个性化的产品生产，与规模化、工业化的传统生产结合起来，不能完全抛弃传统的规模化生产方式。

五是可持续。要使有限的自然资源得以有效、可持续利用，发展利用可再生资源、能源，强调发展再制造、循环经济。无论是原材料使用，还是零部件制造，从研发、设计之初就考虑到了生产中的废料、使用后的遗骸的回收处置，使其能够重新得到循环利用。

六是增值服务。培育发展战略性新兴产业需要注意在设计制造过程中与产品售后、使用过程中提供相关增值服务。不应再局限于传统的观念，只注重制造本身，而不注重服务的价值。例如，发展电动汽车产业，必须首先解决好商业模式问题，包括充电桩建设、电池更换、废旧电池回收等服务方面，否则将无法广泛推广。

《中国战略性新兴产业研究与发展》系列图书内容丰富，资料翔实，观点鲜明，立意高远，并力求充分体现出"四性"，即科学性、前瞻性、指导性和基础性。

第一，**体现科学性**。所谓科学性，就是指以科学发展观为指导。科学发展观的核心是以人为本，总体目标是全面、协调、可持续，基本方法是统筹兼顾，符合客观规律。《中国战略性新兴产业研究与发展》系列图书既要能够为党中央、国务院提出的加快发展战略性新兴产业的总体战略服务，又不应受到行业、部门的局限，更不能写成规划或某些部门规划的解读材料，而应能够立足于事物客观规律、立足于全局。各分册编写组同志重视调查、研究，力求对国情、科技、产业及全球相关产业的发展态势有比较准确的把握，努力为我国战略性新兴产业的发展提供一本基于科学基础的好素材。这套图书立足基于我国国情，而不是简单地把发达国家的相关产业信息进行综合、编译，照搬照抄。当然，我国发展战略性新兴产业不能"闭门造车"，而是要坚持开放性，积极参与国际分工合作，充分利用全球优势资源，提高发展的起点和水平。因而，有必要参照国际成功经验与最新发展趋势，但一定要以我国国情和产业特点为根本出发点，加快培育和发展有中国特色的、竞争能力强的战略性新兴产业。

第二，体现**前瞻性**。一是能够前瞻战略性新兴产业的发展，因为这套图书是战略性新兴产业的发展指导书。二是能够前瞻战略性新兴产业技术的发展。为了做好这两个前瞻，必须要适当地前瞻全球经济、我国经济与战略性新兴产业发展的趋势。只讲发展现状是不够的，因为关于现状的资料很多，通过简单地网络搜索即可查到；也不能只罗列国外的某些规划和发展战略。《中国战略性新兴产业研究与发展》系列图书的编写注重有深度的科学分析与前瞻性的研究。

第三，体现**指导性**。《中国战略性新兴产业研究与发展》系列图书本身就是指导书，能够对产业、对技术、对国家制定政策，甚至在未来国家发展战略与规划的制定等方面发挥一定的引导作用与影响。虽然不能说这套图书可以指导国家战略与规划的制定，但是应该努力发挥其积极的引导作用。

第四，体现**基础性**。所谓基础性，就是指要能够提供战略性新兴产业的基础信息、基础知识，以及我国和有关国家在相关产业发展方面的基本战略，主要的法规、政策和举措，并尽可能提供一些基本的技术路线图。比如在轴承分册，就描述了一个轴承产业发展的路线图。唯有如此，《中国战略性新兴产业研究与发展》系列图书才能满足原来立项的宗旨——不仅要为工程技术界、大学教师、大学生与研究生提供学习参考书，为产业界的技术人员、管理人员提供决策参照，而且要为政府部门的政策法规制定者提供参考。

机械工业出版社是具有 60 年历史的专业性综合型出版机构，改革开放后，随着市场经济的发展，机械工业出版社不断改革转型，不但形成了完善的编辑出版工作流程和质量保证体系，而且编辑人员作风严谨，工作创新。

《中国战略性新兴产业研究与发展》系列图书不仅是一套科技普及书，更是一套产业发展参考书，必须既要介绍国内外战略性新兴产业的发展情况，又要阐述相关政策、法规、扶植措施等内容。因此，这套图书的组编单位、编写负责人和编写工作人员必须要有相关积累和优势。

《中国战略性新兴产业研究与发展》系列图书所选的分册主编和作者主要是精力充沛的业内中青年专家，并由资深专家负责相应的编审、校审工作。现在看来大多数工作由中青年同志担当，是完全符合实际的。此外，这套图书的编著还充分发挥了有关科研院所、行业学会和协会的作用，他们的优势在于对行业比较熟悉，并掌握了较为丰富的资料。

最后，特别感谢国家出版基金对《中国战略性新兴产业研究与发展》系列图书的大力支持！感谢全体编写出版人员的辛勤劳动！

期望《中国战略性新兴产业研究与发展》为社会各界了解战略性新兴产业提供帮助，期待中国战略性新兴产业培育和发展尽快取得重大突破，祝愿我国在不久的将来实现由经济大国向经济强国的历史性跨越！

是为序。

2012 年 2 月 6 日于北京

前言

物联网是新一代信息技术的高度集成和综合运用，具有渗透性强、带动作用大、综合效益好的特点，推进物联网的应用和发展，有利于促进生产生活和社会管理方式向智能化、精细化、网络化方向转变，对于提高国民经济和社会生活信息化水平，提升社会管理和公共服务水平，带动相关学科发展和技术创新能力增强，推动产业结构调整和发展方式转变具有重要意义。作为信息通信技术的典型代表，物联网在全球范围内呈现加速发展的态势，美国、欧盟、中国等国家和地区纷纷提出物联网发展策略。

2010 年，《国务院关于加快培育和发展战略性新兴产业的决定》中将物联网作为战略性新兴产业的一项重要组成内容。2013 年，《国务院关于推进物联网有序健康发展的指导意见》中提出要打造具有国际竞争力的物联网产业体系。2016 年《信息通信行业发展规划（2016—2020 年）》和《信息通信行业发展规划物联网分册（2016—2020 年》相继发布，明确提出物联网行业发展目标、重点工程和产业布局。基于物联网在战略性新兴产业和新一代信息技术行业中的重要地位，本书对物联网进行了系统和全面的介绍。本书分为上、下两篇，共 9 章。

本书上篇（第 1～4 章）内容为物联网产业概述，系统介绍了物联网产业概念、国内外物联网产业发展现状、我国物联网产业发展前景及趋势。其中，第 1 章系统介绍了物联网的基本概念、产业发展历程和主要应用领域。第 2 章主要介绍国际物联网产业发展现状，包括全球物联网产业现状、主要国家和地区物联网发展状况、国际物联网产业标准制定现状。第 3 章重点介绍我国物联网产业发展现状，包括我国物联网应用领域现状、我国物联网地区发展现状、我国物联网产业链构成、我国物联网技术现状、我国物联网标准现状、我国物联网的相关政策及物联网产业发展中存在的问题。第 4 章主要介绍我国物联网产业发展前景及趋势，包括未来物联网发展的重点机遇、我国发展物联网的优势、未来物联网产业发展的重点领域、我国物联网的发展趋势。

本书下篇（第5～9章）内容为物联网产业指导，系统介绍了物联网产业发展战略指导、物联网产业的基本准入条件、我国物联网的技术评价、物联网领域风险分析及物联网应用先进案例，为物联网行业研发人士提供参考。其中，第5章介绍了我国物联网产业在新一代信息技术行业中的重要地位，从国家战略层面分析物联网的发展目标、重点工程和布局等。第6章从终端设备制造业、无线模块产品供应商、网络运营商等6个分行业介绍物联网行业的基本准入条件。第7章介绍了我国物联网的技术评价，包括物联网的无线电射频识别技术、传感器技术、大数据技术、云计算技术、M2M技术。第8章从宏观经济、政策、技术和安全4个角度对物联网产业进行风险分析。第9章主要选取分行业典型企业的应用案例进行分析。

新一轮物联网产业已经进入发展布局的关键窗口期。未来我国将进一步明确物联网产业的发展方向，加快战略布局，加强产业链和创新链协同，打造物联网产业生态系统，推进我国物联网发展进入新的阶段。

徐东华

2017年9月12日

编写说明

《国务院关于加快培育和发展战略性新兴产业的决定》确定了我国未来经济社会发展的战略重点和方向是战略性新兴产业，并且根据我国国情和科技、产业基础，又制定出现阶段重点发展节能环保、新一代信息技术、生物、高端装备制造、新能源、新材料、新能源汽车七大新兴产业。可见，未来几年七大战略性新兴产业将是国家重点支持、大力推广的产业。

为了使大家全面理解、准确把握、深刻领会国家这一战略决定的精神实质，了解其发展内涵，推动产业结构升级和经济发展方式转变，增强国际竞争优势，抢占新一轮经济和科技制高点，机械工业出版社在国家出版基金的支持下，组织各领域权威专家编写了一套《中国战略性新兴产业研究与发展》（以下简称《研究与发展》）图书。

《研究与发展》以国家相关发展政策和规划为基础，借鉴国外相关产业发展的成功经验，对产业发展思路、发展目标、发展战略、发展重点、投资方向、政策建议等方面进行了全面、系统的研究；对前瞻性、基础性和目前产业上有瓶颈限制的问题提出了有针对性的对策。

《研究与发展》采用分期分批的出版方式陆续出版发行，第一期12个分册图书已于2013年年底完成出版，包括：太阳能、风能、生物质能、智能电网、新能源汽车、轨道交通、工程机械、水电设备、农业机械、数控机床、轴承和齿轮。本次出版第二期13个分册图书，包括：功能材料、物流仓储装备、紧固件、模具、内燃机、塑料机械、塑木复合材料、物联网、制冷空调、智能制造装备、非常规油气、中压开关和数据中心。今后根据国家产业政策要求及各行业的发展情况还将陆续推出其他分册。

为了出版好《研究与发展》，机械工业出版社成立了《中国战略性新兴产业研究与发展》编委会，全国人大常委会原副委员长路甬祥担任编委会主任。路甬祥副委员长对该套图书的编写高度重视,亲自参加编委研讨会,多次提出重要指导意见。他从图书的定位、内容选材、作者队伍建设和运作流程等方面都给予了全面和具体的指导,并提出了"六个特点"和"四性"的具体要求。对每个分册的内容重点提出了具体的建议要求。

机械工业出版社还建立了完善的项目管理、编写组织、出版规范和网络支撑四个方面的工作体系来保证图书质量。各组编单位投入了大量的精力组织行业权威专家规划内容结构、研讨内容特色;参与图书编写的主创人员也不计报酬,自觉自愿地把自己的聪明才智和研究成果奉献给社会,奉献给国家。他们都担负着繁重的科研、教学、行业管理或生产任务,为了使此书能够早日与大家见面,他们不辞辛苦、加班加点。因为他们都有一个共同心愿——帮助企业快速成长,使中国由大变强。

在此,衷心地感谢为此项工作付出大量心血的组编单位、各位专家、各位撰稿人、编辑出版及工作人员!

尽管我们做了大量工作,付出了巨大努力,但仍难免有疏漏或错误之处,敬请读者批评指正!

《中国战略性新兴产业研究与发展》编辑部
2017 年 11 月

目录 CONTENTS

序言

前言

编写说明

上篇　物联网产业概述

第1章　物联网概述 ································· 2
1.1　物联网基本概念 ······························· 2
1.2　物联网发展历程 ······························· 5
1.3　物联网的主要应用领域 ······················· 9
参考文献 ·· 13

第2章　国际物联网产业发展现状 ············· 14
2.1　全球物联网产业发展态势及规模 ············ 14
2.2　主要国家和地区物联网发展状况 ············ 23
2.3　国际物联网标准制定现状 ···················· 28
参考文献 ·· 42

第3章　我国物联网产业发展现状 ············· 43
3.1　我国物联网应用领域现状 ···················· 43
3.2　我国物联网地区发展现状 ···················· 45
3.3　我国物联网产业链构成 ······················ 53
3.4　我国物联网技术现状 ························· 55
3.5　物联网产业标准现状 ························· 70
3.6　我国物联网产业的相关政策 ················· 83
3.7　物联网产业发展中存在的问题 ·············· 88
参考文献 ·· 89

第4章 我国物联网产业发展前景及趋势 … 90
4.1 未来物联网发展的重点机遇 … 90
4.2 我国发展物联网的优势 … 91
4.3 未来物联网产业发展的重点领域 … 92
4.4 我国物联网的发展趋势 … 94
参考文献 … 97

下篇 物联网产业指导

第5章 物联网产业发展战略指导 … 100
5.1 物联网产业在新一代信息技术行业中的重要地位 … 100
5.2 我国物联网的国家战略目标 … 102
5.3 重点工程 … 103
5.4 重点布局 … 106
参考文献 … 110

第6章 物联网产业的基本准入条件 … 111
6.1 终端设备制造业 … 111
6.2 无线模块产品供应商 … 113
6.3 网络运营商 … 114
6.4 物联网平台服务商 … 116
6.5 系统及软件开发商 … 117
6.6 系统集成商 … 118
参考文献 … 118

第7章 我国物联网的技术评价 … 120
7.1 物联网中的无线电射频识别（RFID）技术 … 120
7.2 物联网中的传感器技术 … 121
7.3 物联网中的大数据技术 … 124
7.4 物联网中的云计算技术 … 128
7.5 物联网中的 M2M 技术 … 131

参考文献·· 133

第8章　物联网领域风险分析·· 134
　8.1　宏观经济风险··· 134
　8.2　政策风险·· 135
　8.3　技术风险·· 135
　8.4　安全风险·· 136
　　参考文献·· 137

第9章　物联网应用先进案例·· 138
　9.1　工业领域应用案例··· 138
　9.2　农业领域应用案例··· 146
　9.3　医疗领域应用案例··· 152
　9.4　物流领域应用案例··· 157
　9.5　智能家居领域应用案例····································· 158

附录
　附录A　国务院关于推进物联网有序健康发展的指导
　　　　意见·· 162
　附录B　工业和信息化部关于印发信息化和工业化深度融合
　　　　专项行动计划（2013—2018年）的通知············· 167
　附录C　国务院关于印发《中国制造2025》的通知············· 177
　附录D　国务院关于积极推进"互联网+"行动的指导
　　　　意见·· 199
　附录E　国务院关于印发"十三五"国家战略性新兴产业发展
　　　　规划的通知·· 217
　附录F　信息通信行业发展规划（2016—2020年）············· 261
　附录G　信息通信行业发展规划物联网分册
　　　　（2016—2020年）·· 280

上 篇

物联网产业概述

第 1 章 物联网概述

1.1 物联网基本概念

1.1.1 物联网的概念和内涵

物联网（The Internet of Things，IoT）这一概念最早于 1999 年提出，之后随着技术和应用的发展，物联网内涵不断扩展，不同的组织机构、专家学者、企业都赋予过不同的含义。本部分主要介绍物联网概念和内涵的演变过程。

物联网概念最早于 1999 年由麻省理工学院 Auto-ID 研究中心提出，他们认为物联网就是把所有物品通过射频识别（RFID）和条码等信息传感设备与互联网连接起来，使物品信息实现智能化识别和管理，实现物品信息互联而形成的网络。其实质就是将 RFID 技术与互联网相结合并加以应用。

2005 年，国际电信联盟（ITU）发布《ITU 互联网报告 2005：物联网》，全面而透彻地分析了物联网，该报告提出物联网主要解决物品到物品（Thing to Thing，T2T），人到物品（Human to Thing，H2T），人到人（Human to Human，H2H）之间的互联。具体来说，H2T 指人利用通用装置与物品之间的连接，H2H 指人与人之间不依赖于个人计算机而进行的互联，这都与传统互联网的概念不同。ITU 在报告中还提出物联网的终极梦想，即通过随时随地了解身边的事物，从而实现智能化识别、定位、跟踪、管理，最终让整个世界变成由巨型计算机控制的世界。

2010 年 3 月，物联网首次写入我国《政府工作报告》，报告指出："物联网：是指通过信息传感设备，按照约定的协议，把任何物品与互联网连接起来，进行信息交换和通讯，以实现智能化识别、定位、跟踪、监控和管理的一种网络。它是在互联网基础上延伸和扩展的网络"。

2011 年 5 月，工业和信息化部电信研究院在首次出版的《物联网白皮书（2011 年）》中再次丰富了物联网的内涵，白皮书提出"物联网是通信网和互联网的拓展应用和网络延伸，它利用感知技术与智能装置对物理世界进行感知识别，通过网络传输互联，进行计算、处理和知识挖掘，实现人与物、物与物信息交互和无缝链接，达到对物理世界实时控制、精确管理和科学决策目的"。

日本东京大学教授坂村健认为物联网是让任何物品都嵌入一种标记有自己身

份特征的系统，然后通过无线网络将所有物品都连接起来，该网是全球信息化发展新阶段的产物，是从信息化向智能化的提升，是在已经发展起来的传感、识别、接入网、无线通信网、互联网、云计算、应用软件及智能控制等技术基础上的集成、发展与提升。物联网本身是针对特定管理对象的"有限网络"，是以实现控制和管理为目的，通过传感/识别器和网络将管理对象连接起来，实现信息感知、识别、情报处理、态势判断和决策执行等智能化的管理和控制。

中国移动通信集团公司前董事长王建宙认为通过装在各类物体上的电子标签（RFID）、传感器、二维码等，经过接口与无线网络相连，从而给物体赋予智能，可以实现物体与物体之间的沟通和对话，这种将物体连接起来的网络被称为物联网。

综上所述，物联网是利用二维码、射频识别（RFID）、各类传感器等技术和设备，使物体与互联网等各类网络相连，获取现实世界无处不在的信息，实现物与物、物与人之间的信息交互，支持智能的信息化应用，实现信息基础设施与物理基础设施的全面融合，最终形成统一的智能基础设施。从本质上看，物联网是架构在网络上的一种联网应用和通信，物联网实现了物理世界与信息世界的无缝链接。

物联网概念演进见图1-1。

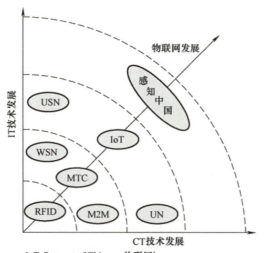

IoT（Internet of Things，物联网）
M2M（Machine to Machine，机器对机器）
MTC（Machine Type Communication，机器类通信）
RFID（Radio Frequency Identification，射频识别）
UN（Ubiquitous Network，泛在网）
USN（Ubiquitous Sensor Network，泛在传感网）
WSN（Wireless Sensor Network，无线传感网）

图1-1　物联网概念演进

1.1.2 物联网的体系结构

体系结构一般指统一的或一致的形式结构[1]。对于网络化计算系统而言,体系结构能说明系统组成部件及其之间的关系,指导系统的设计与实现,建立体系结构是实现网络化计算的首要前提。物联网作为一种新的网络化计算系统,建立物联网体系结构十分重要。

物联网融合了传感器、计算机、通信网络、半导体技术,实现了物与物之间的互联通信。根据网络内数据的流向及处理方式,物联网体系结构可分为三个层次:网络感知层、传输网络层和应用网络层。物联网的体系结构见图1-2。

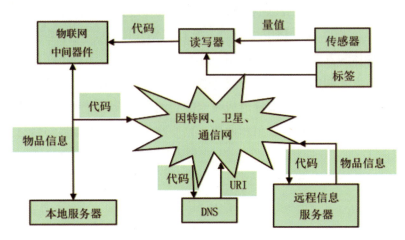

图1-2 物联网的体系结构

(1) 网络感知层即信息识别层 它是以二维码标签和识读器、RFID标签和读写器、传感器为主要感知器件,实现物体监测的。RFID系统利用射频信号将存储在标签上的标识物的信息进行识别和采集,并将该信息传送到计算机信息管理系统,在标识物与计算机之间进行通信。在所标识的物体中,物体自身同样具备相互感知的能力,因此在局部空间内物体间可以实现相互通信并传递信息。

(2) 传输网络层即网络通信层 它通过现有的因特网、卫星、移动通信网等接入到物联通信网,实现数据的进一步处理和传输。从物联网的网络通信层面上看,保障数据的安全是一个核心问题。数据在传输过程中容易受到攻击、更改、冲突、堵塞和重发,因此在数据传输中,需要采用数据融合和安全控制技术,以提高网络的容错能力,保证数据的可靠性。在该传输网络层中,采用电子产品代码(Electronic Product Code, EPC)形成一个全球的、开放的标识标准,对每一个物品赋予一个独一无二的代码,并结合RFID技术的使用,实现了RFID技术与通信网络相结合，即可顺利地将所采集到的、经过处理的综合信息通过传输网络层传送给后台系统，实现对物品的跟踪和追溯。

（3）应用网络层即终端处理层　它是输入输出控制终端，包括计算机、手机等服务器终端。它的作用是实现对传输层发送的信息的存储、挖掘、处理和应用。物联网的终端由外围感知（传感）接口，中央处理模块和外部通信接口三个部分组成，它属于传感网络层和传输网络层的中间设备，具有数据接收、处理以及整合等多种功能，通过对信息的处理、统计和分析，可以达到监测被标识的物品信息的目的，从而实现"物物通信"。

1.2　物联网发展历程

1.2.1　物联网发展简介

1995 年，比尔·盖茨就在《未来之路》一书中提及了物联网的基本思路。2003 年，美国《技术评论》提出传感网络技术将是未来改变人们生活的十大技术之首。2004 年，物联网因其能实现人与物、物与物之间的即时交流，被美国《商业周刊》评为全球十大热门技术。

2005 年，国际电信联盟（ITU）发布《ITU 互联网报告 2005：物联网》（《The Internet of Things》），从此物联网的概念日渐深入人心，引起了各国政府与产业界的重视。

2005 年 11 月 17 日，在突尼斯举行的信息社会世界峰会（WSIS）上，正式提出了物联网概念，拉开了物联网在当今社会快速发展的序幕。

随后，全球主要发达国家和地区纷纷制定与物联网相关的信息化战略，寄希望于物联网来解决当时的金融危机，刺激经济新一轮增长。

美国"智慧地球"。2008 年年底，IBM 公司首席执行官彭明盛提出"智慧地球"的概念，建议将新一代 IT 技术充分运用到各行各业之中，把感应器嵌入和装备到全球每个角落的各种物体中，并且普遍连接，形成物联网，而后通过超级计算机将物联网整合起来，使人类能以更加精细和动态的方式管理生产和生活，最终形成"互联网+物联网=智慧地球"。奥巴马针对 IBM 首席执行官彭明盛首次提出的"智慧地球"这一概念作出回应，表示物联网技术是美国在 21 世纪保持和夺回竞争优势的方式。

欧盟"物联网行动计划"。2009 年 6 月，欧盟委员会宣布了"欧盟物联网行动计划"，该计划提出，要实现将各种物品如书籍、汽车等连接到网络中，确保欧洲在构建新型互联网的过程中起主导作用。欧盟认为，此项行动计划会帮助欧洲在互联网的变革中获益，同时也提出了未来会面临的问题，如隐私问题、安全问题以及个人的数据保护问题。

日本"i-Japan 计划"。2009 年 8 月日本继"e-Japan""u-Japan"之后提出了更新版本的国家信息化战略——"i-Japan 战略 2015"，其要点是大力发展电子政府和电子地方自治体，推动医疗、健康和教育的电子化。日本政府希望通过执行"i-Japan"战略，开拓支持中长期经济发展的新产业，大力发展以绿色信息技术为代表的环境技术和智能交通系统等重大项目。

2009 年 8 月 9 日，温家宝总理在江苏无锡考察中科院无锡高新微纳传感网工程技术研发中心时强调："在传感网发展中，要早一点谋划未来，早一点攻破核心技术"，"一是把传感系统和 3G 中的 TD 技术结合起来；二是在国家重大科技专项中，加快推进传感网发展；三是尽快建立中国的传感信息中心，或者叫'感知中国'中心"。提出了把传感网络中心设在无锡、辐射全国的想法，并首次提出"感知中国"概念。

2009 年 9 月 11 日，"传感器网络标准工作组成立大会暨'感知中国'高峰论坛"在北京举行，会上成立了传感器网络标准工作组，为我国开展传感网标准制定工作，参与国际标准化工作，把握信息化浪潮奠定了基础。2009 年 9 月 14 日，在"2009 中国通信业发展高层论坛"上，中国移动通信集团公司董事长王建宙表示："物联网商机无限，中国移动将以开放姿态，与各方竭诚合作"。

2009 年 9 月 21 日，工业和信息化部在相关会议上，首次明确提出要进一步研究和建设物联网、传感网，加快传感中心建设，推进信息技术在工业领域的广泛应用，提高资源利用率、经济运行效益和投入产出效率等。

2009 年 10 月 11 日，工业和信息化部部长李毅中部长在《科技日报》上发表题为《我国工业和信息化发展的现状与展望》的署名文章，首次公开提及传感网络，并将其上升到战略性新兴产业的高度，指出信息技术的广泛渗透和高度应用催生出一批新增长点。

2009 年 11 月 3 日，温家宝总理在北京人民大会堂向首都科技界发表了题为《让科技引领中国可持续发展》的讲话，提出发展包括新能源，新材料，健康科技、生物医药，信息网络，空间、海洋和地球深部战略性新兴产业的目标，并将物联网并入信息网络发展的重要内容中，强调信息网络产业是世界经济复苏的重要驱动力。

2010 年 6 月 22 日，2010 年中国国际物联网大会在上海开幕，这是中国首个物联网全产业链大会。大会内容覆盖了从政策与市场、物联网标准、核心技术（通信技术、感知技术、软件及信息处理技术等）、到应用和商业模式等的物联网整个产业链，从不同角度阐述对物联网的理解，分享成功经验，探讨未来发展趋势。其中商业模式和行业应用被首次列为重点板块着重探讨与研究[2]。我国日益重视物联网的发展，并把它作为未来 4G 业务可选择的商业模式。物联网是下一代移动互联网的重要应用领域，因为物联网突出表现为每一个物体都可通信、可寻址、可控制，并且未来任何物体都可实现上网，移动互联网将随处可见。与此同时，物物通信还会包涵大量数据业务，而未来 4G 的高带宽正好有了"用武之地"。也就是说，物联网会对数据业务有较大需求，也许会成为未来 4G 业务可选择的商业模式。

1.2.2 物联网技术发展历程

物联网的发展受核心技术变化影响较大，以下重点分析射频识别技术（RFID）、传感器技术、M2M 技术、云计算和大数据技术。

1. 射频识别技术

射频识别技术是指利用射频信号通过空间耦合实现无接触信息传递并通过所传递的信息达到自动识别的目的。RFID 技术最早开发于军事领域，主要应用在如何识别敌我飞机方面。在 20 世纪 60 年代，人们开始探索 RFID 技术应用到其他领域，早期它主要是防止被标识物体的丢失，而无法区分被标识物体的差异。在 20 世纪 70 年代，各个领域的学者、公司和政府等开始积极研究开发 RFID 技术，并挖掘其经济价值。在 20 世纪 80 年代，RFID 技术得以完善，开始应用到不同领域。欧洲工业市场最早用它来跟踪、定位不能使用条码技术的产品；美国的 RFID 技术主要应用于运输业和访问控制；挪威最早在电子收费系统中应用 RFID 技术，取得了很好的效果。随后 RFID 技术开始在世界范围内普及。因为 RFID 技术研究和应用的时间较短，到目前仍没有统一的国际标准。

RFID 技术在我国起步较晚，但发展速度较快，我国在短时间内不仅掌握了高频芯片的设计技术，并成功实现产业化，而且超高频芯片也已经完成开发工作。我国已在二代身份证、中国火车管理系统、智能交通、城市建设及移动支付等多领域中开始使用 RFID 技术。

2. 传感器技术

1861 年最早的传感器作为连接物理世界和电子世界的中介出现。传感器可以获取到人类无法感知的信息，弥补了人类生理上的不足，扩大了人类认识未知世界的范围。例如人类无法通过身体觉察到温度微小的变化，更不能通过身体去感测上千度高温的变化,而传感器则可以为人们提供帮助。到了信息时代,由于科学技术的进步,传感器已经出现在生活中的各个角落,包括热水器的控温、电视机的遥控器、空调的温度传感器等。传感器主要应用在工农业生产、医疗卫生、环境保护及军事国防等领域,通过传感器可以大大改善生活水平和提高改造世界的能力。

目前,计算机主要以处理数字信号为主,作为计算机应用中的关键技术之一的传感器,把模拟信号转换成数字信号,输入计算机中进行下一步处理。传感器技术的发展,使计算机的计算能力变得更加准确和迅速,并且更加智能。在物联网时代,通过感知识别技术,可以实现物与物之间的信息交互。感知识别技术是融合物理世界和信息世界的重要一环,是物联网区别于其他网络的最独特部分。传感器技术给物联网带来了新的发展契机。我国传感器技术落后于西方发达国家,为了推进物联网的全面发展和实践,我国在传感器技术方面仍需进行更大的突破。

3.M2M 技术

M2M（Machine to Machine）技术是指机器对机器的通信,即 M2M 是无线通信和信息技术的整合,它使系统、感应终端设备、后台信息系统及操作者之间实现信息共享,它提供这四者之间的无线连接,是实现数据传送的必要条件。在 M2M 中,主要的远距离连接技术是 GSM、GPRS 和 UMTS,其近距离连接技术主要有 802.11b/g、蓝牙技术、ZigBee、射频识别技术和无线传感技术。此外,还有一些其他技术,如超文本语言和 Corba,以及基于全球定位系统、无线终端和网络的位置服务技术。M2M 的重点是机器间的无线通信,存在的方式有三种：机器对机器、机器对移动电话、移动电话对机器。M2M 技术是综合了信息获取、卫星导航系统、通信技术、传感器终端、操作者、各种网络等技术的系统,M2M 技术能够使业务流程自动化,能够集成信息处理系统和设备的实时状态,并创造增值服务。

我国主要是三大通信营运商正在推进 M2M 建设。在"2012,国际光纤通信论坛"上,中国电信上海研究院李安民认为："中国电信对物联网的探索主要以 M2M 为主,而 M2M 游牧式的通信方式对移动通信网络也提出了特殊的要求"。随着接入网络的 M2M 终端数量不断增加,目前的移动通信网络必须作出适应性的调整,区分出 M2M 通信流量后再进一步满足其特定的需求。在 M2M 通信发展过程中,它的交互模式分为三个阶段。第一阶段以数据采集为主,如各种指标采集应用、定位跟踪应用、环境监测应用等；第二阶段涉及在数据采集基础上的远程控制和信息发布，此阶段前向流量将逐渐增加；第三阶段是机器与机器之间的直接通信，此阶段前反向流量将走向均衡化。我国当前仍处于以数据采集为主阶段，面临着诸多困难需要解决。因为 M2M 应用与市场需求联系紧密，因此在具体行业应用方面，出现了诸多问题，如产业链不完善、没有统一的技术标准、不能形成产业集群等。

4. 云计算和大数据技术

云计算与大数据都是基于互联网发展到一定阶段的产物，都是依托信息通信技术的创新而发展的，也可以理解为同一事物的不同表象。云计算是物联网的核心技术，推动着物联网的发展。云计算的数据计算和存储是物联网的初级发展阶段的表现形式，当物联网发展到高级阶段时则需要虚拟化云计算技术与互联网融合，形成泛在服务网络。

随着物联网传感器不断嵌入世界范围内所有物体中，必然会产生越来越多的数据。移动终端数量激增的同时与其他通信设备的交互性信息联通，形成了无法计量的数据。这些数据处理量巨大，结构复杂、类型繁多，只有在云计算技术支撑下的互联网才能获取有价值的信息。因此大数据是依托云计算技术的数据处理与整合，形成的商业价值和知识服务能力。2012 年，美国政府将大数据研究上升到国家战略高度，以推动挖掘数据中蕴藏的巨大价值。大数据是知识经济的最新形态，蕴含着巨大的价值。美国麦肯锡咨询公司预测在我国大数据产品的潜在市场规模可达 1.57 万亿元，将会开拓一个新兴的巨大市场。

综上所述，云计算是物联网存在的核心环节；大数据则是由物联网的扩展领域而逐渐形成的海量数据，大数据依托于云计算的分布式数据处理、整合，以挖掘其潜在的价值。

1.3 物联网的主要应用领域

物联网的发展尽管只有十多年时间，却已经从最初的理念提出，发展到技术成熟，再到应用实践初步成形，至今已成为全球各国争相竞夺的战略产业。本节主要从工业、物流、交通、公共安全、农业、医疗、生态环境、智能家居等方面阐述物联网的主要应用领域。

1.3.1 工业领域

物联网技术的发展对推动工业企业朝着智能化应用、网络化服务以及业务的协同化方向发展具有重要作用[3]。

在工业企业应用方面，物联网技术能够使工业企业内部的生产和物流管理实现有效的衔接，以实现企业上游、企业下游、企业社会协作机构的有效联系；利用优化控制完善整体生产流程，有效提高企业的综合效益和外部与内部业务的协同性。

在工业信息化生产中，物联网技术能够实现智能化检测及监控原材料消耗、设备运行情况、产品综合质量等，从而进行决策管理，通过不断优化改进生产能力，形成智能化生产管理。

在设备和产品中，嵌入物联网技术能够实现对设备与产品的远程监控与维护，一方面降低工业化生产过程中设备与产品维护管理的费用，另一方面可以对企业使用与制造产品的全生命周期进行管理。

在监控方面，物联网技术的应用，实现了在生产全过程中对能源配送与消耗、资源优化配置、碳排放量、能源消耗等方面进行监督管理；也可实现实时监控污染源，有效降低污染物排放总量，预防污染环境突发事故发生等。

1.3.2　物流领域

物流领域是最先应用 IoT 的领域。IoT 的应用改变了物流产业结构，降低了物流产业成本，推动了物流产业变革，并且有助于发展智能物流。具体来说，物联网在信息传感设备的支持下，实现物品与互联网的连接，进行信息交换和通信，实现智能化识别、定位、跟踪、监控和管理。物联网能有效推动物流系统的自动化、可视化、可控化、智能化、系统化、网络化、电子化的发展，形成智慧物流系统；通过构建统一信息平台，形成物畅其流、快捷准时、经济合理、用户满意的智慧物流服务体系。

1.3.3　交通领域

随着私家车数量的剧增，物联网的应用，在一定程度上能够解决现存的交通问题。

在交通管理过程中，车联网会在公路发生事故或拥堵时，由自动检测系统提供最优道路供驾驶员选择；可以预先告知前方的公路或桥梁的自然情况，尽量规避发生意外交通事故；可以通过光线的强弱对路灯进行自动控制，避免雾霾等天气造成的安全隐患发生；可以通过自动驾驶技术避免人为因素造成的交通事故。

在公交系统中，车联网通过构建智能交通系统来管理和控制公交运营，如电子站牌、车辆调度、智能收费卡等；可以详细实时掌握每辆公交车辆的现况及其具体性能；可以通过智能交通系统在候车站实时发布乘车等候时间，并查询最佳公交换乘方案。

在智能城市建设中，车联网可以解决城市停车难问题，帮助人们更好地管理停车场和寻找车位。例如智能停车场可以通过综合运用超声波传感器、摄像感应等技术，感应车辆驶入情况，由停车智能管理平台整合信息，规划显示停车位置及驶入路线；公共停车智能管理平台，可以给汽车提供周边地段可停车的车场信息。

1.3.4 公共安全领域

公共安全是政府工作重点内容之一，物联网为公共安全的可控提供了更为有效的手段。

在智能建筑方面，尤其是绿色照明、安全检测等方面，通过物联网技术，自动调节建筑物内照明灯亮度，实现节能环保的目的；还可将建筑物内运作状况及时发送给管理者，实现有效监管。建筑物与 GPS 实时连接，还可以准确、及时地反映出建筑物空间地理位置、安全状况、人流量等信息。

在文化古迹方面，通过物联网可对图书馆、博物馆、古迹等文化古迹进行实时监测。例如，文物藏品的保存与环境影响因素之间有着密切的关系，运用物联网技术，可以对文物保存环境的温度、湿度、光照、降尘和有害气体等进行长期监测和控制，建立长期的藏品环境参数数据库，研究其影响因素之间的关系，以创造最佳的文物保存环境，实现在文物最佳保存方面的有效控制。

在图书馆方面，物联网技术可以使图书馆、档案馆等机构的工作流程得到最大程度的简化，节省人财物各项资源。在技术允许的未来，这些公共服务机构将会采用无须人工的全自动自助服务。例如：在数字图书馆中，使用 RFID 技术替代图书馆中文献的采访、分编、流通、典藏等环节的传统设备，实现架位标识、文献定位导航、智能分拣、自助借还书等，使自助图书馆得以实现。

在食品安全方面，通过物联网技术可以对食品生产过程进行实时监控，并对食品的原材料进行跟踪，对食品生产的每一个环节进行有效的监控，预防食品安全事故的发生，极大地提高食品安全的管理水平，同时也保障了食品的安全食用。

1.3.5 农业领域

物联网技术可以实时、准确地掌握农作物的生长情况和生长环境信息，实现对农作物的智能化监控和管理。物联网技术现已应用到农业生产、科研等各个领域中，包括设施农业、作物病虫害远程诊断、精准灌溉和农田环境监测等方面，有效地促进了传统农业向现代农业的转变[4]。

在设施农业方面，由于设施农业环境封闭性强，生长条件容易调控，运用物联网技术可显著提高设施农业生产的精细化程度，实现环保、高效、节约的设施农业生产。在作物的病虫害远程诊断方面，利用物联网技术，实现对作物病虫害的实时监控和有效控制，进行准确预测预报。在精准灌溉方面，物联网农田节水灌溉系统能够利用传感器感应土壤和作物的水分盈亏状况，通过无线网络控制设备终端按需供水，从而实现了农业自动节水灌溉，以最大限度地提高水分利用效率，促进节水农业的快速健康发展。在农田环境监测方面，借助智能传感器可准确测量农田环境，获得作物生长最佳条件，以此指导农业生产，达到调节作物生长周期、增产提效、改善作物品质的目的。

1.3.6 医疗领域

随着国民健康意识的提高，物联网技术也在大范围地应用于医疗领域。医疗领域的物联网，能够在病人和医生之间建立紧密的联系。它将病人和医院的数据库系统相结合，采集人体各类数据，传输至医院大数据库系统中进行分析，进而可以掌握病人的生活数据。病人在就医时，已存储的数据方便医生对病人进行会诊，同时也能够为人们提供更好的就医和健康咨询服务[5]。

1.3.7 生态环境领域

物联网技术在改善生态环境方面具有重要的作用。在大气和土壤治理过程中，物联网可以通过智能感知技术探测并传输信息，对空气、土壤质量进行监测；利用物联网技术，对污染排放源进行监测、预警及其控制，并能加强对水库河流、居民等二次供水质检网络体系建设，形成实时监控。在森林绿化带、湿地等自然资源资料掌握的过程中，可以利用物联网传感器技术及设施，结合地理空间数据库，及时掌握其资源的变化情况，实现对生态环境情况的实时掌控。

1.3.8 智能家居

智能家居是以住宅为平台，利用网络通信技术、智能控制技术、信息安全技术和综合布线技术连接家居设备，为家庭提供照明控制、防盗报警、环境监测、室内外遥控等功能。由于设备昂贵、布线困难等导致智能家居发展缓慢。

物联网给智能家居的发展带来了新机遇。目前，智能家居以物联网为依托，通过射频识别、蓝牙、全球定位、红外感应等技术，按照约定协议将配备传感器节点的家居设施连接到互联网，进行信息通信和交互，实现智能化的管理、控制，在保证住宅具有传统的居住功能以外，同时具有信息家电自动化、网络远程控制和智能化管理等优势[6]。

参考文献

[1] 陈海明，崔莉，谢开斌．物联网体系结构与实现方法的比较研究[J]．计算机学报，2013，36（1）：168-188．

[2] 2010年中国国际物联网大会在上海开幕[OL]．http://b2b.toocle.com/detail——5232439.html．

[3] 徐奇．物联网技术在工业信息化的应用探讨[J]．湖南城市学院学报：自然科学版，2016，25（6）：61-62．

[4] 王向东，陈学斌，张爱敏．物联网在农业中的应用及前景展望[J]．农学学报，2016，6（1）：96-98．

[5] 张雪莹．浅谈物联网技术进展与应用[J]．科技尚品，2016（1）．

[6] 赵林旺．智能家居中物联网研究与应用[D]．南昌：东华理工大学，2016．

第 2 章 国际物联网产业发展现状

2.1 全球物联网产业发展态势及规模

2.1.1 全球物联网产业快速发展

2009 年以来,美国、欧盟、中国等纷纷提出物联网发展策略,物联网产业迈入高速发展阶段。传统企业和 IT 巨头纷纷布局物联网,物联网在制造业、零售业、服务业、公共事业等多个领域加速渗透。2015 年全球物联网市场规模达到 624 亿美元,同比增长 29%,预计 2019 年新增的物联网设备接入量将从 2015 年的 16.91 亿台增长到 30.54 亿台,到 2020 年,全球所使用的物联网设备数量将成长至 208 亿台。

1.RFID 应用快速普及,技术研究重点突出

物联网产业链中的 RFID 研发开展得较早,产业化条件最为成熟。因 RFID 技术深受各国政府及跨国商业零售企业的欢迎,支持力度逐渐增大,应用普及速度加快。例如,英国政府斥资 5.7 亿美元升级本国电子护照系统;美国军方在佛罗里达州投资 6 300 万美元,将 RFID 技术引入军需品管理;韩国、中国政府等也相继推动 RFID 公共自行车系统、RFID 资产管理系统、档案管理系统、个人身份证系统等示范项目;沃尔玛公司采用 RFID 升级其供应商系统等。根据 ID Tech Ex 公司研究,仅中国 RFID 标签的制造产能就已经达到了全球总产能的 85%,预计到 2025 年,中国 RFID 应用的市场价值将达到 43 亿美元。

从 RFID 产品应用方面来看,RFID 产业中被动式标签、网络软件服务应用需求逐渐减少,主动式标签和读写器应用需求逐渐增多。2011 年,主动式标签、被动式标签、读写器、网络软件服务市场规模分别为 2.8 亿美元、20.5 亿美元、9.3 亿美元、25.8 亿美元,占整体市场的 4.79%、35.1%、15.92% 和 44.18%;随着标签制造成本的不断下降、标签技术的升级及 RFID 系统的部署更广泛,被动式标签、网络软件服务在 RFID 系统中所占的比重逐渐减少,而对主动式标签和读写器的需求越来越多。

从 RFID 应用市场需求方面来看,金融、安防等行业对 RFID 电子标签需求量最大;其次是运输系统(电子票证)、车辆管理等;零售消费品行业对 RFID 电子标签的需求增长最快。据 ID Tech Ex 公司研究,RFID 技术在物流、健康医疗、畜禽动物溯源、图书档案管理等方面，具有相当大的市场潜力。

从 RFID 技术研究方向来看，高技术 RFID 标签成国内外研究的重点。RFID 标签共分低频、高频、超高频和微波四个波段。其中，超高频、微波 RFID 标签因成本更低、通信距离更远、应用范围更广，成为国内外 RFID 技术发展的重点。RFID 标签主要包括芯片、天线（绕线或蚀刻）、贴合物等。其技术的关键在于成本控制与高精确频率响应天线的设计。因超高频、微波频段标签需使用印刷、曝光、显影、蚀刻等复杂程序制作细间距蚀刻天线，对技术要求较高，更适用于规模化生产。

2.M2M 市场潜力巨大，运营商关注于全球跨界服务

机器与机器间通信（M2M）是最早出现的物联网应用形式之一，根据 Tech Navio 公司的数据显示，2010 年全球 M2M 无线通信市场增长 26%，规模达到 73 亿美元。

从 M2M 产业发展趋势来看，全球 M2M 产业发展表现出三个主要趋势：一是 M2M 网络运营企业积极导入云计算技术，以降低服务成本，提高服务效率；二是 M2M 网络运营企业更注重提供 M2M 数据增值服务，以提高企业的每个用户平均收入（ARPU）；三是 M2M 更强调与用户原有的 ERP、CRM 等企业信息管理系统无缝整合，以降低用户系统转换成本，提高用户业务运营效率。

从 M2M 应用的发展情况来看，电信运营商是 M2M 应用的主要推动者。近几年，随着传统语音和数据市场渐趋饱和，电信运营商开始积极拓展新业务增长点，M2M 成为关注的焦点之一，这一趋势在发达国家市场表现尤为明显。据 Tech Navio 公司发布的 2010 年全球 M2M 网络服务商排名，AT&T 拥有约 11% 的市场份额，排名第一，2011 年 AT&T 以 390 亿美元收购 T-Mobile，市场地位进一步加强；Verizon、沃达丰分别以 10%、9% 的市场份额，排名第二、第三；中国移动早在 2005 年左右就开始启动 M2M 技术研发和标准的制定，2010 年其 M2M 业务全球市场份额达 7%，已经处于与国际领先企业同步的水平。2010 年全球主要 M2M 无线网络服务企业市场份额见图 2-1。

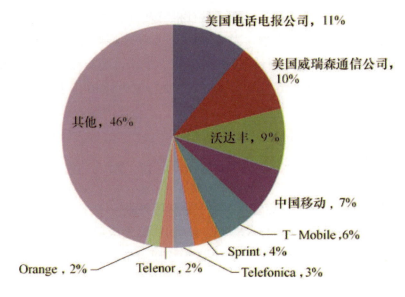

图 2-1　2010 年全球主要 M2M 无线网络服务企业市场份额

近两年,为满足用户一站式管理全球 M2M 连接的需求,同时降低 M2M 基础网络的布设成本,欧美 M2M 运营企业,特别是二线 M2M 运营企业纷纷开展业务合作,统一彼此 M2M 标准、扩大各自 M2M 服务覆盖范围,增强跨界服务的能力。2011 年 7 月,欧洲三大运营商 Telia Sonera 与法国电信 Orange 和德国电信签署了共享 M2M 网络的合作协议,将 M2M 业务服务覆盖范围扩展至法国、德国、比利时、卢森堡、荷兰、英国、瑞典、挪威、芬兰、丹麦、爱沙尼亚和立陶宛等欧洲主要国家和地区。2012 年,Sprint 和 Orange Business Services 宣布携手合作,根据协议,Orange Business Services 将帮助 Sprint 在美国之外的市场提供 M2M 服务,由此 Sprint M2M 的服务范围将扩展至全球 180 个国家。

3. 无线传感网竞争已经进入互联示范阶段

目前,全球无线传感网(WSN)已进入市场导入阶段,在自然灾害自动监测、交通、公共基础设施自动监测、智能电网、制造过程控制等领域已开始规模化示范应用。无线传感网是未来市场潜力最大的物联网应用领域之一。据 ID Tech Ex 公司《2011—2021 年无线传感网》研究报告显示,2011 年全球无线传感网的市场规模约为 4.5 亿美元,预计到 2021 年将进一步增长至 20 亿美元。

无线传感网络被称为下一波科技革命,吸引了全球科技企业与相关政府机构的积极参与。如惠普公司 2009 年开始实施一项名为"地球中枢神经系统(CeNSE)"

的科研项目，由惠普实验室的纳米感应研究提供技术支持，目标是开发新一代的"微型、低成本、高灵敏度、高可靠性"传感器，在全球范围建立一个由上万亿个传感器和执行器组成的感应网络，该项目入选 Read Write Web 网站的"2010年全球物联网十大进展"。英国的创新企业 Pachube 已经开始商业运营一项基于互联网的传感器数据平台服务。在葡萄牙南部城市帕雷德斯附近的 Plan IT Valley，一家名为"Living Plan IT"的公司正在建设一座占地面积 1700mh^2 的绿色、低碳科技城。该城市以 Windows Azure 云端平台为骨架，通过自主开发的都市操作系统 UOS（Urban Operating System）和大规模铺设的传感器网络，连接城市能源、水、废弃物处理、交通运输等硬件基础设施以及教育、卫生等公共服务，从而实现对城市的综合管理。Living Plan IT 荣膺"2012年度全球科技先锋"殊荣。

2.1.2 全球物联网产业链初步形成

目前，全球物联网产业链已初步形成，据《Connected World》杂志（原《M2M》杂志）发布的数据显示，2012年全球 M2M 百强企业的排名中，产业链中的各产业均有企业进入榜单。其中，有14家传感器/RFID 企业、12家外部硬件企业、21家嵌入式硬件企业、25家应用基础/软件企业、25家网络运营企业、2家工程/系统集成企业入选。此外，平台支撑、第三方服务类企业也首次进入排名，百强名单中首次出现1家应用验证服务企业和2家嵌入式开发平台企业。

与2010年数据相比，在2012年的榜单中可以发现，产业链各环节中，传感网/RFID、系统部署、外部硬件等由于技术门槛比较高，入榜企业名单变化不大；嵌入式硬件、应用基础/软件厂商领域则竞争相对激烈，榜单变化较大；新进入企业较多，我国两家电信设备企业华为、中兴也首次排名进入前100强。2012年 M2M 百强企业（按行业划分）见表2-1。

表2-1 2012年 M2M 百强企业（按行业划分）

产业链环节	主要企业
传感网/RFID	Aero Scout、Alien Technology、Augusta Systems Inc.、Coronis Systems Inc.、Crossbow Technology Inc.、Dust Networks Inc.、Eka Systems Inc.、Ember Corp.、Green Peak Techno logies、MEMSIC、Millennial Net Inc.、Pedigree Technologies、RFCode Inc.、RF Monolithics Inc.、Savi Technology Inc.、Tendril Networks Inc.、Texas Instruments Inc.

（续）

产业链环节	主要企业
网络连接/运营服务	Aeris Communications Inc.、Arkessa、AT&TInc.、Cross Bridge Solutions、Deutsche Telekom、Ericsson、Feeney Wireless、Globa lstar、Inmarsat、Iridium Satellite LLC、Jasper Wireless Inc.（MMO）、KORE Telematics、M2M Data Smart、Numerex Corp.、Orange Business Services、Orbcomm Inc.、RACO Wireless、Rogers Business Solutions、Sky Tel、Sprint、T-Mobile USA Inc.、Telefónica02、Telenor ASA、Telus Mobility、Verizon Wireless、Vodafone Group PLC、Wyless Group
外部硬件	AVID Wireless、Comtrol Corp.、Data Online LLC、Data Remote Inc.、eDevice、LG、Moxa Inc.、Panasonic、Perle Systems Inc.、SENA Techno logies Inc.、Sixnet、Sony、Telular Corp.
工程/系统部署服务	7layers Inc.、Accenture Ltd.、Atos Origin SA、CETECOM Inc.、NexAira Inc.
嵌入式硬件	Alcatel-Lucent、CalAmp Corp.、Cinterion Wireless Modules、Connect One Semiconductors Inc.、Digi Intl. 1nc.、Enfora Inc.、Euro Tech、Gemaho/Cinterion、Huawei、Hetrogenuus Inc.、iMetrik Solutions Inc.、Intel、Janus Remote Communications、Laird Techno logies Inc.、Lantronix Inc.、Marvell、Microchip Technology Inc.、Morey Corp.、Motorola Inc.、Multi-Tech、Quatech Inc.、Sierra Wireless Inc.、Sigma Designs、SIM Com Ltd.、Telit Wireless Solutions Inc.、ublox、The Morey Corp.、Win Svstems Inc.、ZTE
应用基础/软件	Airbiquity、Amscreen Group Ltd.、Astrata Group、Axeda Corp.、Buglabs、Cisco Systems Inc.、Echelon Corp.、ei3 Corp.、Esprida Corp.、General Electric Co.、Google、Honeywell Intl. Inc.、Hughes Telematics、IBM Corp.、Inilex lnc.、ltron Inc.、M2M Data Corp.、Mobile Electron、Moblize. Mocana、AKM Enterprise Inc.、MWA Intelligence Inc.、Omnilink Systems Inc.、Palantiri Systems Inc.、Pedigree Technologies、Precidia Technologies Inc.、Qualcomm Inc.、Red Bend Software、Sensor logic、Synchronoss Technologies Inc.、Tridium、Trimble、V2Com、Web Tech Wireless Inc.、Your Voice SpA
应用验证服务	Connected Development
嵌入式开发平台	ILS Technology、Xact Technology

由于物联网产业涉及领域广，潜在市场空间大，传统的 IT 跨国企业，包括芯片、软件、电信运营等企业，也开始积极进行产业布局。但由于各公司技术积累不同，对物联网业务的侧重也不同，如思科的目标是所有网络层，IBM 的目标是所有应用层等，很多跨国公司已经形成了较为成熟的物联网产品和技术解决方

案。如：总部位于比利时的欧洲合作研发机构——校际微电子中心（IMEC）利用 GPS、RFID 技术已经开发出远程环境监测、先进工业监测等系统；该机构还利用在微电子及生物医药电子领域的领先技术，积极研发具有可遥控、体积小、成本低等功能的微电子人体传感器，自动驾驶系统等技术。思科公司已经开发出"智能互联建筑"解决方案，为位于硅谷的美国网域存储技术有限公司节约了 15%的能耗。IBM 提出"智慧地球"概念，并且已经开发出了涵盖智能电力、智能医疗、智能交通、智能银行、智能城市等多项物联网应用方案。美国政府目前正在推动美国与墨西哥边境的"虚拟边境"建设，该项目依靠传感器网络技术，仅其设备采购额就高达数百亿美元。

2.1.3　全球物联网产业生态系统不断完善

根据硅谷投资公司 First Mark 最新发布的 2016 年物联网产业分布图（Internet of Things Landscape）见图 2-2。物联网产业生态系统主要由基础设施层、平台层（横向）以及应用层（纵向）三大部分组成，目前三大组成部分不断发展完善。在物联网产业生态系统中除了包括谷歌、苹果、亚马逊、微软等国际企业，还包括中国移动、中国联通、华为、富士康等国内厂商，这也意味着物联网领域正在不断扩张。

图 2-2　2016 年物联网产业分布图

1. 基础设施层

基础设施层主要包括硬件和软件、通信、第三方合作伙伴。其中硬件主要包括芯片处理器、传感器、充电设备、配件；软件主要包括云平台、移动操作系统；通信主要包括网络协议、M2M（人机、机器之间的通信协议）、电信服务商、WiFi；第三方合作伙伴主要包括工业设计与顾问、标准化联盟、零售商、代工厂、创业孵化器、众筹及投资机构。基础设施层产业生态系统见图2-3～图2-5。

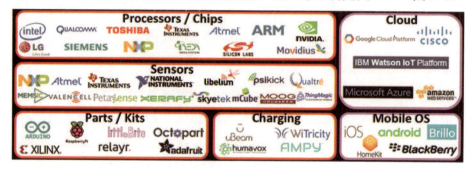

图2-3　硬件和软件产业生态系统

图2-4　通信产业生态系统

图2-5　第三方合作伙伴产业生态系统

2. 平台层

平台层主要包括平台、人机交互和 3D。其中平台主要包括软件、全栈性能管理、开发者工具、分析工具、传感器分布网络、网络连接、信息安全、开源平台；人机交互主要包括虚拟现实（VR）、增强现实（AR）、其他智能型人机交互设备；3D 主要包括 3D 扫描及打印、3D 内容设计及发布平台。平台层产业生态系统见图 2-6～图 2-8。

3. 应用层

应用层主要包括个人应用、智能家居与智能交通、企业应用与产业互联网部分。其中个人应用主要包括可穿戴设备、运动健身、健康、娱乐应用、体育、玩具、亲子、关爱老人；智能家居主要包括家庭自动化、智能路由、安全监控、智能厨房、家庭机器人、传感检测、智能宠物、智能花园、跟踪设备；智能交通主要包括车联网、智能自行车/摩托车（头盔设备）、无人驾驶、无人机、太空探索；企业应用主要包括医疗保健、零售、支付/信用卡、智能办公室、现代农业、建筑施工；产业互联网主要包括现代制造、能源工业、供应链、工业机器人、工业可穿戴设备（智能安全帽等）。应用层产业生态系统见图 2-9～图 2-11。

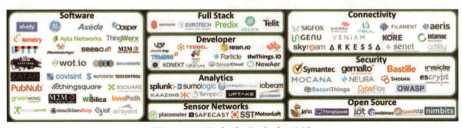

图 2-6 平台产业生态系统

图 2-7 人机交互产业生态系统

图 2-8　3D 产业生态系统

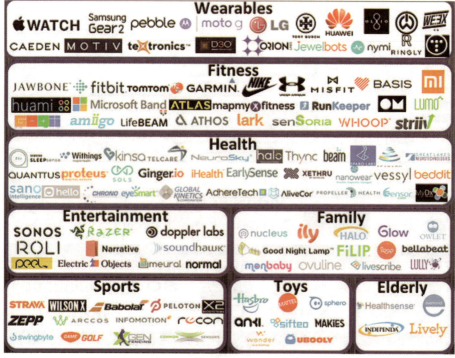

图 2-9　个人应用产业生态系统

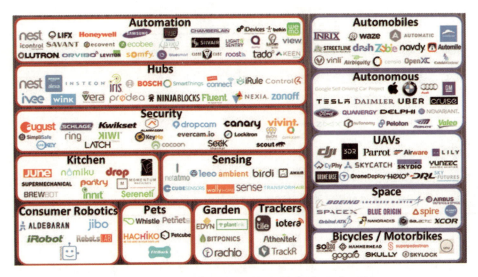

图 2-10　智能家居与智能交通产业生态系统

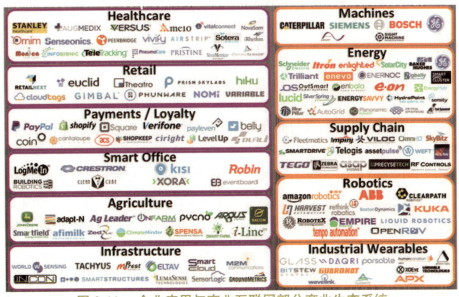

图 2-11　企业应用与产业互联网部分产业生态系统

2.2　主要国家和地区物联网发展状况

物联网作为信息通信技术的典型代表,在全球范围内呈现加速发展的态势。不同行业和不同类型物联网应用的普及以及逐渐成熟,推动物联网的发展进入万物互联的新时代,可穿戴设备、智能家电、自动驾驶汽车、智能机器人等,数以百亿计的新设备已经逐步接入了规模庞大的物联网系统中。世界物联网发展重要事件见表 2-2。

表 2-2 世界物联网发展重要事件

年份	事件
1995	比尔·盖茨在《未来之路》一书中提及物联网概念
1999	麻省理工学院建立了"自动识别中心",明确了物联网的基本含义
2003	美国《技术评论》提出传感网络技术将是未来改变人们生活的十大技术之首
2005	ITU 发布《ITU 互联网报告 2005:物联网》
2008	IBM 首席执行官彭明盛首次提出"智慧地球"概念

2.2.1 美国

美国依托其技术优势,率先开展了物联网及相关技术的研究与应用。无论是基础设施、技术水平还是产业链架构发展程度,美国都领先于世界其他国家。先进的硬件设计制造技术,已经趋于完善的通信互联网络均为其物联网的发展创造了良好的条件。目前,美国已经在工业、农业、军事、医疗、环境监测、建筑、空间和海洋探索等领域投入应用。

2016 年年初,美国商务部、总统行政办公室、国家科学与技术委员会、先进制造国家项目办公室向国会联合提交了首份国家制造创新网络年度报告和战略计划,希望借助先进的网络技术基础重塑美国在制造业的领先优势。2016 年 6 月,由美国能源部和加州大学洛杉矶分校共同牵头成立的第九家制造业创新中心"智能制造创新中心"在洛杉矶成立,联邦机构和非联邦机构各投资 7 000 万美元用于重点推动智能传感器、数据分析和系统控制的研发、部署和应用。同时工业互联网联盟(IIC)发布工业互联网体系安全架构,华为、博世、施耐德、SAP 接替 AT&T 成为新的核心会员。根据 2016 年上半年统计,美国物联网市场将从 2016 年的 2 320 亿美元增长到 2019 年的 3 570 亿美元。其中消费性电子产品领域和工业制造领域在 2016 年成为物联网行业支出最大的部分,2013—2019 年美国物联网产生市场规模见图 2-12。

目前,美国正在全面推进物联网产业发展。一方面,政府以大量资金持续支持物联网相关技术、产业发展,2015 年宣布投入 1.6 亿美元推动智慧城市计划,将物联网应用试验平台的建设作为首要任务。美国能源部组建"智能制造创新机构",投入多达 7 000 万美元推动先进传感器、控制器、平台和制造建模技术的研发。

另一方面，为推动技术应用的发展，政府加大政策支持力度。2014 年 7 月，美国联邦通信委员会（FCC）发布了电子标签新指南，建议带屏幕的消费电子设备可在屏幕上显示数字标签，从而取代原来的固定铭牌或蚀刻标签；美国加州发放无人驾驶汽车许可，谷歌、奥迪和奔驰成为首批获得许可的企业；在智能物流领域，美国邮政局采用物联网技术改善邮政营运、基础设施以及产品与服务；在工业制造领域，美国政府将以物联网技术为根基的网络物理系统（CPS）列为扶持重点，并加快以 CPS 为核心的"工业互联网（Industrial Internet）"的战略布局；2016 年，美国参议院商业委员会批准成立工作委员会，旨在为美国政府推动物联网创新提供顶层框架设计、创新建议和物联网发展的频谱规划。

图 2-12　2013—2019 年美国物联网产业市场规模

数据来源：Grand View Research，2016 年 8 月。

2.2.2　欧盟

欧盟作为世界上最大的区域经济体，在技术研发、指标制定、应用领域、管理监控、未来目标等方面陆续出台了较为全面的报告文件，建立了相对完善的物联网政策体系。同时，欧盟在技术研究上还设立了专门的基金，以促进欧盟内部的协同合作。尤其在智能交通应用方面，欧盟依托其车企的传统优势，通过联盟协作在车联网的研究应用中遥遥领先。

在战略布局方面，2009 年，欧盟发表"欧盟物联网行动计划"，以确保欧洲在构建物联网的过程中起主导作用，该行动计划在世界范围内首次系统地提出了物联网发展的管理设想；同年，发布《物联网战略研究路线图》，明确了物联网愿景，并通用定义对其进行了细化，重点对 12 项物联网关键技术进行了全面分析；制定了一系列物联网的管理规则，建立一个有效的分布式管理架构，使全球管理机构可以公开、公平、尽责地履行管理职能；评估了物联网的现有相关标准并推动制定新的标准，确保物联网标准的制定是在各相关方的积极参与下，以一种开放、透明、协商一致的方式达成[1]，提高物联网的可信度、接受度、安全性；2013 年，通过"地平线 2020"计划，将传感器、架构、标识、安全和隐私、语义互操作性等列为物联网领域的研发重点。

在产业组织方面，2015 年，欧盟成立了横跨欧盟产业界的物联网创新联盟（AIOTI），并投入 5 000 万欧元，通过咨询委员会和推进委员会统领新的"四横七纵"体系架构，把包括原有 IERC、地平线 2020 在内的 11 个工作组纳入旗下，统筹原本散落在不同部门和组织内的能力资源，协同推进欧盟物联网整体跨越式创新发展。其中，"四横"指项目设置、价值链重塑、标准化、政策导向四大横向基础支撑，"七纵"指家居、农业、可穿戴、智慧城市、交通、环保和制造七大行业纵深领域。创新联盟的建立是欧盟落实物联网发展战略的一项重要举措，对欧盟物联网发展和创新起到强有力的驱动作用。

此外，欧盟及其成员国还加大物联网的投资力度，欧盟计划 2016 年投入超过 1 亿欧元支持物联网大范围示范应用和未来物联网重点领域的发展，英国政府追加投资 4 500 万英镑，并向由英国电信、劳斯莱斯、处理器厂商 ARM 和军用品厂商 BAE 等 40 余家公司组成的 Hyper Cat 联盟注资，用于研发 Hyper Cat 标准，为物联网开发通用规范；德国政府投资 2 亿欧元支持工业 4.0，并投入 800 万欧元加强物联网信息安全领域的研发。

2.2.3 日本

从日本物联网产业发展的现状来看，最热门的业务是自动贩卖机、交通运输管理、监控及电子钱包业务。东京和大阪是日本物联网产业主要聚集区。日本物联网产业的主要企业有大型电子信息产业集团富士通、日立、NEC 等，除此之外，还有 TDK、瑞萨等元器件企业，佳能等整机企业，Toray、Nikko、Marubeni 等 RFID 企业。2014 年日本物联网产值为 9.36 兆日元（约 798 亿美元）。

日本的物联网发展以泛在网络为核心。2004 年，日本政府在两期"E-Japan"

战略目标均提前完成的基础上，提出了"U-Japan"战略，其战略目标是实现无论何时、何地、何物、何人都可受益于计算机通信技术（ICT）的社会。物联网包含在泛在网的概念之中，并服务于"U-Japan"及后续的信息化战略。通过这些战略，日本开始推广物联网在电网、远程监测、智能家居、汽车联网和灾难应对等方面的应用。2009年3月，日本总务省（MIC）通过了面向未来三年的"数字日本创新计划"，物联网广泛应用于"泛在城镇""泛在绿色ICT""不撞车的下一代智能交通系统"等项目中。2009年7月，日本IT战略本部发表了"I-Japan战略2015"，作为"U-Japan"战略的后续战略，目标是"实现以国民为中心的数字安心、活力社会"，强化了物联网在交通、医疗、教育、环境监测等领域的应用。

在国家大力扶持和积极推动下，2016年日本物联网市场规模达到62 000亿日元，预计到2020年将达到138 000亿日元。在物联网应用领域中，现阶段日本侧重于推进农业物联网，计划在十年内普及农用机器人，预计到2020年市场规模将达到50亿日元。另外，在日本总务省和经济产业省的推动下，日本国内由2 000多家国内外企业组成的"物联网推进联盟"在2016年10月与美国工业互联网联盟（IIC）、德国工业4.0平台联合签署了合作备忘录，达成了美、日、德联合推进物联网标准的合作。

2.2.4 韩国

韩国十分重视物联网产业的发展，不断加大其在物联网核心技术以及微机电系统（MEMS）传感器芯片、宽带传感设备的研发。目前韩国物联网产业主要集中在首尔、京畿道和大田地区，其中首尔集中了全国60%以上的物联网企业，其主要代表企业有三星、LG、SKT、CEYON、ATID、KIC Systems等。韩国物联网的优势在于其消费类智能终端、RFID、NFC产品与相应的领先技术解决方案。据估算，2014年韩国物联网微机电系统传感器的总产值约达830亿韩元。

1997年推动互联网普及的"Cyber-Korea21"计划。2004年，韩国提出为期十年的"U-Korea"战略，目标是：在全球最优的泛在基础设施上，将韩国建设成全球第一个泛在社会。2006年，韩国"U-IT839计划"提出要建设全国性宽带（BcN）和IPv6网络，建设泛在的传感器网（USN），打造强大的手机软件公司；把发展包括RFID/USN在内的8项业务和研发宽带数字家庭网络等9方面的关键设备作为经济增长的驱动力。2009年，通过了《基于IP的泛在传感器网基础设施构建基本规划》，决定促进"未来物体通信网络"建设，实现人与物、物与物之间的智能通信，由首尔市政府、济州岛特别自治省、春川市江原道三地组成试点联盟，建设物体通信基础设施。2013年韩国政府发布ICT研究与开发计划"ICT WAVE"，并将物联网平台列为十大关键技术之一。

2014年，为增强韩国传感器产业竞争力，减少对进口物联网产品的依赖，韩国政府宣布到2020年，投资约500亿韩元用于物联网核心技术以及MEMS传感器芯片、宽带传感设备的研发及商用化。其中，韩国未来科学创造部和产业通商资源部投资370亿韩元（约合2.26亿元人民币），私营部门投资123亿韩元（约合7 512万元人民币）[2]。继《韩国IT融合发展战略》之后，韩国政府持续推动传统产业与ICT的融合创新，并为ICT融合发展制定了法规制度，建立了组织机构和市场监管机构，以确保韩国企业在全球化市场中的差异化竞争优势。近年来，韩国政府通过在汽车、造船、服装等行业设立IT融合革新中心，已经撮合三星等IT企业通过物联网技术与现代汽车等制造企业缔结战略合作项目，规模开展了智能化融合产品的联合研发与产品生产。

韩国选择以人工智能、智慧城市、虚拟现实等九大国家创新项目作为发掘新经济增长动力和提升国民生活质量的新引擎，未来十年间韩国未来创造科学部将投入超过2万亿韩元推进这九大项目，同时韩国运营商积极部署推进物联网专用网络建设[3]。

2.3 国际物联网标准制定现状

2.3.1 国际物联网标准制定机构

目前，物联网标准制定工作已成为国外标准组织的工作热点，各标准组织从不同角度对物联网涉及的各个领域进行相关标准的研究，主要国际标准组织包括IEEE、ISO、ETS、ITUT、3GPP、3GPP2等。其中ISO主要针对物联网、传感网的体系结构及安全等进行研究；ITU-T与ETSI专注于泛在网总体技术研究，但两者侧重的角度不同，ITU-T从泛在网的角度出发，而ETSI则是从M2M的角度对总体架构开展研究；3GPP和3GPP2是针对通信网络技术进行的研究，IEEE针对设备底层通信协议开展研究。国际主要物联网相关标准组织见图2-13，全球物联网相关标准化组织分布情况见图2-14。

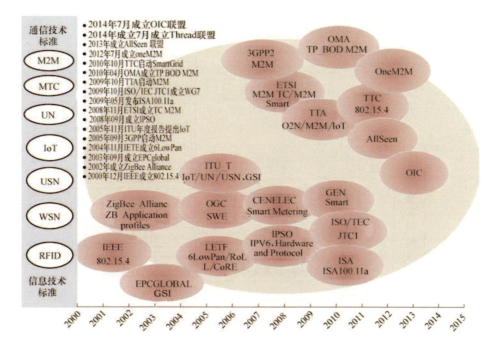

图 2-13　国际主要物联网相关标准组织

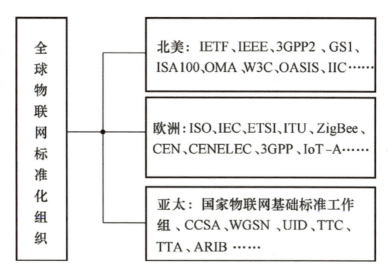

图 2-14　全球物联网相关标准化组织分布情况

2.3.2　国际物联网标准体系架构

物联网标准体系总体框架见图 2-15。

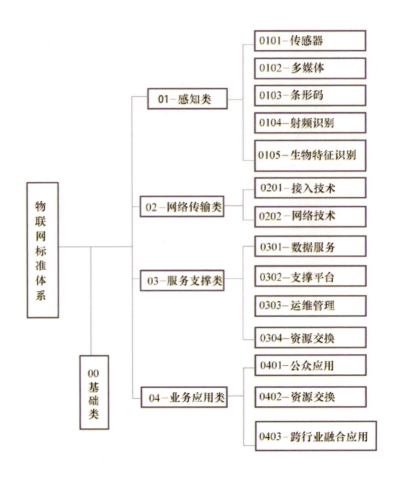

图 2-15　物联网标准体系总体框架

2.3.3　国际物联网标准制定情况

1. 基础类标准

一般基础类标准包括体系结构和参考模型标准、术语和需求分析标准等，它们是物联网标准体系的顶层设计和指导性文件，负责对物联网通用系统体系结构、技术参考模型、数据体系结构设计等重要基础性技术进行规范。目前，出于统一社会各界对物联网认识、为物联网标准化工作提供战略依据的需要，该部分标准亟待立项并开展制定工作。物联网基础类标准推进情况见表 2-3。

表 2-3 物联网基础类标准推进情况

标准组织	术语、需求及架构等标准工作情况
ISO/IEC	JTC1 WG10 启动 ISO/IEC 30141 项目，开始制定物联网的参考体系结构标准。JTC1 WG7 启动 ISO/IEC 29182 项目，完成传感网的架构和需求等标准制定
ITU-T	ITU-T SG13 制定了 Y.2002、Y.2221 和 Y.2060 规范，分别研究了 NGN 环境支撑的泛在网、泛在传感器网和物联网架构和需求分析等。2015 年 10 月份在日内瓦 ITU 总部，ITU-T 物联网及智慧城市工作组 SG20 成立，并在会上成立了 2 个工作组和 5 个问题组讨论物联网和智慧城市相关标准
IIC	技术工作组研究工业互联网的参考架构、术语、连接性参考架构、数据管理及开放框架等
ETSI	成立 M2M TC，开展与应用无关的统一 M2M 解决方案的业务需求分析，网络体系架构定义和数据模型、接口和过程设计等工作
IEEE	IEEE P2413 启动研究物联网参考架构框架方面的研究
OneM2M	需求工作组研究 M2M 业务需求，架构工作组研究 M2M 的功能架构，目前已经发布 release 1 版本
CCSA	TC10 开展了泛在网术语、泛在网的需求和泛在网总体框架与技术要求等标准项目
国家物联网基础标准工作组	国家物联网基础工作组下成立"总体项目组"，研究制定我国物联网术语、架构、物联网测试评价体系等标准

2. 感知类标准

感知类标准主要包括传感器、多媒体、条形码、射频识别、生物特征识别等技术标准，涉及信息技术之外的物理、化学专业，涉及广泛的非电技术。感知类标准是物联网的基础和特有的一类标准，是物联网产业发展的核心，涉及信息技术之外的多种技术。目前感知类标准呈现出小、杂、散的特征，一定程度上制约着物联网的产业化和规模化发展。当前主要相关的标准组织包括 ISO、IEC、EPCglobal、IEEE、WGSN 和电子标签工作组等。感知类标准推进情况见表 2-4。

表 2-4 感知类标准推进情况

标准组织	感知类标准工作情况
ISO/IEC	JTC1/SC31 制定条形码、二维码、RFID 技术标准、应用标准；JTC1/WG7 定义了传感器数据采集接口标准；JTC1/SC37 制定生物特征识别
ISO	TC122 制定条形码、RFID 在包装领域的技术、应用、检测标准
IEC	TC104 制定电工仪器仪表标准；TC23 制定电器附件标准，包括插头、插座、开关、电缆、家用断路器等
IEEE	IEEE 1451 定义的是智能传感器内部的智能变送器接口模块 SMT 和网络适配处理器模块 NCAP 之间的软硬件接口
ITU-T	ITU-T 启动关于标识系统（包括 RFID）的网络特性的面向全球的标准，利用存储在 RFID 电子标签、一维和二维条形码中的 ID 号触发相关的网络信息服务
CEN/CENELEC	CENELEC（欧洲电工标准化委员会）负责电工电子工程领域的标准化工作，CEN（欧洲标准化委员会）负责其他领域的标准化工作。CEN、CENELEC 和 ETSI 三个组织共同成立的标准化组织主要有：CEN/CLC/ETSI/SSCC-CG 和 CEN/CLC/ETSI/SMCG，其工作重点分别在智慧城市通信联合，以及智慧仪表。CEN 单独成立了仪表通信委员会 CEN/TC 294、燃气表技术委员会 CEN/TC 237、水表技术委员会 CEN/TC /92、热量表技术委员会 CEN/TC /176
ETSI	欧洲电信标准学会负责通信技术与工程领域的标准化工作，TG34 负责制定欧洲 RFID 相关频谱、兼容性等标准，负责 RFID 产品及服务需求分析，协调 RFID 产业利益
EPCglobal	EPCglobal 致力于建立一个向全球电子标签用户提供标准化服务的 EPCglobal 网络
IEC	SC65B（测量和控制装置）针对智能传感器、执行器方面开展了相关标准制（修）订工作。SC65E 定义设备属性和功能的数字化表示
SAC/TC124、SAC/TC78、SAC/TC103 和 SAC/TC104	我国仪器仪表及敏感器件行业与传感器直接相关的技术标准共有 540 余项，分别由 SAC/TC124 工业过程测量控制、SAC/TC78 半导体器件、SAC/TC103 光学和光学仪器、SAC/TC104 电工测量仪器、SAC/TC122 试验机、SAC/TC338 测量控制和实验室电器设备安全，以及机械行业、电子行业、医疗行业等十几个标委会和行业归口单位制定
电子标签标准工作组	建立一套基本完备的、能为我国 RFID 产业提供支撑的 RFID 标准体系，完成 RFID 基础技术标准、主要行业的应用标准等工作，积极推动我国 RFID 技术的发展与应用
传感器网络标准工作	制定传感器的接口标准，定义数据采集信号接口和数据接口
生物特征识别分技术委员会	制定生物特征识别的公共文档框架、数据交换格式、性能测试等标准
多媒体语音视频编码	制定音频、图像、多媒体和超媒体信息编码标准

3. 网络传输类标准

物联网网络传输类标准包括接入技术和网络技术两大类标准，接入技术包括短距离无线接入、广域无线接入、工业总线等，网络技术包括互联网、移动通信网、异构网等组网和路由技术。网络传输类标准相对比较成熟和完善，在物联网发展的早期阶段基本能够满足应用需求。目前，物联网网络传输类标准推进情况见表 2-5。

表 2-5　物联网网络传输类标准推进情况

标准组织		物联网网络传输类标准工作情况
ITU-T	SG13	研究下一代网络（NGN）支持泛在网络、泛在传感器网络的需求，网络架构等标准工作
ISO/IEC	JTC1/SC6、JTC1/WG7	SC6 研究电信与系统间信息交换，包括无线局域网、时间敏感性网络、泛在网等；WG7 全面启动传感网国际标准的制定工作
ETSI	TC M2M	ETSI 专门成立技术委员会，开展与应用无关的统一 M2M 解决方案的业务需求分析，网络体系架构定义和数据模型、接口和过程设计等工作。重点研究为 M2M 应用提供 M2M 服务的网络功能体系结构，包括定义新的功能实体等
IETF	ROLL WG	RoLL（Routing over Lossy and Low-power Networks）低功耗路由，是 IETF 成立的进行低功耗 IPv6 网络路由方面研究的工作组
	DetNet WG	解决跨子网情况下的实时性问题，可在多个实时性网络互连时，提供端到端的时间确定性
	LWIG WG	为 IETF 相关协议，如 TCP/IP、CoAP、IKEv2 等协议在小型受限设备中的实现提供指引
	6TiSCH WG	在 IEEE 802.15.4e 的 TSCH 模式（即支持一定实时性的无线个域网）下承载 IPv6 的传输机制
	6loWG	在资源受限网络中使用 IPv6 的传输机制，包括 IEEE 802.15.4 链路、低功率蓝牙、ITU-T G.9959 等接入技术
3GPP	SA1、SA2、SA3	SA 各工作组分别研究 MTC 优化需求、3GPP 网络的影响及网络实现 MTC 通信的优化方案和 MTC 安全方面需求。
	G2、R1、R2、R3	GERAN 和 RAN 各工作组研究无线接入网络 MTC 增强技术，基于 UTRA 和 EUTRA 系统现有特性以最小代价实现对 M2M 应用的支持。RAN 工作组立项的 RP-151621 研究窄带物联网，GERAN 工作组立项的扩展 GSM 支撑蜂窝物联网
	CT1、CT3、CT4	CT 各工作组对现有 3GPP 网络 NAS 协议、MAP 协议、S6a/d 协议、GTP-C 协议、MBMS/CBC 协议以及外部网络交互协议产生的影响进行评估，并对受到影响的协议进行更新及维护

（续）

标准组织		物联网网络传输类标准工作情况
3GPP2	TSG-S	3GPP2 启动 Study for Machine-to-Machine（M2M）Communication for cdma 2000 Networks 项目，研究 M2M 对 CDMA 网络带来的影响
LoRa		LoRa 联盟发布了针对远距离低功耗的 LoRa WAN Release 1.0 版本，适用于传感器、基站和网络服务提供商
OGC		开放的地理空间联盟（Open Geospatial Consortium，OGC）正式提出了传感器 Web 网络框架协议（Sensor Web Enablement，SWE），为传感器定义网络层接口标准
Thread		智能家居标准联盟 Thread Group 希望通过统一底层传输标准打造 thread 生态圈。Thread 本身是一种新的低功耗物联网连接协议。2015 年 7 月，发布 Thread 标准协议《Thread Specification v1.0》
IEEE		IEEE 802.1 对传统以太网的竞争接入技术进行优化，以满足时间敏感性场景需求。IEEE 802.3 针对工业场景的需求，在实时性、数据线供电、单根双绞线传输等方面对传统的以太网技术进行增强。IEEE802.15.4，定义设备间的低速率个域网中物理层和 MAC 层通信规范。IEEE 802.3 制定无线局域网接入标准，IEEE 802.11ah 定义 1GHz 以下频段操作，针对物联网应用场景的低功率广域无线传输技术。IEEE P1901 对于电力行业需求直接的电力线通信 PLC 技术进行标准化，发布了宽带高速率和窄带低速率两套标准
信标委电力线（PLC）通信标准工作组		开展电力线通信相关标准的制定。在研标准包括《低压电力线通信 第 1 部分 物理层规范》和《低压电力线通信 第 2 部分 数据链路层规范》
IEC		IEC SC65C 制定工业测量与控制过程中的数字通信子系统，其中 MT9 负责制定与维护各种现场总线通信技术、工业以太网通信技术标准；WG16 负责制定工业无线相关标准如 WIA-PA、无线 HART 和 ISA 100.11a
ZigBee		ZigBee 联盟在 IEEE 802.15.4 的基础上定义了高层通信协议，用于指导厂商开发可靠安全、低速低功耗的短距离无线传输芯片设备
HART 通信基金会		无线 HART（可寻址远程传感器高速通道）标准在物理层上基于 IEEE802.15.4，对 MAC 层进行了修改，以提高跳频的可靠性，实现完全的 MESH 网络拓扑

（续）

标准组织		物联网网络传输类标准工作情况
ISA-100.11a		ISA-100.11a（无线工业自动化系统：过程控制及相关应用）是一个开放的、面向多种工业应用的标准族，定义了无线网络的构架、共存性、鲁棒性以及与有线现场网络的互操作性，主要针对传感器、执行器、无线手持设备等工业现场自动化设备
CCSA	TC10	开展感知层性能评价体系研究、物联网终端及通信模块数据通信接口标准化研究、基于泛在网的智能卡研究等标准项目。设置了网络工作组（WG3）负责研究支持 M2M 通信的移动网络技术研究、下一代网络（NGN）支持泛在网络需求、泛在网 IPv6 相关技术等标准
WGSN	WGSN	开展通信与信息交互、协同信息处理、标识、安全、接口、网关、无线频谱研究与测试、传感器网络设备技术要求等工作

4. 服务支撑类标准

物联网服务支撑类标准包括数据服务、支撑平台、运维管理、资源交换标准。其中数据服务标准是指数据接入、数据存储、数据融合、数据处理、服务管理等标准。支撑平台标准是指设备管理、用户管理、配置管理、计费管理等标准。运维管理标准是指物联网系统的运行监控、故障诊断和优化管理等标准，也涉及系统相关的技术、安全等合规性管理标准。资源交换标准是指物联网系统与外部系统信息共享与交换方面的标准。目前针对物联网应用的支撑标准需求分析及现有标准评估工作尚处于探索阶段，缺乏对于系统合规性以及其他方面的管理研究。服务支撑类标准推进情况见表 2-6。

表 2-6　服务支撑类标准推进情况

标准组织	服务支撑类标准工作情况
ISO/IEC	ISO/IEC JTC1 开展了中间件、接口、集装箱货运和物流供应链等应用支撑领域的标准工作
信标委 SOA	SOA 分委会主要开展我国 SOA、Web 服务、中间件、软件构件、智慧城市领域的标准制（修）订及应用推广工作
IEC	SC 65E 定义了定义电子设备描述语言 EDDL（Electronic Device Description Language）、工程数据交换格式 Automation ML（Engineering data exchange format）等 SC 3D 定义了用于描述电子设备属性及标识符的通用数据字典 CDD（Common Data Dictionary）

(续)

标准组织	服务支撑类标准工作情况
ITU-T	ITU-T F.744 研究泛在传感器网络中间件的服务描述和需求，Y.2234 研究 NGN 开放业务环境能力，Y.2234 为 NGN 描述了一个开放的服务环境（OSE）。成立智能电网焦点组和云计算焦点组，研究物联网相关应用需求。ITU-T SG20 研究组开展物联网及其应用，其中问题组 Q4 研究应用物联网的应用和服务
ZigBee	ZigBee 制定了 11 个与行业应用相关的 Profile，包括智慧能源、健康监测、智能家居和照明控制等
ETSI	ETSI 对应用实例进行研究，分析通信网络为支持 M2M 服务在功能和能力方面的增强，具体包括 eHealth、用户互联、城市自动化、汽车应用和智能电网等
OASIS	OASIS 组织并未针对物联网成立专门的标准组。但由于其在 XML、Web Service、SOA、MQTT、云计算和安全方面的标准，对物联网应用服务产生了很大的影响
W3C	W3C 联盟制定 Web 相关的标准，包括 HTML、XML、RDF、OWL 等数据描述标准
IETF	CORE 工作组定义了针对受限网络的轻量级应用层协议 CoAP，以替代 HTTP，解决 HTTP 开销大不适应物联网场景的问题
	JSON 工作组定义了用于描述结构化数据的格式规则
	CBOR 工作组定义了一种类似于 JSON，但针对受限设备，采用二进制的对象描述语言，以节省开销
OIC	开放互联联盟组织撰写一系列开源标准，以促进各类联网设备能完成寻找、识别、数据交换。目前已经发布了核心框架规范、安全、智能家居设备、资源类型、远程访问的规范
OMA	OMA 定义与系统无关的、开放的，使各种应用和业务能够在全球范围内的各种终端上实现互联互通的标准。相关 M2M 规范包括：融合的个人网络服务（CPNS）、设备管理协议（OMA DM）、轻量级 M2M 协议（LWM2M）、开放连接管理 API（OpenCMAPI）和客户端 API 框架（GoAPI）
OneM2M	由七个地区性电信标准组织共同创建的国际物联网标准化组织，目标是制定物联网业务层标准，下设需求 REQ、体系架构 ARC、协议 PRO 等工作组，目前已经发布的标准包括数据通信、设备管理和服务层协议等相关标准

（续）

标准组织	服务支撑类标准工作情况
ALLSEEN	AllSeen 联盟是国际上最具影响力的、非营利的家庭设备互联标准联盟，基于高通公司的近距离 P2P 通信技术 AllJoyn，建立互操作的通用软件框架和系统服务核心集
OPC 基金会	定义的 OPC UA 协议，为工业自动化的应用开发，提供了一致的、统一的地址空间和服务模型，避免了由于设备种类和通信标准众多给系统集成带来的巨大开发负担
CCSA	TC5 WG7 完成了移动 M2M 业务研究报告，描述了 M2M 的典型应用、分析了 M2M 的商业模式、业务特征以及流量模型，给出了 M2M 业务标准化的建议
	TC10 WG2 负责物流信息 M2M 技术、煤矿安全生产与监控、汽车信息化、智能环境预警系统、医疗健康监测系统、无线城市、智能交通系统、智能家居系统等应用场景分析
SOA 标准工作组	开展 SOA、Web 服务、云计算技术、中间件领域的标准制（修）订工作
物联网基础标准工作组	开展物联网信息共享和交换系列标准、协同信息处理、感知对象信息融合模型的研究，目前物联网信息共享和交换总体要求、总体架构、数据格式、数据接口等系列标准正在制定中
WGSN	传感器网络标准工作组开展了面向大型建筑节能监控的传感器网络系统技术要求和机场围界传感器网络防入侵系统技术要求
大数据工作组	统筹开展我国大数据标准化工作。工作组下设了 7 个专题组，分别开展专项领域的标准化研究制定工作
云计算工作组	开展我国云计算标准化工作,主要包括云计算领域的基础、技术、产品、测评、服务、系统和装备及节能环保等国家标准、行业标准的制（修）订工作

5. 业务应用类标准

物联网涉及的行业众多，各行业间发展不平衡。现阶段物联网行业应用标准缺失现象突出，导致物联网建设不能满足最终应用要求，这也是制约物联网发展的主要因素。我国非常重视物联网业务应用标准的建设，已经在公安、医疗、环保、农业、林业、交通六个行业开展先行的标准建设试点。物联网业务应用类标准推进情况见表 2-7。

表 2-7 物联网业务应用类标准推进情况

应用领域	业务应用类标准总体工作情况
公共安全	2011 年 3 月，中国成立了公共安全行业物联网应用标准工作组，并将标准化项目列为国家发改委支持的公共安全国家物联网示范工程组成部分。公共安全物联网领域主要开展了基础标准（如术语）、安全类标准（如感知层安全导则、物联网等保护、终端防护）和应用类标准，应用类标准主要有图像联网、深度智能应用、汽车电子标识以及警用物资监管类
健康医疗	2014 年，卫计委申请筹建医疗健康物联网应用标准工作组，并正在推进《医疗健康物联网应用系统体系结构与通用技术要求》等 11 项医疗健康物联网国标制定工作。我国医疗信息化相关的标准主要包括 GB/T 17006.10—2003《医用成像部门的评价及例行试验 第 2-11 部分：稳定性试验 普通直接摄影 X 射线设备》、GB/T 21715—2008《健康信息学 患者健康卡数据》、GB/Z 24464—2009《健康信息学 电子健康记录 定义、范围与语境》、GB/T 24466—2009《健康信息学 电子健康记录体系架构需求》、GB/T 25514—2010《健康信息学 健康受控词表 结构和高层指标》GB/T 24465—2009《健康信息学 健康指标概念框架》等；国际上医疗信息化领域主流的标准有 ISO/IEEE 11073 系列标准、DICOM、HL7 等
智能交通	我国成立了物联网交通领域应用标准工作组，开展车辆远程服务系统通用技术要求方面的交通物联网相关标准化工作 国际上已公布的 ITS 标准主要分为 3 个系列，分别是：IEEE1609 系列、IEEE802.11p，以及 ISO 组织定义的 CALM 系列标准
智能家居	我国相继成立了《数字电视接收设备与家庭网络系统平台接口标准》工作组、"资源共享、协同服务标准工作组（IGRS）"和"家庭网络标准工作组"，开展相关标准化工作 IEEE 1888 开展了泛在绿色社区相关标准化工作 ITU-T SG20 开展物联网和智能社区的相关标准工作
智能电网	IEEE 1588 网络测控系统精确时钟同步协议 ISA SP100 非紧急监控、报警和控制应用提供可靠和安全操作的无线通信标准，可应用于智能电网的工业级电表上。 IEEE P2030 制定一套智能电网的标准和互通原则，并推广为全球标准的计划 IEC 61850 标准是电力系统自动化领域的全球通用标准。它是由国际电工委员会第 57 技术委员会（IECTC57）的 3 个工作组 10、11、12（WG10/11/12）负责制定的。IEC 61850 已为智能变电站领域的大多数公共实际设备和设备组件，包括传感设备等建模

（续）

应用领域	业务应用类标准总体工作情况
智能制造	2015年12月29日，工业和信息化部、国家标准化管理委员会联合发布了《国家智能制造标准体系建设指南（2015年版）》，SAC/TC 28开展面向智能制造的新一代信息技术标准化工作；SAC/TC124全国工业过程测量和控制标准化技术委员会针对工控领域应用开展了相关标准化工作；IEC SG8制定了工业4.0的参考架构标准
林业	我国成立了林业物联网应用标准工作组，开展了《林业物联网 第二部分：术语》等林业物联网相关标准化工作
农业	我国成立了农业物联网应用标准工作组，开展了《大田种植 物联网数据传输标准》等13项农业物联网相关标准化工作

6. 共性技术类标准

（1）物联网标识标准 物联网编码标识技术是物联网最为基础的关键技术，编码标识技术体系由编码（代码）、数据载体、数据协议、信息系统、网络解析、发现服务、应用等共同构成的完整技术体系。物联网中的编码标识已成为当前的焦点和热点问题，部分国家和国际组织都在尝试提出一种适合于物联网应用的编码。当前物联网标识相关标准推进情况见表2-8。

表2-8 当前物联网标识相关标准推进情况

标准组织	标识相关标准工作情况
ISO/IEC	同编码标识相关的机构包括SC02（编码字符集）SC6（OID标识与解析）、SC34（文档描述和处理语言）SC32（数据管理和互换）、SC29（声音、图像、多媒体和超媒体信息的编码）、SC31（自动识别和数据捕获技术）、SC17（卡与个人标识）和SC24（计算机图形图像处理和环境数据表示）等 目前MCODE已列入ISO标准，制定了比较完整的标准体系。OID是ISO/IEC 8824和ISO/IEC 9834系列标准中定义的一种标识体系，其目的是实现在开放系统互联（OSI）中对"对象"的唯一标识。"OID在物联网领域中应用指南"正在SC6讨论立项
ITU	SG16组成立了专门的Question展开泛在网应用相关的研究，包括标识解析等方面 SG17展开身份管理、解析的研究，Q10/17身份管理架构和机制；Q12/17抽象语法标记（ASN.1），对象标识（OIDs）及注册
ETSI	ETSI在2008年11月成立M2M TC（Technical Committee）。M2M TC主要工作内容包含M2M设备标识、名址体系等

（续）

标准组织	标识相关标准工作情况
EPCglobal	EPCglobal推出了电子产品编码标准，也是RFID技术中普遍采用的标识编码标准。EPCglobal在物品标识解析方面，制定了ONS（Object Naming Service）标准，并建设ONS应用系统，在物流行业有广泛应用
IETF	IETF制定了互联网的域名解析系统（DNS/IPv4/IPv6）的相关标准。IETF还定义了将终端标识与地址分离开的主机标识协议HIP（Host Identity Protocol），这是一种基于公开密钥的地址空间机制
OGC	OGC推出了Sensor Model Language、Transducer Markup Language、Observation and Measurement等一系列描述传感器行为、传感器数据、观测过程的语言标准
3GPP	研究项目FS_AMTC-SA1旨在寻找E.164的替代，用于标识机器类型终端以及终端之间的路由消息 3GPP中涉及标识的研究内容主要是移动通信终端设备的码号解析相关 3GPP中启动了对eSIM的标准化，以适应物联网中海量终端的标识下发，嵌入式标识安全等需求
WCO	世界海关组织（World Customs Organization，WCO）1983年6月主持制定了一部供海关、统计、进出口管理及与国际贸易有关各方共同使用的商品分类编码体系
联合国统计委员会	联合国统计委员会制定了《CPC暂行规定》，该规定为商品、服务及资产统计数据的国际比较提供一个框架和指南
T-Engine Forum	UID中心具体负责研究和推广自动识别的核心技术，UID的核心是赋予现实世界中任何物理对象唯一的泛在识别号（Ucode）
Mobile RFID Forum	韩国SK电讯提出了MRFID标识编码系统方案，并通过ITU推进其标准国际化
CCSA TC10	通信标准化协会下辖的TC10在开展泛在网络标识、解析与寻址体系的工作
WGSN	传感器网络标准工作组下辖的标识项目组负责制定传感器网络标识技术标准。目前，标识项目组完成了《传感器网络 标识 传感节点编码规范》的草案稿
国家物联网基础标准工作组	国家物联网基础工作组下成立"标识项目组"，研制我国物联网编码标识基础技术标准
电子标签工作组	电子标签标准工作组成立的目的是建立我国的RFID标准，推动我国的RFID产业发展。数据格式项目组的主要工作任务是制定电子标签编码的标准

（2）物联网安全标准 物联网安全问题除了同现有网络安全密切相关外，还具有一定的特殊性。目前，国际各相关组织已经开展安全标准相关工作，总体来

说还处在探索阶段，各个标准组织主要从各自领域进行安全标准研究，缺乏系统安全的技术标准分析研究。物联网安全标准推进情况见表 2-9。

表 2-9　物联网安全标准推进情况

标准组织	物联网安全标准工作情况
ISO/IEC	JTC1 开展了编号为 29180 的泛在传感器网络安全框架标准项目；ISO/IEC 19790 2006 针对计算机及通信系统加密模型的安全管理进行了说明
IEC	TC65 WG10 工作组的工作范围为网络和系统安全，开展了 IEC 62443《工业过程测量和控制安全网络和系统安全》系列标准研制。SC 65A 定义了电子电器设备功能安全的标准旧 C 61508，用于油气、核电站等对易燃易爆、对设备运行有高安全要求的行业
ITU_T	ITU_T 启动了一系列针对物联网安全的项目，包括标签应用的安全的 X.1171 威胁分析，X.rfpg 安全保护指南，针对泛在传感器网络安全包括 X.usnsec-1 安全框架；X.usnsec-2 中间件 安全指南；X.usnsec-3 路由安全，针对泛在网安全需求和架构 的 X.unsec-1 等
IEEE	IEEE 的各种接入技术中，基本上都在 MAC 层定义了数据安全 传输机制，如 802.3、802.11 使用的 802.1X 及 802.15.4 提供的三级安全性
ZigBee	ZigBee 联盟在标准体系中定义了安全层，以保证便携设备不会意外泄漏其标识，并保障数据传输不会被其他节点获得
ETSI	ETSI M2M TC 在其规范中也研究了机器类通信安全，TS 102 689 需求规范明确提出可信环境和完整性验证需求、私密性需求等；TS 106 690 功能架明确了各层安全功能需求；TR 103 167 专门分析应用层安全威胁
EPCglobal	EPCglobal 与安全相关的规范是 "EPCglobal Reader Protocol Standard, Version 1.1, 规范中提供读写器与主机（主机是指中间件或者应用程序）之间的数据与命令交互接口，并将读写器协议分为三层，在消息层实现安全保障
IETF	在 DICE 工作组中，进行对受限环境下传输层安全 DTLS 的标准化；在 ACE 工作组中，开展受限环境下认证与授权协议的研究。在 OAuth 工作组中，进行对 Web 开放服务中认证授权机制的标准化
ISA	ISA 100.11a 安全工作组的负责制定安全标准并推荐安全应用解决方案等
HART	HART 通信基金会公布了无线 HART 协议，无线 HART 采用强大的安全措施，确保网络和数据随时随地受到保护
3GPP	SA3 针对机器类通信安全分别开展了 TR 23.888 M2M 设备 USIM 业务远程管理，TR 33.868 M2M《机器类型通信安全问题研究》标准项目
OneM2M	安全工作组研究发布 M2M 的安全解决方案 release 1 版本
CCSA	TC8 开展了"机器对机器通信的安全研究"项目，TC10 开展了"泛在网安全需求"标准项目

（续）

标准组织	物联网安全标准工作情况
WGSN	WGSN 开展了国家标准《信息技术 传感器网络 第 5 部分：安全》的标准项目，并发布了《传感器网络 信息安全 通用技术规范》征求意见稿
SAC/TC124	全国工业过程测量控制和自动化标准化技术委员会（SAC/TC124）组织相关的行业专家起草"工业过程测量和控制安全网络和系统信息安全"的系列标准
国家物联网基础标准工作组	国家物联网基础工作组下成立"国家物联网安全项目组"，研制我国物联网安全基础技术标准

参考文献

[1] 物联网及传感器产业发展白皮书 2015[R]. 北京：中国电子信息产业发展研究院，2015.

[2] 物联网白皮书 2015[R]. 北京：中国信息通信研究院，2015.

[3] 物联网白皮书 2016[R]. 北京：中国信息通信研究院，2016.

第 3 章 我国物联网产业发展现状

现阶段，我国物联网产业初步形成包括芯片、元器件、设备、软件、系统集成、运营、应用服务在内的较为完整的产业链。2015年物联网产业规模达到7 500亿元，"十二五"年复合增长率为25%。公众网络机器到机器（M2M）连接数突破1亿，占全球总量的31%，成为全球最大市场[1]。在区域集聚方面，已初步形成环渤海、长三角、泛珠三角以及中西部地区四大区域聚集发展的格局，无锡、重庆、杭州、福州等新型工业化产业示范基地建设初见成效。在企业方面，涌现出一大批具备较强实力的物联网领军企业，互联网龙头企业成为物联网发展的重要新兴力量。在公共服务平台方面，物联网产业公共服务体系日渐完善，初步建成一批共性技术研发、检验检测、投融资、标识解析、成果转化、人才培训、信息服务等公共服务平台。

3.1 我国物联网应用领域现状

3.1.1 工业领域应用现状

工业是物联网技术的重要应用领域。要实现从"中国制造"向"中国智造"的转变，必须大力推广应用物联网技术。目前，物联网技术在产品信息化、生产制造、经营管理、节能减排、安全生产等领域得到了广泛应用。例如，在生产制造环节，通过物联网中的感知设备可以精确掌握生产线的运行情况和生产进度，并通过无线通信网络传回后台监控中心，根据现场工作需求，工作人员可以远程对机械设备进行遥调和控制，大大降低了管理劳动强度，也使设备持续运行在最佳状态。

3.1.2 农业领域应用现状

农业物联网是物联网的重要发展方向之一。现代农业的发展面临着资源短缺、环境恶化、农产品质量安全等问题的严峻挑战，因此将物联网技术应用到农业领域，可以实现对农业生产过程的全面监控和自主管理，对于提高农业生产的管理水平和效率，降低生产成本，改善环境，提高农产品质量都具有重要意义。物联网技术在农业领域的应用目前主要集中在环境监测与保护、农产品生产过程监管、农产品质量安全管理、农产品安全追溯和设施农业等领域。例如，在设施农业中的应用,有效地使用物联网技术,如通过对温度、通风条件和湿度等设施的实时控制,可以保障农作物优良的生长环境,提高单位面积农作物产量,间接地减少了农业生产成本,保持了农业生产的高效性。

3.1.3 交通领域应用现状

交通是国民经济的重要基础设施领域,也是整个国家的战略基础设施领域之一。国家越来越重视交通安全,在长途客运领域已强制要求必须加装视频监控系统,并要求监控系统智能联网,以便实时监控行车状况,保障出行安全。同时全国各省市正在积极开展智能道路建设,通过RFID、道路感知系统及联网调度系统,可实时监控道路交通状况,实时引导车辆的行驶路径,指示道路拥堵点,大大提高了出行效率。在物流货运领域,基于RFID和GPS的智能定位追踪系统与智慧物流相结合,实现了返程智能配货、物品智能追踪、物品状态实时感知等的综合应用,保证了物流产品的准时准确发放和送达。此外,铁路系统的物联网技术正在进一步升级,尤其是高铁的自动化与信息化系统,随着民众对高铁安全的关注,高铁智能调度系统、信号感知系统、防碰撞与追尾系统、智能铁路货运系统等都取得了很大发展,数字铁路正在全面取得进展。

3.1.4 医疗领域应用

医疗行业切实关系到公民的健康和生活质量的提高,对国家的发展起着重要作用。现阶段医疗领域物联网技术的应用主要是实现数字医疗,通过自动识别技术帮助医生实现对病人病情的实时监控,科学管理会诊和医疗记录,对医疗器械进行跟踪,提供医院管理更为科学方便的平台系统。智能医疗正在大力开展,药品流通、医院管理已纳入物联网系统平台,如在病人身上佩戴传感器设备进行人体生理数据的采集,为有需要的家庭提供远程会诊治疗或自动挂号等服务。另外,物联网的应用实现了医疗机构在用药过程中的跟踪指导服务,包括处方的开立、调剂、护理给药、药效追踪等方面,大大提高了医疗效率,降低了医疗成本。

3.1.5 智能家居领域应用

随着信息化程度的不断提高,消费者对居家环境智能化程度提出了更高的要求。当消费者离开自己的居住环境时,及时获取家中的环境信息,已成为一种现实需求。基于信息通信行业的快速发展,智能家居在家庭生活中的应用越来越常见。物联网智能家居产品融合自动化控制系统、计算机网络系统和网络通信技术于一体，将各种家庭设备（如音视频设备、照明系统、窗帘控制、空调控制、安防系统、数字影院系统、网络家电等）通过智能家庭网络联网实现自动化，通过宽带和无线网络，实现对家庭设备的远程操控。与普通家居相比，智能家居不仅能提供舒适宜人且高品位的家庭生活空间，更智能的家庭安防系统，还把家居环境由原来的被动静止结构转变为具有能动智慧功能的结构，提供了全方位的信息交互。

3.2 我国物联网地区发展现状

3.2.1 产业集聚现状

我国物联网产业已初步形成环渤海、长三角、珠三角，以及中西部地区四大区域集聚发展的总体产业空间格局。长三角地区产业规模位列四大区域的首位。

1. 环渤海地区

环渤海地区是我国物联网产业重要的研发、设计、设备制造及系统集成基地。该地区关键支撑技术研发实力强劲、感知节点产业化应用与普及程度较高、网络传输方式多样化、综合化平台建设迅速、物联网应用广泛，并已基本形成较为完善的物联网产业发展体系架构。该地区的产业主要集中在北京、天津、河北等地区，比如天津重点发展智能感知设备产业链。

2. 长三角地区

长三角地区是我国物联网技术和应用的起源地，在发展物联网产业领域拥有得天独厚的先发优势。凭借在电子信息产业的深厚产业基础，长三角地区物联网产业发展主要定位于产业链高端环节，从物联网软硬件核心产品和技术两个核心环节入手，实施标准与专利战略，形成全国物联网产业核心与龙头企业的集聚地。例如上海以世博园物联网应用示范为基础，在嘉定、浦东地区建立物联网产业基地。

3. 珠三角地区

珠三角地区是我国电子整机的重要生产基地。在物联网产业发展上，珠三角地区围绕物联网设备制造、软件及系统集成、网络运营服务及应用示范领域，重点进行核心关键技术突破与创新能力建设、物联网基础设施建设、城市管理信息化水平提升及农村信息技术应用等。

4. 中西部地区

中西部地区物联网产业发展迅速，各重点省市纷纷结合自身优势，布局物联网产业，抢占市场先机。湖北、四川、陕西、重庆、云南等中西部重点省市依托其在科研教学和人力资源方面的优势，以及芯片设计、传感传动、自动控制、网络通信与处理、软件及信息服务领域较好的产业基础，构建物联网完整产业链和产业体系，重点培养物联网龙头企业，大力推广物联网应用示范工程。

3.2.2　研究中心及相关机构发展现状

1. 上海电子标签与物联网产学研联盟

上海电子标签与物联网产学研联盟正式成立于2005年9月，该联盟由12家单位（企业、院校、研究所）组成，以"技术引导，突破应用；坚持开放、自主创新；应用产业、协调发展"为发展思路，通过整合上海在RFID领域的技术资源，加强与国内外优势企业的合作，不断提升上海在RFID领域的研发、生产和应用水平，促进上海RFID与物联网产业链的形成和快速健康发展。在科技部和上海市科委共同支持下，联盟重点开展了电子标签的芯片设计与制造技术、天线设计与制造技术、芯片植入技术、读写设备开发与生产技术等关键技术的技术创新，开发了具有自主知识产权的自动识别系列产品，形成了较为完善的电子标签产业化链，并促进国家射频识别产业化基地落户张江。目前，该联盟成为上海RFID产业的主要推动力量，是上海RFID创新集群形成与发展，乃至物联网技术与产业发展的重要载体之一。

目前，上海电子标签与物联网产学研联盟成员单位见表3-1，主要任务包括以下九项内容：

一是开展战略性研究，为产业和技术发展提供规划和决策依据。

二是联合开展RFID与物联网领域关键技术攻关和前瞻性技术研究。

三是开发符合重大应用需求的具有自主知识产权和市场竞争力的创新产品。

四是推动上海RFID技术专利池建设，开展RFID重要自主标准的研究与制订，促进国家标准体系建立。

五是推进RFID技术的规模化应用，支撑物联网建设。

六是联合成员单位，共同承担国家、地方重大科技计划项目。

七是建设资源共享平台和专业性公共服务平台，进一步完善产业创新支撑环境，减少重复研究造成的浪费。

八是联合培养人才，加强人员的交流互动，为产业持续创新提供人才支撑。

九是开展宣传，积极参与国内、国际交流活动，共同打造联盟品牌。

表 3-1 上海电子标签与物联网产学研联盟成员单位

名称	联盟内职务	网址
上海集成电路技术与产业促进中心	理事长单位	www.icc.sh.cn
上海张江射频识别产业基地发展有限公司	副理事长单位	www.china-rfid.cn
上海华虹计通智能卡系统股份有限公司	理事单位	www.huahongjt
上海华申智能卡应用系统有限公司	理事单位	www.hsic.com.cn
复旦大学	理事单位	www.fudan.edu.cn
上海交通大学	理事单位	www.sjtu.edu.cn
上海坤锐电子科技有限公司	理事单位	www.quanray.com
上海复旦微电子股份有限公司	理事单位	www.fmsh.com.cn
上海盛锐软件技术有限公司	理事单位	www.sunrise-tag.com
上海三瑞信息技术有限公司	理事单位	www.sunray-sh.com
上海龙晶微电子有限公司	理事单位	
公安部第三研究所	理事单位	www.trimps.ac.cn
上海生物电子标识有限公司	理事单位	www.bio-tag.com.cn
上海真灼科技股份有限公司	理事单位	
上海华彩科技有限公司	理事单位	
方正科技集团股份有限公司	理事单位	www.foundertech.com
中国科学院上海高等研究院	成员单位	www.san.ac.cn
上海市计算技术研究所	成员单位	www.sict.ste.sh.cn
中京复电（上海）电子科技有限公司	成员单位	www.zjrfid.com
上海宝信软件股份有限公司	成员单位	www.baosight.com
捷玛计算机信息技术（上海）股份有限公司	成员单位	www.jmars.com
上海邮政科学研究院	成员单位	www.cpsri.com.cn
上海华东电脑股份有限公司	成员单位	www.shecc.com
上海华虹集成电路有限责任公司	成员单位	www.shhic.com
上海农业信息有限公司	成员单位	www.shagri.info
上海长丰智能卡有限公司	成员单位	
上海现代物流投资发展有限公司	成员单位	www.m56.com.cn
上海市质量和标准化研究院	成员单位	www.cnsis.info
中国电子集团公司第五十研究所	成员单位	www.50.sh.cn
上海先达企业发展有限公司	成员单位	www.chetek.com.cn
上海电器科学研究所（集团）有限公司	成员单位	www.seari.com.cn

（续）

名称	联盟内职务	网址
上海启明软件股份有限公司	成员单位	www.vsc.com
上海天臣威讯信息技术有限公司	成员单位	
上海龙的信息系统有限公司	成员单位	
上海航空印刷有限公司	成员单位	www.sapc1.com

2. 中科院无锡高新微纳传感网工程技术研发中心

中科院无锡高新微纳传感网工程技术研发中心成立于2009年，落户于无锡国家软件园。该中心技术上依托于中国科学院上海微系统与信息技术研究所，致力于物联网技术研究工作，在物联网体系构架和核心技术、标准化、系列产品开发和应用研究方面具有深厚的研究基础。中心以产业化为前提，科技成果转化为手段，在较短时间内推出一系列符合国家安全、公共安全、新型战略产业、落后产能淘汰、智慧城市建设需求，并具有产业化前景的综合感知芯片、器件、系统和应用解决方案，为推进国家战略性新兴产业和物联网创新价值链的发展提供强有力的技术保证。

在研究方面，该中心目前的研究方向包括传感器应用技术研究、多传感综合感知与应用技术研究和物联网产业化关键技术研究。在产业化目标方面，为配合国家战略性新兴产业的计划实施，中心将智能安防技术及其产业化和综合感知柔性生产制造及其产业化作为未来几年的产业化目标。

3. 中国物联网研究发展中心

2009年11月12日，为落实温家宝总理关于建设"感知中国中心"重要指示，中国科学院、江苏省人民政府、无锡市人民政府签署共建中国物联网研究发展中心（筹）三方协议。2009年12月30日，江苏省批复成立江苏物联网研究发展中心作为中国物联网研究发展中心（筹）的建设载体。2010年10月8日，中国科学院批复成立中国科学院物联网研究发展中心，作为中国科学院在物联网领域的总体单位，负责中国物联网研究发展中心（筹）的建设。物联网中心以"科学唯实，开拓创新，笃信致远"发展理念，结合江苏、无锡地方战略性新兴产业特点，致力于建成国家级"感知中国"创新基地、中国物联网产业培育中心、集成创新中心和行业应用示范中心。物联网中心已成为我国最大规模的物联网专业研发机构和中国科学院最大规模的院地合作平台。中国物联网研究发展中心研发载体见表3-2，中国物联网研究发展中心总体科研布局见表3-3。

表 3-2 中国物联网研究发展中心研发载体

类别	机构名称
公共技术服务平台	MEMS 公共技术服务平台
	物联网知识产权公共平台
	中小企业物联网产业创新服务平台
	物联网软件开发测评平台
	系统与芯片设计、测试与分析平台
研发载体	智能集成传感器工程中心
	智能视觉物联网研发中心
	物联网通信技术实验室
	智能交通研究中心
	物联网安全研发中心
	农资物联网研发中心
	物联网系统架构与数据交易技术研究中心
	慢病监测与预防工程技术中心
	环境光电感知技术研究中心
	信息识别与系统控制研究中心

表 3-3 中国物联网研究发展中心总体科研布局

布局领域	具体细分领域
核心器件与芯片	2.44Git/s 通信低功率耗 SoC
	MEMS 低成本规模操作
	光电传感
	能量采集芯片
	多模导航通信一体化芯片
	高功率电力电子器件
	RFID 传感一体化芯片
	高端行业专用传感器
关键终端设备	多参数医用测试仪
	低成本溯源终端
	工业无线总线设备
	智能视觉终端
	无线定位设备
	光电环境检测设备
	车载智能终端
	链状组网设备

（续）

布局领域	具体细分领域
应用系统	智能农业
	智能物流
	智能交通
	智能医护
	智能安防
	智能工业
	智能环保
	智能电网
	智能城市
应用支撑平台	基础软件与中间件
	交通网络物理建模

4. 中关村物联网产业联盟

中关村物联网产业联盟成立于2009年11月1日，是中国第一家物联网产业联盟。由中关村在物联网产业链上下游具有优势的单位共同发起。目前，联盟已涵盖了物联网产业链重要核心单位近200家，服务于物联网、智慧城市相关领域企业近2 000家，形成了产、学、研、用开放式的合作机制。

该联盟致力于推动产业发展、服务企业、服务政府、促进合作四大方面。通过搭建关键技术及公共服务平台，推动物联网技术、产业链和市场应用的协同发展；通过协调企业间合作关系、企业与政府间的关系、产业与市场的关系，更好地服务会员，协同创新；在配合政府部门产业调研与政策研究、组织实施重大项目基础之上，承接政府部门的产业促进服务任务；协调与相关联盟、协会、机构的关系，实现协同创新和跨界创新。

联盟自成立以来，针对行业的发展、标准的制定、平台搭建、物联网商业模式的创新等内容组织了40余场主题沙龙活动，为企业提供了一个物联网领域学术交流、思维碰撞以及对接合作的平台；组织成员单位申报数十项国家、北京市重大项目，参加了数十场展览展会、论坛等展示推广和研讨活动，开展系列标准规范创制和推广工作，协助政府开展了产业发展路线图、顶层设计、发展规划等方面的研究工作，为企业、政府相关工作的开展提供了大力支撑。

自2012年，联盟与软交所、北京信息化协会等单位连续四年共同组织了四届智慧北京大赛，通过大赛挖掘了一批技术成熟可靠、具备规模化前景的典型应用案例及应用解决方案，以此来配合"智慧城市"建设及相关示范工程，大力开展应用创新、培育典型解决方案。此外，联盟还组织"IoT探营"活动，对企业进行深入了解；开展了"商业模式培训班"，免费为企业讲解商业模式创新方法；2014年以来，联盟相继成立了绿色安全RFID专委会、健康服务业专委会、智慧教育专委会、智慧创新设计专委会、智慧社区专委会等十余个专委会，通过专委会的形式，将碎片化的物联网产业应用进行行业细分，以便促进企业之间更快速、深入地进行合作；2014年起，联盟筹建成立"中关村物联网产业基金"，以资本运作的方式，助力联盟成员单位，同时助推物联网产业的发展。目前，基金管理公司由中关村物联网产业联盟和赛伯乐集团共同筹建，已注册完成，基金募集正在进行中，一期资金1亿元。

5. 上海物联网中心

上海物联网中心成立于2010年3月2日，该中心依托中国科学院上海微系统与信息技术研究所在物联网方面的研发力量、研究成果、人才优势，大力吸引各类物联网研发、示范和产业化项目落户，努力打造国内最具竞争力、具有国际影响力的物联网创新基地，攻克物联网核心技术，引领国家标准制定，推广物联网应用示范，加速技术成果产业化。上海物联网中心将面向"智慧上海"，推动上海信息产业的新一轮发展。

上海物联网中心分三期建设。一期建筑面积8万m^2，包括技术研发中心和专家公寓等四个建筑单体。二期建筑面积13万m^2，包括产业孵化中心、交流培训中心和应用示范中心三个建筑单体。三期建筑用地面积200亩（1亩=666.7m^2），主要打造上海物联网产业集聚核心园区。

6. 江苏省新型感知器件产业技术创新战略联盟

江苏省新型感知器件产业技术创新战略联盟于2010年1月10日在江苏省周庄镇的昆山传感器产业基地成立，这意味着昆山的物联网产业形成了相当的产业集群。

7. 首个国家级物联网示范基地

2014年11月2日，国家物联网产业示范基地展示区推进会暨2014年Intel平板电脑产业链（重庆）研讨会在重庆市南岸区召开，"重庆市物联网产业建设基地"在南岸正式授牌。南岸区以新天泽国际总部城为核心，建设国家物联网产业示范基地展示区，按照"以智慧城市建设为载体、以物联网技术为支撑、以电子信息产业发展为重点、以改善服务民生为根本"的思路，充分整合各类资源，加快推动物联网应用示范与智慧城市建设深度融合，紧紧依托中移物联网有限公司、中交车联网、美的智能家电（家居）等龙头企业，大力实施物联网的市场推广和产业培育，把该区域建设成为集信息技术、科普教育、体验展示、时尚发布为一体的开放式智慧城市体验区，全国最具代表性的物联网产业示范基地展示区。

8. 国内首个车联网产业基地

2011年4月7日，由上海汽车、宝信软件、交技发展等46家企业发起成立的上海车联网产业联盟在上海市嘉定区安亭揭牌。上海拥有国内较完整的车载信息服务产业链，不仅拥有上海汽车等整车企业，也是汽车软件和车载电子的聚集地，在车联网产业的通信、导航、位置服务、运营服务平台、信息内容等各个环节都拥有骨干企业；目前我国已经推出车载信息服务前装市场的三家车厂中有两家属于上汽集团，分别是上海通用（安吉星）、上汽荣威（350的全时在线行车系统）。依托于上海汽车制造业的既有优势，发展车联网将为软件和电子信息服务企业找到切入物联网应用的突破口，通过"绑定"车企并建立起成熟的商业模式，软件和车载电子的应用规模将成倍放大。

9. 安徽省新农村物联网工程技术研究中心

2011年7月28日，安徽省农村物联网高峰论坛暨安徽省新农村物联网工程技术研究中心成立发布会在合肥召开。为实现安徽省农业生产要素动态信息与政府、农业企业、协会专业合作社等职能部门互联互通，在安徽省政府大力支持下，由安徽省科技厅批准成立安徽省新农村物联网工程技术研究中心。该中心作为全国首家定位农村物联网的工程技术研究中心，为农民致富、农业可持续发展提供了新一代基础网络平台和技术支撑平台，将大大提升农业生产、管理、交易、物流等各环节智能化程度。研究中心围绕农业物联网应用重大需求，重点解决农业环境信息获取和农残检测等关键技术，建立传感器接口标准与测试认证平台，为农业物联网技术的推广应用提供技术支撑，从感知层、传输层、服务层和应用层四个层次，开展关键技术的开发和应用，进而为推动和提升安徽省现代农业发展水平，促进农民增收、农村繁荣做出贡献。

从全国物联网与地区发展规模来看，物联网已广泛应用在各领域，但是物联网发展具有区域差异性，我国物联网发展较快的地区主要集中在北京、上海、江苏等经济发达地区，中西部地区还较为落后。

3.3 我国物联网产业链构成

3.3.1 终端设备提供商

终端设备产品主要集中在数据采集层面,包括电子标签、读写器模块、读写设备、读写器天线、智能卡等。我国物联网终端设备市场是较产业链中的其他环节发展较快的领域,企业数量较多,但以中小企业为主。

1. 芯片厂商

国内芯片的代表性厂商有:集成电路上海华虹集成电路有限责任公司,2009年研发出中国第一款国家自主安全算法 RFID 芯片 SHC1112(SSX0904)。

通信芯片厂商:联发科、展讯芯片。

封装厂商:上海贝岭、士兰微、通富微电、长电科技、华天科技、深圳先施、复旦微电子。

另外,还有北京同方微电子有限公司简称"同方微电子"、西安优势微电子公司。

目前,我国物联网的技术水平与国外发达国家相比还有很大差距,特别是高端产品领域。

2. 传感器设备商

从事二维码溯源的国内代表公司是新大陆公司。

3. 其他硬件厂商

比如光伏企业,代表厂商有尚德电力。

3.3.2 网络设备提供商

网络设备提供商是指为物联网网络提供相关网络设备的厂商,主要侧重于提供通信模块产品,代表厂商有:

华为技术有限公司、中兴通讯、大唐电信、烽火通信、三维通信、中天科技、亨通光电、光讯科技、芯讯通。其中中兴通讯、华为技术有限公司实力雄厚,具备与国际企业竞争的实力。

3.3.3 软件与应用开发商

软件与应用开发商包括中间件厂商,在我国已经有相当数量的企业。由于物联网应用的行业特性比较明显,因此,应用软件开发商也主要是针对特定行业的企业,其为特定的行业提供专业性的软件产品及解决方案。从企业角度来看,软件提供商包括普华基础软件股份有限公司、同方软件等综合产品平台。

3.3.4 系统集成商

系统集成商是根据客户需求，可以将物联网的硬件和软件集成为一个完整解决方案提供给客户的厂商。系统集成商的发展水平一方面反映了物联网业务的应用推广程度，另一方面也是影响应用推广的重要因素。我国在物联网应用集成方面的企业多数规模不大，并且以专注于某一行业的集成商为主，还缺乏关注多个行业的大型公司。国内代表性的公司有远望谷、新大陆、亚太安讯、航天信息、厦门信达、清华同方等。此外，远望谷、新大陆等公司也涉足产业上游的终端设备。

3.3.5 运营及服务提供商

物联网服务提供商主要是为客户提供统一的终端设备鉴权、计费等服务，实现终端接入控制、终端管理、行业应用管理、业务运营管理、平台管理等服务的厂商。目前，我国物联网运营及服务市场因受制于应用推广，还没有发展起来，因此该领域的企业总体实力较为薄弱，数量较少。未来，随着物联网应用范围的不断扩大，在运行状态、升级维护、故障定位、维护成本、运营成本、决策分析、数据保密等运营管理方面的需求将越来越多，对运营及服务提供商的要求也将非常高。目前，从企业层面看，中国移动和同方合资的同方合志公司是我国目前最大的MMO（M2M虚拟运营商）。

3.3.6 网络服务提供商

网络服务提供商是指提供数据的传输承载网络的服务商，以通信网为主，包括固网和移动通信网。我国三家电信运营商都已经涉足了这一领域，另外，也有广电网络运营商参与。我国物联网产业链见图3-1。

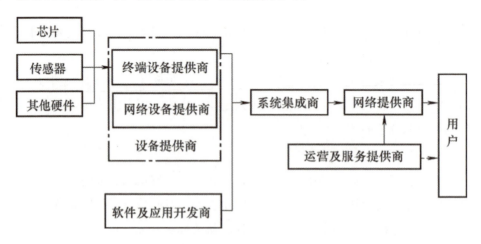

图 3-1 我国物联网产业链

3.4 我国物联网技术现状

3.4.1 物联网技术简介

物联网是将无处不在的末端设备和设施,包括具备"内在智能"的传感器、移动终端、工业系统、楼控系统、家庭智能设施、视频监控系统等和"外在使能"的,如贴上 RFID 的各种资产、携带无线终端的个人与车辆等"智能化物件或动物"或"智能尘埃",通过各种无线/有线的长距离/短距离通信网络实现互联互通(M2M)、应用大集成,以及基于云计算的 SaaS 营运等模式,提供安全可控乃至个性化的实时在线监测、定位追溯、报警联动、调度指挥、预案管理、远程控制、安全防范、远程维护保养、在线升级、统计报表、决策支持、领导桌面等管理和服务功能,实现对万物的高效、节能、安全、环保的"管、控、营"一体化。

从 1999 年 Ashton 教授在研究 RFID 时在美国召开的移动计算和网络国际会议首先提出物联网(Internet of Things)这个概念,2005 年在突尼斯举行的信息社会世界峰会上,国际电信联盟正式提出物联网的概念,到现在各国政府都非常重视下一代的技术规划,纷纷将物联网作为信息技术发展的重点。IBM 更是提出"智慧的地球"的最新概念,并且希望在基础建设的执行中,植入"智慧"的理念,从而带动经济的发展和社会的进步,希望以此掀起"互联网"浪潮之后的又一次科技产业革命。

一般而言,从技术架构上可以将物联网划分为三层:感知层、网络层和应用层。感知层由各种传感器以及传感器网关构成,包括二氧化碳浓度传感器、温度传感器、湿度传感器、二维码标签、RFID 标签和读写器、摄像头、GPS 等感知终端。感知层的作用相当于人的眼耳鼻喉和皮肤等神经末梢,它是物联网识别物体、采集信息的来源,其主要功能是识别物体、采集信息。网络层由各种私有网络、互联网、有线和无线通信网、网络管理系统和云计算平台等组成,相当于人的神经中枢和大脑,负责传递和处理感知层获取的信息。应用层是物联网和用户(包括人、组织和其他系统)的接口,它与行业需求结合,实现物联网的智能应用。物联网体系框架见图 3-2。

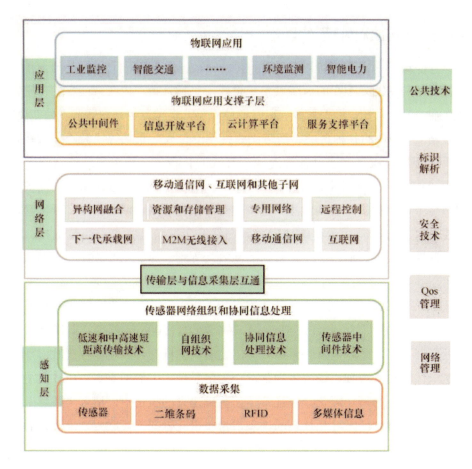

图 3-2　物联网体系框架

3.4.2　物联网关键技术现状

1.RFID 技术

（1）技术简介　RFID 是无线电射频识别技术的英文（Radio Frequency Identification）缩写，又称电子标签。RFID 技术是一种自动识别技术，它通过读取标签写入的射频信号自动获得相关数据，并通过对获取的数据进行分析达到识别的目的，实现无接触的信息传递。典型的 RFID 技术系统主要由三部分组成：RFID 电子标签，具有数据储存区和一个天线，用于存储待识别商品的标识信息和发出射频信号；阅读器，将约定频率的待识别标签中的存储信息读取出来；后台数据库服务系统，对已读取的信息进行分析处理。当贴有电子标签的商品进入阅读器射频信号感应范围内，阅读器可将信息读取并解码，送至数据库和服务器进行有关数据的处理和识别[2]，RFID 系统组成示意图见图 3-3。

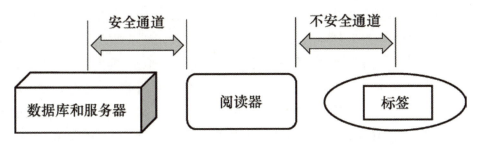

图 3-3　RFID 系统组成示意图

按照应用频率不同，RFID 电子标签分为低频（LF）、高频（HF）、超高频（UHF）和微波（MW）四个频段，具体频率分类见表 3-4；按照获取电能的方式不同，电子标签分为被动式、半被动式和主动式标签，具体标签分类见表 3-5。其中被动式标签属于低成本的 RFID 电子标签，应用范围最广泛，但受能量供给的限制，被动式标签的硬件设计受到限制，降低了它的储存空间和运算能力。半主动式和主动式标签自身带有电池，电池所提供的能量使它们在储存空间和运算能力上有巨大提升。

表 3-4　频率分类

类型	典型频率 /Hz
低频	125～134k
高频	13.56～27.12M
超高频	860～960M
微波	2.45G、5.8G

表 3-5　标签分类

类型	能量来源	发送器
被动式标签	电磁耦合	被动
半被动式标签	自带电源	被动
主动式标签	自带电源	主动

（2）技术发展水平　　目前，我国有多家知名企业生产研发 RFID 标签和芯片，如上海华虹集成电路有限责任公司、上海复旦微电子股份有限公司、深圳远望谷信息技术股份有限公司、北京航天金卡有限公司、江苏瑞福智能科技有限公

司、沈阳凯泰科技有限公司等。整体而言，我国RFID技术在低频和高频标签与芯片的研发制造水平上取得了巨大飞跃，改变了技术落后的现状，多个产品实现了自主研发设计，并达到了世界领先水平。例如，我国已经研发生产的FM17XX系列通用读卡机RFID芯片，可以分为模拟、数字和存储单元三部分，是一款高集成的模拟电路，只需最少量的外围线路即可制成读写机模块，卡与读写机的操作距离最大可达10cm。芯片内部带有加密单元及保存密钥的EEPROM，支持灵活的加密协议，可以保证数据通信的安全。它是遵循ISO14443（Type A & Type B）、ISO15693多种通信协议的全系列非接触读卡机RFID芯片。采用0.6μm CMOS EEPROM工艺，可分别支持高频13.56MHz频率以下的Type A、Type B、ISO15693三种非接触通信协议，支持MIFARE和SH标准的加密算法。可兼容飞利浦的RC500、RC530、RC531及RC632等读卡机RFID芯片。芯片内部高度集成了模拟调制解调电路，支持6种微处理器接口，数字电路具有TTL、CMOS两种电压工作模式。此外，为提高芯片的长期稳定性及可靠性，芯片在设计时采用了多项可靠性设计技术，如成熟的IF模块、足够的设计容量、成熟的ESD保护技术等。

在超高频和微波方面，尽管国产的标签和芯片实现了跨越式创新，但是我国的产品技术水平与世界领先水平相比仍存在较大差距，如TI、Alien、Symbol、Intermec等公司的RFID产品技术就优于我国企业。2016年8月1日TI宣布推出最新获得EPCglobal Inc（TM）认证的第二代超高频硅RFID芯片技术，该硅芯片可以显著提高RFID标签性能，从而增强零售供应链商品的识别速度与可见性。其技术特性包括：由130nm芯片工艺开发而成，用于860～960MHz超高频工作频带范围，内置的肖特基二极管提高了射频（RF）信号能量的转换效率。硅片实现了低功耗与芯片至读取器的高灵敏度，即使在典型供应链厂房与库房环境中普遍存在背景电磁干扰（EMI）的情况下，用户也可以在最低RF功率的情况下对芯片完成写入。

2. 传感器技术

（1）技术简介　传感器（英文名称：Sensor）是一种检测装置，能感受到被测量的信息，并能将感受到的信息，按一定规律变换成为电信号或其他所需形式的信息输出，以满足信息的传输、处理、存储、显示、记录和控制等要求。传感器一般由敏感元件、转换元件、调理电路组成。敏感元件是构成传感器的核心，是指能直接感测或响应被测变量的部件。转换元件是指传感器中能将敏感元件感测或响应的被测变量转换成可用的输出信号的部件，通常这种输出信号以电量的形式出现。调理电路是把传感元件输出的信号转换成便于处理、控制、记录和显示的有用电信号所涉及的有关电路[3]，传感器的组成见图3-4。

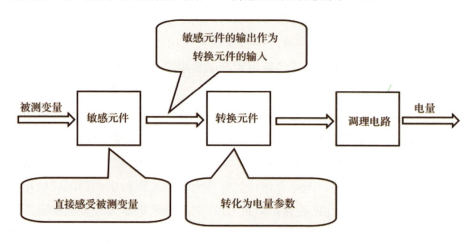

图 3-4　传感器的组成

传感器主要有6种分类方法，分别通过构成效应、构成原理、能量关系、作用原理、输入量和输出量将传感器分为不同类型，在应用实践中最常见的两种分类方法分别为输入量和作用原理，传感器类型见表3-6。

表 3-6　传感器类型

分类方法	类型	注释
构成效应	物理型、化学型、生物型	以转换过程中产生的效应命名
构成原理	结构型	以转换元件结构参数特性变化实现信号转换
	物理特性型	以转换元件物理特性变化实现信号转换
能量关系	能量转换型	传感器输出能量直接由被检测能量转换而得
	能量控制型	传感器输出能量由外源供给，但受被检测输入能量控制
作用原理	应变式、电容式、压电式等	以传感器对信号转换的作用原理命名
输入量	位移、压力、温度、气体等	按用途分类
输出量	模拟和数字式	按输出量信号类型分类

（2）技术发展水平　目前，我国的传感器产业已形成从技术研发、设计、生产到应用的完整产业体系，共有 10 大类 42 小类 6 000 多种传感器产品。其中知名的传感器生产企业有歌尔声学股份有限公司、重庆金山科技（集团）有限公司、北京青鸟元芯微系统科技有限责任公司、华润半导体国际有限公司、北方广微科技有限公司等。2015 年，国内传感器四大应用领域分别为工业电子产品、汽车电子产品、通信电子产品、消费电子产品专用设备，其中发展最快的是工业电子和汽车电子领域。

以开发生产工业电子传感器为代表的知名企业比如重庆金山科技（集团）有限公司，在微系统医疗器械领域处于国际领先地位，是"全球微系统医疗技术联盟"的核心单位，拥有多项国际领先的关键技术。该公司先后承担了多项国家"863"计划、国家科技攻关计划、国际合作计划等数十项国家级科研计划，成功开发了胶囊内镜、胶囊机器人、pH 胶囊、阻抗 CT、大型手术机器人、人工耳蜗、微型生化分析光谱仪等数十项国际领先水平的医疗器械产品。产品广泛应用于亚洲、欧美、非洲等的 62 个国家和地区。

以开发生产汽车电子传感器为代表的国内知名企业比如北京青鸟元芯微系统科技有限责任公司，是国内第一家采用 MEMS 技术批量生产微型传感器的高科技企业。以北京大学微电子学研究院和微米／纳米加工技术国家级重点实验室为技术依托，与各重点大学、一汽集团、电子科技集团传感技术研究所等国内外著名科研院所密切合作，主要从事各种微型汽车电子传感器的研发和生产。目前元芯公司已经在批量生产系列化的微型湿度传感器及模块、MEMS 压力传感器芯片、MEMS 压力传感器、加速度传感器及相关传感器模块。该公司在国内以至于全球都具有先进技术水平和强劲的市场竞争力。

虽然在国家政策引导和政府大力推动下，国内传感器技术和产业发展迅速并在不同领域取得了显著突破，但我国传感器企业在敏感元件核心技术及生产工艺方面与国外企业相比仍存在一定差距。如美国德州仪器（TI）致力于传感器领域的研究和生产已经超过 50 年，其研发出第一颗红外温度 IC，即通过非接触式测温 IC，其中 TMP006 和 TMP007 得到市场的极大认可；TI 是第一家通过非接触式、吸收红外测温的公司；TI 的数字投影（DLP）技术在 2014 年获得了奥斯卡大奖。继这些领先产品之后，2015 年，TI 还推出了一款全新的压力传感信号调节器 PGA900，它集成了两个用于高分辨率信号采集的低噪声 24 位模数转换器（ADC），还集成了一个可用来提供高线性模拟输出的 14 位数模转换器（DAC），以及多种输出接口。其中包括模拟电压、4~20mA电流回路、串行外设接口（SPI）、I2C、通用异步收发器（UART）和单线制接口（OWI），从而为设计人员提供了可以针对不同应用需求的选项。PGA900的集成电源管理还可满足3.3~30V之间的外部电源电压输入需求，可以在不同的控制环境采集更广泛的生产信息，更能满足工业4.0的未来需求。

3. 大数据技术

（1）技术简介　大数据是指大小、形态超出典型数据管理系统采集、储存、管理和分析等能力的大规模数据集，这种数据集内部存在着直接或间接的关联性，通过大数据技术可以从中挖掘出数据集内部各数据之间的关联模式及应用潜力。大数据技术是使大数据中所蕴含的价值得以挖掘和展现的一系列技术与方法，包括大数据采集、储存、管理和处理、分析和挖掘、呈现和应用等，其最终目标是从复杂的数据集中发现新的知识，获取有价值的信息，大数据技术关系见图3-5。

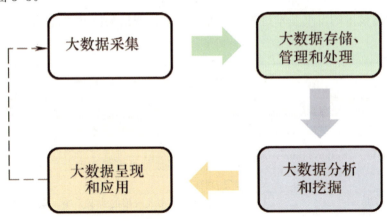

图3-5　大数据技术关系

大数据技术的研究和分析应用对我国经济社会发展都具有十分重大的意义和价值。大数据已成为一种重要的国家战略资源，像国土、能源、海洋、军队等一样，成为综合国力的一部分。大数据时代，国家占有各方面数据的规模以及数据分析处理能力，直接反映和影响一个国家的国际竞争力。有效利用大数据，可以使国家在国防、外交、社会管理等领域取得长足进步，国家管理能力会大幅度提升；大数据的出现对企业的经营管理方式产生了重大影响。依赖于大数据系统的快速分析和处理能力，能够帮助企业更早地发现市场先机，把握市场动向，并在市场营销、售后服务、改进产品性能等方面发挥重要作用，大大提高公司效益、降低成本；大数据在疾病预防和治疗、改善社会福利、治理空气污染等方面可提供重要的数据支持，人们的生活水平可得到进一步的改善和提高。

（2）技术发展水平　目前，大数据处理技术已经大体涵盖了大数据生命周期的各个阶段，现有的应用软件和平台采用分布式的处理方法基本解决了大数据"难处理、难分析"的问题，大数据处理和分析平台已经初具规模。中国移动提出了大数据时代全新的移动互联网战略，即构筑"智能管道"、搭建"开放平台"、打造"特色业务"与提供"友好界面"，同时成立了苏州研发中心，计划构建3 000～4 000人的研发团队和运营团队，旨在进一步完善云计算和大数据产品体系，尽快形成国际一流的云计算和大数据服务能力。百度、阿里巴巴、奇虎360、京东等互联网企业依靠自身的数据优势，均已将大数据作为公司的重要战略。其中阿里巴巴集团宣布无线开放战略，启动百川计划，该计划将全面分享阿里无线资源；奇虎360举办首届数字世界大会，并发布实效平台、聚效平台和来店通3款产品。京东也在积极通过大数据技术挖掘用户需求，提供更精准的服务。大数据技术的发展基本进入了成熟期，大数据相关技术和典型应用软件见表3-7。

表3-7　大数据相关技术和典型应用软件

相关技术	典型应用软件	简要说明	涉及的大数据生命周期
日志采集与消息处理	Kafka, flune, scribe, chukwa	应用系统和分析系统之间的桥梁，实现数据从采集到聚合，再到输出	数据采集
分布式协调框架	Zookeeper	针对分布式应用的协调系统，实现分布式同步原语	
计算框架	Mapreduce, spark, strom, dryad, pregel, tez	实现分布式的并行计算，主要分为离线处理、近线处理、在线处理等	数据分析
文件系统	HDFS, tachyon	适用于大数据的4V特性以及数据非结构化特点的分布式文件系统，根据文件缓存的位置不同，分为硬盘缓存和内盘缓存	数据存储
数据库	HBase, MongoDB, Cassandra, redis, Greenplum, Vertica	主要分为NoSQL和NewSQL（MPP）两类，实现数据的分布式存储并提高可用性	数据存储

（续）

相关技术	典型应用软件	简要说明	涉及的大数据生命周期
数据仓库	Hive，HadoopDB	提供了基于类 SQL 语言的查询系统	数据分析
搜索引擎	Solr，ElasticSesrch	满足大数据量的高校分词、索引和检索	数据存储、数据分析
统计分析	Mahout，R	通过机器学习和编程实现数据的深度挖掘和分析	数据分析
数据迁移	ETL，Sqoop，Datax	多种数据库或系统间的数据导入和导出	数据采集

4. 云计算技术

（1）技术简介　云计算是互联网发展到一定阶段的产物，其核心思想是将大量用网络连接的计算资源统一管理和调度起来，构成一个计算资源池向用户提供按需服务。狭义云计算是指 IT 基础设施的交付和使用模式，指通过网络以按需、易扩展的方式获得所需的资源。广义云计算是指服务的交付和使用模式，指通过网络以按需、易扩展的方式获得所需的服务。云计算是物联网的核心技术，推动着物联网发展。

按照服务方式，云计算可以分为公有云、私有云和混合云。其中公有云是由第三方通过互联网提供的云服务。云服务商拥有 IT 基础设施，将云计算服务通过互联网按不同需求提供给不同的企业或个人用户使用，公有云采用的是一种广泛的外部用户资源共享服务模式；私有云是将云基础设施部署在企业内部的私有服务环境中，不同于公有云第三方数据中心，私有云侧重于机密性与安全性；混合云是公有云和私有云的结合。企业将自己非机密的数据和应用外包给公有云，而核心和机密的数据和应用则采取部署私有云的方案[4]。

按照服务类型，云计算可以分为软件即服务（SaaS）、平台即服务（PaaS）和基础设施即服务（IaaS），其中软件即服务（SaaS）是一种通过云提供商在云端安装和运行应用软件，云用户通过云客户端使用软件的服务模式。软件云用户不能管理其运行的基础设施和平台，只能做有限的应用程序内部设置。运营这种服务模式的著名企业有 Yahoo 邮箱、Google Apps、WebEx、畅捷通等。平台即服务（PaaS）是指将软件研发的平台作为一种服务内容，最终以 SaaS 的模式提交给用户使用。平台通常包括操作系统、编程序语言运行环境、数据库和服务器等。开发人员在此平台上部署和运行自己的应用，不能管理和控制底层的基础设施，只能控制自己在平台部署的应用。这种模式著名的云服务提供商有 Google's App Engine、Microsoft's Azure、和 SAE 等。基础设施即服务（IaaS）是通过互联网提供基础设施服务，例如虚拟服务器，存储设备等。该层是云计算系统的最底层，主要解决资源间调度均衡问题，主要服务于有硬件资源需求的用户。这种类型的云服务提供商有 GoGrid's Cloud Servers、Amazon's EC2、百度云和阿里云等[5]。云计算的三种服务模式见图 3-6。

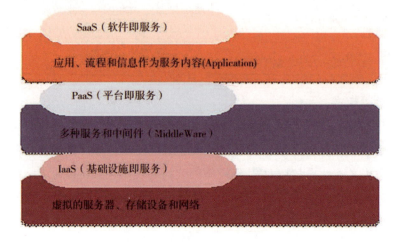

图 3-6　云计算的三种服务模式

随着技术的发展，在使用过程中三种服务模式并不是相互独立的。从 IaaS 到 PaaS 再到 SaaS，不同服务模式的用户之间互相支持，互为服务提供者和使用者，同时扮演多重角色。多个企业根据不同的使用目的可同时采用云计算的三种服务模式。

（2）技术发展水平　云计算技术产业已成为全球各大 IT 企业争相抢夺的重要领域，国内市场同样发展迅猛，大量资金和创新技术持续涌入。我国的主要云计算技术企业包括公有云计算服务提供商阿里云、腾讯云、UCloud 和华为云等，基于开源 OpenStack 的云计算服务解决方案提供商有九州云、海云捷讯和 EasyStack 等，以及基于 Docker 容器技术的服务解决方案提供商灵雀云等。其中，阿里云是公有云计算市场公认的领头羊，2014 年的市场占有率高达 29.7%，超过国外企业亚马逊、微软和 IBM 在中国市场的份额总和，主要致力于金融云和政府云行业。

基于开源 Open Stack 的云计算服务解决方案提供商九州云，是国内第一家加入 OpenStack 基金会的企业，在 Liberty 版本中九州云的整体贡献处于国内厂商第二的位置，紧随华为之后。九州云利用 OpenStack 和相关开源技术，主要为 IDC 企业构建云平台，简化数据中心管理和运营成本，可以快速实现虚拟机、虚拟网络、云硬盘、DNS、RDS、文件共享、缓存及容器等服务。

基于 Docker 容器技术的服务解决方案提供商灵雀云，是一家基于 Docker 创业的新兴公司，主要提供基于 Docker 的公有云技术解决方案，主营客户为互联网公司。相对于虚拟机，Docker 容器具有轻量化特点，是目前最热门的云计算技术之一。在 Docker 环境下，程序开发者只需按一定的打包标准生产程序，生产出的程序就可以被装进标准化的容器里，再把这些标准化的应用程序以即插即用的方式组装到自己的个性化解决方案里，就可以提供给最终用户使用。容器管理 Docker 技术在我国已经逐步从实验阶段走向应用阶段。

从国内云计算技术产业市场占有率来看，我国企业要好于国外企业，整体发展状态良好。但从全球来看，亚马逊、IBM、微软、谷歌等巨头企业仍占据着主要国际市场，由于我国的云计算技术在某些技术和产品领域还存在很多瓶颈。例如在云平台迁移相关技术方面，我国各企业还处在探索阶段，相对的国外亚马逊 AWS 云平台迁移技术却已经非常成熟并且已稳定地应用于各类商业市场中。AWS 迁移技术，在云计算平台迁移过程中，源数据库可完全正常地运行，可最大限度地减少依赖该数据库的应用程序的停止运行时间，并且支持同构迁移，以及在不同数据库平台之间的异构迁移，它还支持从任意提供支持的源位置（包括 Amazon Aurora、PostgreSQL、MySQL、MariaDB、Oracle、SAPASE 和 SQL Server）将数据流式传输到 Amazon Redshift，以便在 PB 级数据仓库中对数据进行整合和分析，还可用于连续数据复制，且保持数据的高度可用性。

5.M2M 技术

（1）技术简介 M2M（Machine to Machine）技术是多种不同类型通信技术的有机结合，包括机器交互通信、机器控制通信、人机交互通信、移动互联通信等。M2M 技术实现了机器和设备在应用处理过程中与后台系统共享信息，同时与操作者共享信息的能力，提供了数据传输的手段，实时地在系统之间、远程设备之间、个人之间建立无线连接，并有效地反馈信息和传递指令。

M2M 技术系统主要由设备域、网络和应用域构成。其中设备域由 M2M 设备、M2M 区域网和 M2M 网关组成。M2M 设备是指有一定智能性的终端设备，例如智能手机；M2M 网关是指不具有智能性的设备，在系统中完成在不同协议之间的转换，实现与 M2M 服务能力服务器的互联。M2M 设备／网关可以用两种方式来链接 M2M 核心网：直接链接或通过网关链接。网络和应用域是由以下几部分组成：接入网、传输网络、M2M 核心和 M2M 应用。接入网是 M2M 设备／网关与核心网通信的媒介，为核心网提供接入数据，实现核心网对网络的控制。M2M 服务能力是通过核心网与 M2M 应用相连而实现的。为实现系统的各项功能，通过一套开放的接口公开核心网的功能，通过隐藏网络特征，简化并最优化应用程序的开发和部署[6]，M2M 功能构架见图 3-7。

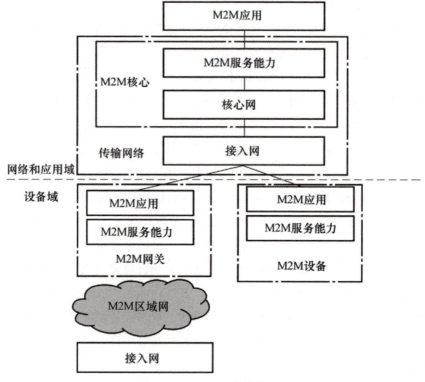

图 3-7　M2M 功能构架

（2）技术发展水平　国内 M2M 技术经过多年的创新发展，已经相对成熟。目前国内知名的 M2M 技术相关企业有厦门信达物联科技有限公司、华为技术有限公司、大唐电信科技股份有限公司、华工科技产业股份有限公司、杭州海康威视数字技术股份有限公司等。例如厦门信达物联科技有限公司，是一家国家高新技术企业，公司专注于物联网 M2M 技术领域系列产品的研发、制造，拥有发明及实用型专利 40 余项，每年新增专利 5～10 项，为食品溯源、智能交通、电梯安全等 M2M 技术应用领域做出了巨大贡献。

在 M2M 专有技术方面，华为技术有限公司积极推动窄带物联网 NB-IoT 在

3GPP 中的标准化研制工作。2015 年 7 月，华为和中国联通合作开展了全球首个 LTE-M 蜂窝物联网 CIoT（Cellular Internet of Things）技术演示活动。M2M 统一平台和 M2M 无线连接技术已成为标准化的重点研究方向。M2M 统一平台已成为运营商、互联网企业等布局物联网业务的重要抓手，我国三大电信运营商均大力推进 M2M 平台建设，在交通、医疗等垂直领域推出了一系列物联网产品。oneM2M 国际组织正积极推进 M2M 平台的标准化工作，目前已完成第一阶段的标准制定，正在开展平台、终端、业务间的互操作测试，并计划在 2016 年上半年发布 R2 标准。我国企业也加强 M2M 无线连接技术的研究，在 LTE 网络优化方面，3GPP R13 版本侧重低成本、低功耗和增强覆盖的研究。

M2M 作为物联网在现阶段最普遍的应用形式，在欧洲、美国、韩国、日本等国家和地区实现了商业化应用。例如，2015 年 AT&T 与 IBM 结成全球联盟，专注为城市、运输公司和公用事业公司提供创新解决方案，帮助政府改善城市规划，帮助政府实时监控街道、交通信号灯和交通流量等情况，帮助物流公司监控卡车、船舶的运行状态，帮助电力公司在线收集用户的用电情况。AT&T 公司还专门成立了"移动和商业"部门，把车联网、物联网业务当作最大的利润增长点。目前 AT&T 公司的 M2M 技术设备覆盖了小到可穿戴设备、智能家电设备，大到汽车、工业机器人，乃至集装箱、智能电网等领域。

3.4.3 物联网技术现存的问题

物联网从提出至今，用途已十分广泛，遍及智能交通、环境监测及保护、政府工作、公共安全、平安家居、智能消防、工业监测、老人护理、个人健康、花卉栽培、水系监测、食品溯源、敌情侦查和情报搜集等多个领域。

我国也有很多地方用上了物联网技术，如，上海浦东国际机场防入侵系统、济南国际园博园中的 ZigBee 路灯控制系统、2010 年上海世博园区中的罗森便利店中的会说话的饭盒以及世博园内的门票、监控系统等。当然，物联网在发展过程中也存在着一些问题，这些问题不解决，将影响物联网的普及与发展。目前存在的问题主要有以下几个方面。

1. 成本问题

物联网是要把物与物连接起来进行控制与管理的，这就决定了物联网的发展必将随着经济的发展和社会的需求而催生出更多应用。在初期，由于电子标签与读写设备价格高，因此成本高，大规模的应用就难形成，没有大规模的应用，成本高的问题就更难以解决。这样，物联网的发展将受到限制。

2. 安全问题

这个问题包括国家、企业安全和个人隐私权，我国大型企业、政府机构如果与国外机构进行项目合作，如何确保企业商业机密、国家机密不被泄漏，是必须引起高度重视的问题。对于个人，由于在物联网中，传感网的建设要求 RFID 标签预先被嵌入与人息息相关的任何物品中，而人们在观念上还不能接受自己周围的生活物品甚至包括自己时刻都处于一种被监控的状态，嵌入标签势必会使个人的隐私受到侵犯。因此，如何确保标签物的拥有者个人隐私不受侵犯便成为射频识别技术以至物联网推广的关键问题。

3. 技术标准

目前，物联网行业技术主要缺乏两方面标准：接口的标准和数据模型的标准。虽然我国早在 2005 年 11 月就成立了 RFID 产业联盟，同时次年又发布了《中国射频识别（RFID）技术政策白皮书》，指出应当集中开展 RFID 核心技术的研究，制定符合我国国情的技术标准。但是，目前我国的 RFID 产业仍是一片混乱，技术水平虽然在提高，但是技术标准的制定相对滞后。

4. 商业模式

物联网分为感知、网络、应用三个层次，在每一个层面上，都有多种开拓市场的选择。这样，在未来生态环境的建设过程中，商业模式变得异常关键。对于任何一次产业革命，必然会出现一种新型而能成熟发展的商业盈利模式，然而，至今还没有在物联网的发展中出现，也没有任何产业的商业模式可以统领物联网的发展浪潮。

5. 知识产权

在物联网技术发展产品化的过程中，我国一直缺乏一些关键技术，所以产品档次上不去，价格下不来。缺乏 RFID 等关键技术的独立自主权，这是限制我国物联网发展的关键因素之一。

3.4.4 物联网技术问题的解决办法

1. 成本方面

物联网的发展既是科技发展的客观要求，也是经济发展的迫切需要，因此需要国家提供有效的政策支持，一是要在资金上给予支持，可以在物联网的基础设施建设上加大投资力度，为企业提供优厚的贷款政策，或者直接拨款给一些重要的国有企业，这些资金上的保证可以降低企业的应用成本，推动物联网技术的发展。二是要在政策上提供动力支持，如对新设备的使用进行补贴，对进入这一行业的企业适当放宽审批条件。此外，还必须制定物联网的相关标准和规范，这样才能统一认识，实现规范应用。统一标准，统一系统，也是一种低成本的运营方式。

2. 安全方面

进一步建立健全相应的法律法规。物联网的实现不仅涉及技术方面的问题，同时还会涉及管理、协调、合作及个人隐私等方面的问题。所以，除了对技术本身进行改进之外，还要国家出台一系列配套的法律和规范。在技术上需要改进的是加强物联网的加密机制、节点的认证机制、访问的控制技术等。

3. 技术标准方面

要高度重视共性技术标准的制定，重视产学研用协同创新，建设物联网技术产业标准体系。就是应在互联互通等共性问题方面尽早制定出相应的标准，如统一编码规则、基础应用平台的中间件接口标准等。同时，物联网产业的发展和壮大势必与各行业应用、个人应用紧密相关，因此在制定标准的过程中应广泛建立"产学研用"相结合的协调创新机制，这样，才能建立起适合行业应用、顺应产业发展的物联网标准体系。

4. 商业模式方面

要高度重视物联网在我国制造和在发展绿色低碳经济中的战略地位。在物联网的推进策略上，应充分考虑我国制造的产业基础和优势，将物联网相关技术作为进一步提升中国制造技术水平和服务品质的关键手段。同时，要把物联网和发展"绿色、环保、节能、低碳经济"相结合，充分利用物联网能够实现更精细、更简单、更高效管理的特性，通过重点领域的应用示范促进物联网创造更大的经济效益和社会效益。

5. 知识产权方面

积极发展各种智能传感器件和各种远程控制器件的相关产业，为远程操作打好基础，储备技术，形成具有自主知识产权的产品。同时，引导企业和研究机构积极申请与物联网技术相关的专利，以形成具有我国自主知识产权的物联网方面的专利池，并积极参与各种物联网相关标准的制定，争取在物联网的各种国际标准制定中具有话语权。

此外，还要重视和完善知识产权保护制度，因为完善知识产权保护制度，可以激励高技术产业中的技术创新，提高高技术企业创新能力；也可以促进高技术成果转化。在以下三方面促进高技术的转化：

①使高技术成果有明确的市场主体。
②高技术有利的市场地位诱发科研成果的应用。
③促进科研—开发—应用一体化的形成,创造高技术产业发展的良好社会环境。

3.5 物联网产业标准现状

3.5.1 我国物联网标准化工作机制

现阶段,我国已经初步形成三级协同的物联网标准化工作机制,但标准研制工作亟待加强。2010 年以来,由国家发改委和国家标准委会同有关部门,相继成立了国家物联网标准推进组、国家物联网基础标准工作组及公安、交通、医疗、农业、林业和环保 6 个物联网行业应用标准工作组,初步形成了组织协调、技术协调、标准研制三级协调推进的标准化工作机制,物联网标准化工作架构见图 3-8。

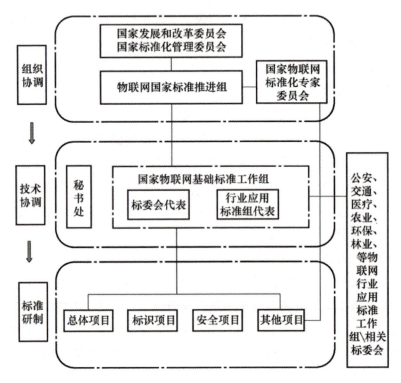

图 3-8　物联网标准化工作架构

3.5.2 我国物联网相关标制定准组织

物联网涉及的标准组织十分复杂,既有国际、区域和国家标准组织,也有行业协会和联盟组织。依据物联网的参考体系结构和技术框架，不同标准组织侧重的技术领域也不同，有些标准组织的工作覆盖多个层次，不同标准组织之间错综交互。目前，我国物联网标准制定还处于起步阶段，在国家发展和改革委员会、国家标准化管理委员会和工业和信息化部的指导下，物联网标准工作在2009年以来，取得了很大的进展。我国主要物联网相关标准组织见表3-8。

表3-8　我国主要物联网相关标准组织

标准组织名称	成立时间
电子标签标准工作组	2005年12月
全国智能建筑及居住区数字化标准化技术委员会	2009年6月
国家传感器网络标准工作组	2009年9月
泛在网技术工作委员会（TC10）	2010年2月
国家物联网基础标准工作组	2010年11月
物联网交通领域应用标准工作组	2012年1月
医疗与健康物联网应用标准工作组	
物联网林业行业应用标准工作组	
物联网环保领域应用标准工作组	
农业物联网行业应用标准工作组	
物联网公共安全领域应用标准工作组	

资料来源：中国电子技术标准化研究院。

3.5.3　我国物联网标准制定情况

我国物联网标准的制定工作还处于起步阶段，随着标准化组织的相继成立，标准的制修订数量逐年增长。国家物联网基础标准工作组成立后，推动物联网国家标准第一批立项47项，其中基础共性6项，农业13项，公安13项，林业4项，交通11项；推动第二批立项83项，其中基础共性23项，数据采集18项，网络传输19项，交通1项，医疗11项，电力1项，智能家居10项；协调第三批39项国家标准立项工作。

1. 总体项目组

总体项目组是物联网基础标准工作组最活跃的标准化实施组织，目前正在研究的标准13项，其中《物联网标 第1部分 标准化工作指南》《物联网 第2部分 术语》《物联网 参考体系结构》三项标准已完成送审稿，2015年提出国标申请项目共17项，已全部上报国家标准化管理委员会，等待批复和计划下达。

此外,总体项目组还进行了"信息物理系统(CPS)"、"物联网标准化白皮书""物联网应用案例"等相关项目的研究工作。

2. 物联网标识技术项目组

标识项目工作组依托 ISO/IEC 和 ITU 国际标准机构提出的 OID 标识体系,成功研制出具有我国自主知识产权的 OID 标识注册解析系统,具备支持二维码、RFID 技术的智能软件识读、分布式系统部署、虚拟站点应用、系统对接、多 DNS 服务器部署等功能。目前,该系统已成功为 100 多家政府机关、企事业单位和社会团体分配了 160 余项顶层 OID 标识符,并结合二维码、RFID、传感网等物联网技术开展了一系列的标识管理服务,为物联网各应用领域的标识体系建设提供了强有力的技术支撑。农业、林业、交通、卫生、医疗及公安等物联网各应用领域均选择 OID 技术作为其行业领域标识体系建设的核心基础技术。

目前,标识项目工作组依托物联网基础共性技术标准研究制定项目,已研制完成与 OID 技术相关的六项标准,其中 13 项标准已获得国家标准立项,两项拟立项。

3. 物联网信息安全技术项目组

物联网信息安全技术项目组负责物联网安全国家标准的立项、编制、协调工作,目前已有 7 项国家标准计划获得立项批准。

4. 国际标准化研究组

国际标准化研究组负责跟踪和参与国际物联网领域标准化工作,主要对口 ISO/IEC JTC1/WG10(IOT)的相关工作,并参与 JTC1/WG7、IEEE、3GPP 等国际标准化的组织工作。由我国提交并批准立项的国际标准 ISO/IEC 30141《物联网 参考体系结构》正在由 ISO/IEC JTC1/WG10 工作组研制,该标准处于 WD(工作组草案)阶段。

我国物联网标准化工作进展见表 3-9。

表 3-9 我国物联网标准化工作进展

立项号	标准项目名称	状态
20130052-T-469	物联网 第 1 部分:标准化工作指南	报批
20130053-T-469	物联网 第 2 部分:术语	报批
20130054-T-469	物联网 第 3 部分:体系结构	报批
ISO/IEC 30141	物联网 参考体系结构	WD
20130055-T-469	物联网 第 4 部分:接口总体要求	征求意见
20130056-T-469	物联网标识体系 Ecode	发布

(续)

立项号	标准项目名称	状态
20130057-T-469	物联网标识体系 总则	报批
20150046-T-469	物联网总体技术 数据质量	草案
20150044-T-469	物联网信息服务分类	草案
20150038-T-469	物联网系统测评指南	草案
20150043-T-469	物联网 面向智慧城市技术应用指南	草案
20150040-T-469	物联网 协同信息处理参考模型	草案
20150049-T-469	物联网 感知对象信息融合模型	草案
20150048-T-469	物联网 信息交换和共享 第1部分：总体要求	草案
20150042-T-469	物联网 信息交换和共享 第2部分：总体架构	草案
20150045-T-469	物联网 信息交换和共享 第3部分：数据格式	草案
20150047-T-469	物联网 信息交换和共享 第4部分：数据接口	草案
20150051-T-469	物联网标识体系 Ecode 在条码中的存储	送审
20150052-T-469	物联网标识体系 Ecode 的注册与管理	送审
20150053-T-469	物联网标识体系 数据内容标识符	征求意见
20150054-T-469	物联网标识体系 Ecode 标识应用指南	征求意见
20150055-T-469	物联网标识体系 Ecode 在 NFC 标签中的存储	送审
20150056-T-469	物联网标识体系 Ecode 标识公共服务平台的接入规范	征求意见
20150057-T-469	物联网标识体系 Ecode 解析规范	送审
20150058-T-469	物联网标识体系 Ecode 在二维码中的存储	征求意见
20150059-T-469	物联网标识体系 Ecode 标识体系中间件规范	征求意见
20150060-T-469	物联网标识体系 Ecode 在 RF 标签中的存储	送审
20150061-T-469	物联网标识体系 Ecode 标识系统安全机制	征求意见
	信息安全技术 物联网数据传输安全技术要求	征求意见
20100380-T-469	信息安全技术 物联网 RFID 密码技术规范	送审
GB/T 31507—2015	信息安全技术 智能卡通用安全检测指南	发布
	信息安全技术 物联网感知设备安全技术要求	征求意见
	信息安全技术 物联网感知层网关安全技术要求	征求意见
20141145-T-469	信息安全技术 物联网感知层接入通信网的安全要求	征求意见
	信息安全技术 物联网信息安全参考模型及通用	征求意见
20130082-T-312	公安物联网感知层传输安全性评测要求	送审
20130090-T-312	公安物联网感知终端安全防护技术要求	报批
20130091-T-312	公安物联网感知终端接入网安全技术要求	报批
20130092-T-312	公安物联网系统信息安全等级保护要求	报批

资料来源：中国电子技术标准化研究院。

3.5.4 我国参与国际标准工作情况

我国在国际标准化工作中的影响力和竞争力呈不断上升趋势,尤其是在物联网相关的标准领域。在 OneM2M、3GPP、ITU、IEEE 等主要标准化组织物联网相关领域,获得 30 多项物联网相关标准组织相关领导席位,主持相关领域标准化工作,有力地提升了我国在国际物联网标准制定领域的影响力和话语权。

1. 相关标准组织相关领导席位

我国担任的物联网领域主要国际标准化组织领导席位集中在 3GPP、OneM2M 和 IEEE 标准组织中,其中,3GPP 所占领导席位为 8 个,OneM2M 所占领导席位为 5 个,IEEE 所占领导席位为 3 个。另外,IEC 所占领导席位为 2 个,IETF、IIC、TC M2M、ISO IEC 各占 1 个领导席位。我国担任的物联网领域主要国际标准领导席位情况见表 3-10。

表 3-10 我国担任的物联网领域主要国际标准领导席位情况

序号	标准组织	名称	领导职位及名称	备注
1	ISO/IECJTC1/SG1	Smart City	Convener: Yuan Yuan	
2	ISO/IECJTC1/SG1	Smart City	Secretary: Liu Tangli	CESI
3	IEC SEG 1	Systems valuation Group-Smart ities	Vice-Chairperson:Sun Wei	SAC
4	IEEE 1888	Ubiquitous Green Community Control Network Protocol	Chair: Liu Dong	BII Group
5	IEEE 802.15.4c	Task Group 4c	Liaison to Chinese WPAN: Li Liang	VinnoTech
6	IEEE 802.15.4e	Task Group 4e	Technical Editors:Li Liang	VinnoTech
7	IETF LWIG	Light-Weight Implementation Guidance	Chair: Cao Zhen	CMCC
8	ITU-T GSI	Internet of Things Global Standards Initiative	Chairperson:Xu Heyuan; Vice-Chairperson: Marco Carugi	Xu Heyuan: CATR; Marco Carugi: ZTE
9	ITU-T FG M2M	Focus Group on Machine-to-Machine Service layer	Chairperson:Xu Heyuan; Vice-Chairperson: Marco Carugi	Xu Heyuan: CATR; Marco Carugi: ZTE

(续)

序号	标准组织	名称	领导职位及名称	备注
10	ITU-T SG2	Operational aspects of service provision and telecommunications management	Vice-Chairperson: ZHANG Jie	CATR
11	ITU-T SG9	Broadband cable and TV	Vice-Chairperson: WANG Dong	ZTE
12	ITU-T SG11	Signalling requirements, protocols and test specifications	Chairperson: Wei FENG	Huawei
13	ITU-T SG13	Future networks including mobile and NGN	Vice-Chairperson: Xu Heyuan	CATR
14	ITU-T SG16	Multimedia coding, systems and applications	Vice-Chairman: LUO Zhong	Huawei
15	ITU-T SG17	Security	Vice-Chairman: LIN Zhaoji	ZTE
16	ITU-T SG20	IoT and its applications including smart cities and communities	Vice-Chairman: SANG Ziqin	Fiberhome Technologies Group
17	3GPP GERAN	Radio Access of GSM/EDGE	Vice Chairman: WANG Zhixi; Vice-Chairman: WANG Xinhui	ZTE Huawei
18	3GPP SA2	Architecture	Vice-Chairman: MADEMANN, Frank	Huawei
19	3GPP SA5	Telecom Management	Chairman: TOCHE, Christian	Huawei
20	3GPP RAN2	Radio layer 2 and Radio layer 3 RR	Vice-Chairman: PROVVEDI, Simone	Huawei
21	3GPP RAN3	Iu, Iub, Iur, S1, X2 and UTRAN/E-UTRAN	Vice-Chairman: REININGER, Philippe	Huawei
22	3GPP RAN4	Radio performance and protocol aspects	Vice-Chairman: CHEN Xiang（Steven）	Huawei
23	3GPP CT1	MM/CC/SM [lu]	Chairman: MAYER, Georg	Huawei

（续）

序号	标准组织	名称	领导职位及名称	备注
24	3GPP CT3	Interworking with External Networks	Vice-Chairman: QIAO Weihua	Huawei
25	TC M2M WG5	TC M2M WG5	Chairman: Yongjing Zhang	Huawei
26	OneM2M	Steering Commitee	Vice Chair: Thomas Li	Huawei
27	OneM2M	Architecture WG	Vice Chair: Mitch Tseng	Huawei
28	OneM2M	Requirements WG	Vice Chair: Rajesh Bhalla	Unicom
29	OneM2M	Management, Abstraction and Semantics WG	Co-Convenors:Zhang Yongjing	Huawei
30	OneM2M	Testing WG	Vice Chair: Jason Yin	Huawei
31	IEC	TC61	Vice-Chairman Ma Dejun	Cheari
32	IIC	Innovation Group	Chair: Zhang Dongli	Huawei

2. 相关领域标准化制定工作

我国担任的物联网领域主要国际标准项目编辑工作主要集中在 IETF、ISO/IEC/JTC1、3GPP、ITU-T 标准组织中，其中负责编辑 IETF 物联网相关标准 15 项，负责编辑 ISO/IEC/JTC1 相关标准 13 项，负责编辑 3GPP 相关 8 项，负责编辑 ITU-T 相关标准 7 项，负责编辑 IEEE 相关标准 4 项，负责编辑 OneM2M 相关标准 2 项，负责编辑 ISO、IEC 和 ETSI 相关标准各 1 项。我国担任的物联网领域主要国际标准项目编辑情况见表 3-11。

表 3-11 我国担任的物联网领域主要国际标准项目编辑情况

序号	标准组织	编号	项目名称	编辑	备注
1	ISO TC104	ISO 18186	Freight containers——RFID cargo shipment tag system system	Bao Qifan	China
2	IEC TC65C	IEC62601：2011	Industrial communication networks——Fieldbus specifications——WIA-PA communication network and communication profile	Liang Wei	China

（续）

序号	标准组织	编号	项目名称	编辑	备注
3	ISO/IEC/JTC1 WG7	ISO/IEC 20005：2014	Information technology——Sensor networks——Services and interfaces supporting collaborative information processing in intelligent sensor networks	Liu Haitao	China
4	ISO/IEC/JTC1 WG7	ISO/IEC 29182—2	Information technology——Sensor networks: Sensor network reference architecture（SNRA）——Part 2: Vocabulary and terminology	Guo Nan	China
5	ISO/IEC/JTC1 WG7	ISO/IEC 29182—5	Information technology——Sensor Networks: Sensor Network Reference Architecture（SNRA）——Part 5: Interface definitions	Shen Jie	China
6	ISO/IEC/JTC1 WG7	ISO/IEC 19637	Information technology——Sensor Network Testing Framework	Xie Haofei, Wang Hao	China
7	ISO/IEC/JTC1 WG10	ISO/IEC 30141	Internet of Things Reference Architecture	Shen Jie	China
8	ISO/IEC/JTC1 SC38	ISO/IEC TR 30102	Information technology——Distributed Application Platforms and Services（DAPS）——General technical principles of Service Oriented Architecture	Editor：Li Haibo	China
9	ISO/IEC/JTC1 SC38	ISO/IEC DIS 18384—2	SOA Reference Architecture	co-editor: Wang Chaoyang	China
10	ISO/IEC/JTC1 SC25	ISO/IEC 14543—5 1:2010	Information technology——Home electronic system（IIES）architecture——Part 5-1: Intelligent grouping and resource sharing for HES Class 2 and Class 3——Core protocol	Ding Luning, Sun Yuning, Huang Xiaolin, Wu Dongya, Zhuo Lan, Guo Xiaobin, et al.	China
11	ISO/IEC/JTC1 SC25	ISO/IEC 14543—522：2010	Information technology——Home electronic system（HES）architecture——Part 5-22: Intelligent grouping and resource sharing for HES Class 2 and Class 3-Application profile - File profile	Luning Ding, Yuning Sun, Xiaolin Huang, Wu Dongya, Zhuo Lan, Guo Xiaobin, et al.	China

（续）

序号	标准组织	编号	项目名称	编辑	备注
12	ISO/IEC/JT C1 SC25	ISO/IEC 14543—5 4：2010	Information technology——Home electronic system （HES） architecture——Part 5-4: Intelligent grouping and resource sharing for HES Class 2 and Class 3——Device validation	Ding Luning, Sun Yuning, Huang Xiaolin, Wu Dongya, Zhuo Lan, Guo Xiaobin, et al.	China
13	ISO/IEC/JT C1 SC25	ISO/IEC1 4543—5—21	Information technology——Home electronic system （HES） architecture——Part 5-21: Intelligent grouping and resource sharing for HES Class 2 and Class 3-Application profile‐AV profile	Ding Luning, Sun Yuning, Huang Xiaolin, Wu Dongya, Zhuo Lan, Guo Xiaobin, et al.	China
14	ISO/IEC/JT C1 SC25	ISO/IEC 14543—5—3	Information technology——Home electronic system （HES） architecture——Part 5-3: Intelligent grouping and resource sharing for HES Class 2 and Class 3——Basic Yapplication	Ding Luning, Sun Yuning, Huang Xiaolin, Wu Dongya, Lan Zhuo, Guo Xiaobin, et al	China
15	ISO/IEC/JT C1 SC25	ISO/IEC 14543—5—5	Information technology——Home electronic system （HES） architecture——Part 5-5: Intelligent grouping and resource sharing for HES Class 2 and Class 3——Device types	Ding Luning, Sun Yuning, Huang Xiaolin, Wu Dongya, Zhuo Lan, Guo Xiaobin, et al.	China
15	ISO/IEC/JT C1 SC25	ISO/IEC 14543—5—6	Information technology——Home electronic system （HES） architecture —— Part 5-6: Intelligent grouping and resource sharing for HES Class 2 and Class 3——Service types	Ding Luning, Sun Yuning, Huang Xiaolin, Wu Dongya, Zhuo Lan, Guo Xiaobin, et al.	China
16	ISO/IEC JTC1 SC31	ISO/IEC N4265	ISO/IEC 18000-4——Information technology ——Radio frequency identification for item management——Part 4: Parameters for air interface communications at 2,45 GHz——Amendment 1	Song Jiwei	China

（续）

序号	标准组织	编号	项目名称	编辑	备注
17	IEEE 802.15.4	TG4e	IEEE Standard for Local and Metropolitan Area Networks Part 15.4: Low Rate Wireless Personal Area Networks（LR-WPANs）Amendment to the MAC sub-layer	Co-Editor: Li Liang	China
18	IEEE 1888	IEEE P1888.1	Control and Management	Chair：China Telecom	China
19	IEEE 1888	IEEE P1888.2	Network convergence	Chair：Beijing Jiaotong University	China
20	IEEE 1888	IEEE P1888.3	Security	Chair：BII Group	China
21	IETF 6lowpan	draft-schoenw-6lowpan-mib-03	Definition of Managed Objects for IPv6 over Low-Power Wireless Personal Area Networks（6LoWPANs）	Schoenwaelder J. Sehgal Jacobs A.University T. Tsou Huawei Technologies（USA），Zhou C. Huawei Technologies	China
22	IETF lwig	draft-cao-lwig-syn-layer-00	Synchronization Layer: an Implementation Method for Energy Efficient Sensor Stack	Cao Z. China Mobile	China
23	IETF lwig	draft-hex-lwig-energy-efficient-00	Energy Efficient Implementation of IETF Protocols on Constrained Devices	Cao Z.（China Mobile）He X. Hitachi（China）Research and Development Corporation；Kovatsch, M.ETH Zurich	China
24	IETF roll	draft-sehgal-roll-rpl-mib-05	Definition of Managed Objects for the IPv6 Routing Protocol for Low Power and Lossy Networks（RPL）	Korte K., J. Schoenwaelder；Sehgal A.Jacobs University T. Tsou Huawei Technologies（USA），Zhou C. Huawei Technologies	China

(续)

序号	标准组织	编号	项目名称	编辑	备注
25	IETF roll	draft-wei-roll-scheduling-routing-01	Industrial Deterministic Routing Extension for Low-Power and Lossy Networks	Wei, M.Wang, H. Wang, P. Chongqing University of Posts and Telecommunicatis; Zhou, C. Cisco Systems	China
26	IETF core	draft-becker-core-coap-sms-gprs-03	Transport of CoAP over SMS, USSD and GPRS	M. Becker ComNets, TZI, University Bremen; Li, K. Huawei Technologies Kuladinithi K. Poetsch ComNets T., TZI University Bremen	China
27	IETF core	draft-fan-core-coap-via-option-00	CoAP Via Option Extension	Fan X., ZTE	China
28	IETF core	draft-greevenbosch-core-minimum-request-interval-00	CoAP Minimum Request Interval	Greevenbosch, B.Huawei Technologies	China
29	IETF core	draft-greevenbosch-core-profile-description-01	CoAP Profile Description Format	Greevenbosch, B. Huawei Technologies; Hoebeke, J. Ishaq, I. iMinds-IBCN/UGen	China
30	IETF core	draft-li-core-coap-patience-option-01	CoAP Option Extension: Patience	Li K., Greevenbosch B., Huawei Technologies; E. Dijk Philips Research Loreto S., Ericsson	China

(续)

序号	标准组织	编号	项目名称	编辑	备注
31	IETF core	draft-li-core-coap-payload-length-option-01	CoAP Payload-Length Option Extension	Li K., Huawei Technologies; Sun X., China Telecom	China
32	IETF core	draft-li-core-conditional-observe-03	Conditional observe in CoAP	Li ShiTao., Huawei Technologies; Hoebeke J., iMinds-IBCN/UGent A J. Jara University of Murcia	China
33	IETF core	draft-ma-core stateful-observe-01	Stateful Observation in CoAP	Ma C., Hong P., Xue K., USTC	China
34	IETF core	draft-wang-core-profile-secflag-options-02	CoAP Option Extensions: Profile and Sec-flag	Wang L., Wang W.BUPT; Zhu L., Yu F., Huawei Technologies	China
35	IETF core	draft-xu-homenet-twod-ip-routing-00	Two Dimensional-IP Routing Protocol in Home Networks	Xu M., Yang S., Wu J., Tsinghua University Wang D., Hong Kong Polytechnic University	China
36	ITU-T GSI	Y.2060	Overview of Internet of Things	CATR	China
37	ITU-T GSI	Y.2061	Requirements for support of machine-oriented communication applications in the NGN environment	China Telecom	China
38	ITU-T GSI	Y.EHM-Reqts	Requirements and network capabilities for E-health monitoring applications	China Union	China
40	ITU-T GSI	Y.2069	Terms and definitions for the internet of things	CATR	China

(续)

序号	标准组织	编号	项目名称	编辑	备注
41	ITU-T GSI	Y.2067	Common requirements and capabilities of a gateway for internet of things application	China Telecom	China
42	ITU-T GSI	Y.2066	Common requirements of the internet of things	CATR	China
	ITU-T GSI	Y.2068	Functional framework and capabilities of the internet of things	CATR	China
43	ITU-T SG17	ITU-T X.1314	Security requirements and framework of ubiquitous networking	ZTE	China
44	3GPP	SIMTC-RAN_OC-Core	Core part: RAN overload control for Machine-Type Communications	Huawei	China
45	3GPP	SIMTC-RAN_OC	RAN overload control for Machine-Type Communications	Huawei	China
46	3GPP	NIMTC-RAN_over load	RAN mechanisms to avoid CN overload due to Machine-Type Communications	Huawei	China
47	3GPP	MTCe-RAN-Core	Postponed - Core part: RAN aspects of Machine-Type and other mobile data applications Communications enhancements	ZTE	China
48	3GPP	MTCe-RAN	Postponed - RAN aspects of Machine-Type and other mobile data applications Communications enhancements	ZTE	China
49	3GPP	FS_NIMT C_RAN	Study on RAN improvements for Machine-Type Communications	Huawei	China
50	3GPP	FS_MTCe	Deleted - Study on enhancements for Machine-Type Communications (MTC)	Huawei	China
51	3GPP RAN	NB-IoT	Narrow Band-IoT	Huawei	China
52	ETSI TC M2M	TS 101 404	OMA DM compatible Management Objects for ETSI M2M	Wang Chonggang（huawei）	China
53	OneM2M	TS-0002	M2M Requirements	Linyi Tian, Huawei（CCSA）	China
54	OneM2M	TS-0001	M2M Architecture	Rajesh Bhalla, ZTE（CCSA）	China

资料来源：《物联网标准白皮书》。

3.5.5　我国物联网标准化工作需求

我国物联网标准的制定工作虽然取得了较快发展，但依然存在标准零散、缺失或不统一的问题，与国际标准融合也存在一定差距，标准制定的竞争力和研制速度还有待加强。结合物联网标准制定现状，物联网标准需求分析见表3-12。

表 3-12　物联网标准需求分析

标准类型	标准现状	标准需求
基础类标准	不同标准组织从不同角度研制术语、架构、需求等总体标准；存在概念不统一、标准不兼容等问题	规划物联网标准体系，物联网标准工作推进指南，统筹物联网标准工作；启动国标项目，统一物联网术语、体系架构、参考模型和需求等总体标准
共性技术类标准	部分标准组织针对本领域开展了安全、标识等标准工作；现有共性标准无论从广度或者深度来看都不能满足物联网发展需求；缺乏系统的物联网安全、标识等共性标准体系规划；缺乏针对物联网安全、标识等新特性、新需求的标准	针对物联网新的需求，系统规划共性标准体系；梳理复用现有标准，针对物联网新的需求，研制安全、标识等新的物联网共性标准
感知类标准	感知类标准是物联网标准工作的重点之一；感知类标准呈现小、杂、散的特征，严重制约着物联网的产业化和规模化发展	以感知类技术和标准作为物联网标准工作的核心和重点，尽快突破关键技术，形成具有自主知识产权的标准体系，保障物联网产业健康发展
网络传输类标准	网络传输类标准相对成熟，基本可以满足初期物联网应用发展需求；针对物联网未来需求的网络传输技术及标准优化工作有待加强	梳理现有传输标准，联合相关标准组织，针对物联网传输需求，对现有标准进行优化增强
服务支撑类	现有SOA等标准虽对物联网产生较大影响，但这些标准本身还在发展中；缺失针对物联网应用的支撑标准	推动相关标准组织继续完善现有应用支撑标准；规划研制针对物联网应用的支撑标准

资料来源：《物联网标准白皮书》。

3.6　我国物联网产业的相关政策

2010年6月8日，中国物联网标准联合工作组在北京成立，该联合工作组的主要职责是推进物联网技术的研究和标准的制定。该联合工作组由全国11个部门及下属的工业和信息化部电子标签标准工作组、全国信标委传感器网络标准工作组、全国智标委等19家相关标准化组织自愿联合组成。联合工作组在成立倡议书中表示，要倾全国之力，联合推进中国的物联网标准体系建设。

2010年10月18日，《国务院关于加快培育和发展战略性新兴产业的决定》出台，在这一决定中，物联网作为新一代信息技术的重要内容被列其中，物联网成为国家首批加快培育的七个战略性新兴产业之一。这标志着物联网被列入国家发展战略，对中国物联网的发展具有里程碑意义。

2011年3月16日，国家"十二五"规划纲要提出，要推动重点领域跨越发展，大力发展节能环保、新一代信息技术、新能源、新材料等战略性新兴产业。物联网是新一代信息技术的高度集成和综合运用，已被国务院作为战略性新兴产业上升为国家发展战略。

2011年4月6日，财政部印发了《物联网发展专项资金管理暂行办法》。根据此办法，专项资金由中央财政预算安排，用于支持物联网研发、应用和服务等。专项资金的使用应当突出支持企业自主创新，体现以企业为主体、市场为导向、产学研用相结合的技术创新战略，鼓励和支持企业以产业联盟组织形式开展物联网研发及应用活动。专项资金由财政部、工业和信息化部各司其职，各负其责，共同管理。

2011年5月9日，工业和信息化部公布《工业和信息化部2011年标准化重点工作》，提出将围绕"十二五"规划纲要和产业发展重点，加强标准战略研究，加快物联网、新能源汽车等重要领域的标准制定和修订，为保持工业通信业平稳较快发展做好支撑。对于一些产业急需的标准，将进一步加大制定力度。围绕技术改造、自主创新、节能减排、淘汰落后、质量品牌、两化深度融合、培育发展战略性新兴产业等重点工作，组织制定标准3 000项，发挥标准的引导和规范作用，满足产业发展的需求。

2011年5月20日，中国信息通信研究院在北京发布了《物联网白皮书（2011年）》，白皮书重点对物联网的概念和内涵进行了澄清和界定，系统梳理了物联网架构、关键要素、技术体系、产业体系、资源体系等，并从应用、产业、技术和标准化角度阐述了全球和我国物联网发展现状，综合分析了我国物联网发展面临的机遇和挑战，并对我国物联网的发展提出了若干思考和建议。

2011年6月1日，工业和信息化部出台《卫星移动通信系统终端地球站管理办法》，该办法旨在规范卫星移动通信系统终端地球站的设置使用，为移动宽带互联网等新兴产业的高速发展扫清道路，该办法对"十二五"规划中作为战略性新兴产业之一的物联网行业安全制定了防范措施，以减少安全隐患，规范物联网市场竞争。

2011年7月1日，工业和信息化部印发了《产业关键共性技术发展指南（2011年）》，用于指导产业关键共性技术的发展和应用。产业关键共性技术是指能够在多个行业或领域广泛应用，并对整个产业或多个产业产生影响和瓶颈制约的技术。产业关键共性技术是工业和通信业发展的基础，也是我国构建现代产业体系，加快转变发展方式，培育和发展战略性新兴产业，促进产业结构优化升级，提升自主创新能力和核心竞争力的关键环节，是一项长期的基础性工作。

2012年2月14日，工业和信息化部发布《物联网"十二五"发展规划》，规划提出，到2015年，中国要在物联网核心技术研发与产业化、关键标准研究与制定、产业链条建立与完善、重大应用示范与推广等方面取得显著成效，初步形成创新驱动、应用牵引、协同发展、安全可控的物联网发展格局。

2012年8月17日，工业和信息化部发布《无锡国家传感网创新示范区发展规划纲要（2012—2020年）》。根据此纲要，我国将加大对示范区内物联网产业的财政支持力度，加强税收政策扶持；同时，推进物联网企业通过资本市场直接融资。到2015年，无锡示范区拥有一批具有自主知识产权的物联网核心技术，形成具有国际竞争力的产业集群，基本形成结构合理的物联网产业体系，实现一批重点领域的典型示范与推广应用，构建一支高素质人才队伍，促进物联网标准化工作。到2020年，无锡示范区的创新能力、产业规模、从业人员数量和影响力大幅提升，实现一大批自主创新成果产业化，成为具有一流创新能力的技术创新核心区；集聚和培育一批国内领先的物联网企业，成为具有国际竞争力的产业发展集聚区；建成一批具有重大推广价值的典型应用示范工程，成为具有较强影响力的应用示范先导区。

2013年2月17日，国务院办公厅发布《国务院关于推进物联网有序健康发展的指导意见》，该意见提出，到2015年，我国要实现物联网在经济社会重要领域的规模示范应用，突破一批核心技术，培育一批创新型中小企业，打造较完善的物联网产业链，初步形成满足物联网规模应用和产业化需求的标准体系，并建立健全物联网安全测评、风险评估、安全防范、应急处置等机制。该意见指出，我国要建立健全有利于物联网应用推广、创新激励、有序竞争的政策体系，抓紧推动制定完善信息安全与隐私保护等方面的法律法规。建立鼓励多元资本公平进入的市场准入机制。加快物联网相关标准、检测、认证等公共服务平台建设，完善支撑服务体系。加强知识产权保护，加快推进物联网相关专利布局，从而推动物联网健康有序发展。

2013年3月4日，国务院办公厅发布的《国家重大科技基础设施建设中长期规划（2012—2030年）》指出三网融合、云计算和物联网发展对现有互联网提出了巨大挑战，基于TCP/IP协议的互联网依靠增加带宽和渐进式改进已经无法满足未来发展的需求。建设未来网络试验设施，主要包括：原创性网络设备系统，资源监控管理系统，涵盖云计算服务、物联网应用、空间信息网络仿真、网络信息安全、高性能集成电路验证以及量子通信网络等开放式网络试验系统。该设施建成后，网络覆盖规模超过10个城市。

2013年7月，国家标准委下达了物联网等47项国家标准计划，以加快建立我国物联网标准体系。

2013年9月，工业和信息化部发布了《信息化和工业化深度融合专项行动计划（2013—2018年）》，该计划提出将开展八项行动，在互联网与工业融合创新行动中提出推动物联网在工业领域的集成创新和应用；在信息产业支撑服务能力提升行动中提出全面推进下一代互联网与移动互联网、物联网、云计算的融合发展，加快集成电路、关键电子元器件、基础软件、新型显示、云计算、物联网等核心技术创新。

2013年9月5日，国家发改委、工业和信息化部、科技部、教育部、国家标准委联合物联网发展部际联席会议相关成员单位制定了10个物联网发展专项行动计划。

2013年10月，中国电子技术标准化研究院发布了首个RFID国家标准《信息技术射频识别800MHz/900MHz空中接口协议》，标志着我国物联网行业标准体系基本形成。

2013年10月31日，国家发改委办公厅印发《关于组织开展2014—2016年国家物联网重大应用示范工程区域试点工作》的通知，该通知提出的试点工作旨在组织实施一批示范效果突出、产业带动性强、区域特色明显、推广潜力大的物联网重大应用示范工程区域试点项目，推动物联网产业有序健康发展。

2014年6月中旬，工业和信息化部发布了《工业和信息化部2014年物联网工作要点》，指出，2014年，物联网工作重点为：①加强顶层设计和统筹协调。加强物联网工作统筹协调。加强对地方和行业物联网发展的指导。②突破核心关键技术。推进传感器及芯片技术、传输、信息处理技术研发，开展物联网技术典型应用与验证示范。构建科学合理的标准体系。③开展重点领域应用示范。构建科学合理的标准体系，开展农业、商贸流通、节能环保、安全生产等重点领域和交通、能源、水利等重要基础设施领域应用示范，推进公共安全、医疗卫生、城市管理、民生服务领域应用示范，依托无锡国家传感网创新示范区开展应用示范，推动电信运营等企业开展物联网应用服务。④促进产业协调发展。培育和挟持物联网骨干企业，引导和促进中小企业发展，培育物联网产业聚集区，建设和完善公共服务平台，组织商业模式的研究创新和推广。⑤推进安全保障体系建设。建立健全物联网安全保障体系。⑥营造良好发展环境。加强各部门工作衔接，完善产业发展政策，加大财税和金融支持力度，加快完善法律法规，加强专业人才培养。

2014年8月27日，国家发改委、工业和信息化部、科技部、公安部、财政部、国土资源部、住房和城乡建设部、交通运输部联合发布《关于促进智慧城市健康发展的指导意见》，该意见提出要积极运用新技术新业态，加快重点领域物联网应用，包括：支持物联网在高耗能行业的应用，促进生产制造、经营管理和能源利用智能化；鼓励物联网在农产品生产流通等领域应用；加快物联网在城市管理、医疗卫生等领域的推广应用。

2015年5月8日，国务院印发《中国制造2025》行动纲领，该纲领提出，要推进信息化与工业化深度融合，深化互联网在制造领域的应用，加快开展物联网技术研发和应用示范，培育智能监测、远程诊断管理、全产业链追溯等工业互联网的新应用。

2015年7月1日，国务院印发《关于积极推进"互联网+"行动的指导意见》，该意见提出十一个"互联网+"重点行动，其中"互联网+"协同制造、现代农业、智慧能源、高效物流、便捷交通、绿色生态等重点行动中都提到了加强物联网的应用。该意见还提出加强物联网网络架构研究，组织开展国家物联网重大应用示范，鼓励具备条件的企业建设跨行业的物联网运营和支撑平台。

2016年11月29日，国务院印发《"十三五"国家战略性新兴产业发展规划》，该规划提出要实施网络强国战略，加快建设"数字中国"，推动物联网、云计算和人工智能等技术向各行业全面融合渗透，构建万物互联、融合创新、智能协同、安全可控的新一代信息技术产业体系。并在"互联网+"工程中明确提出加强物联网网络架构研究，组织开展物联网重大应用示范。

2017年1月17日，工业和信息化部发布《信息通信行业发展规划物联网分册（2016—2020年）》，该分册以促进物联网规模化应用为主线，提出了未来五年我国物联网发展的方向、重点和路径。

2017年1月25日，国家发改委公布《战略性新兴产业重点产品和服务指导目录（2016版）》，该版指导目录以贯彻《"十三五"国家战略性新兴产业发展规划》为目标，根据战略性新兴产业发展新变化对2013年版指导目录进行了修订完善，提出物联网产业的重点产品和服务包括物联网设备和物联网应用服务。

3.7 物联网产业发展中存在的问题

1. 顶层设计和统筹规划缺乏

我国各地政府机构积极开展推动物联网相关产业发展工作，成立了相关园区、产业联盟，但是在全国范围内还缺乏统筹规划，部门之间、地区之间、行业之间的分割情况较为普遍，产业顶层设计缺乏，资源共享不足。规划意识与协调机制薄弱，更加凸显出研究成本过高、资源利用率过低、重复无序建设现象严重的态势。

2. 标准规范缺失

物联网与计算机、通信、电子及材料等学科有关，其涉及的技术多种多样，导致相关的标准也非常多，而目前尚没有一个统一的标准规范出台。随着物联网相关领域研究的不断深入，研究范围的不断扩大，标准规范的缺失将导致整个物联网产业的混乱。

3. 核心关键技术缺位

纵观我国物联网的技术创新，相当一部分是在原有信息化技术基础上进行的深化和发展，通过增加新功能，使其具备物联网的相关特性，但这并不是物联网技术的原始创新，也很难形成核心技术，这会导致物联网产业大量采用国外技术。核心技术专利受制于人，信息安全方面失去保障；更会导致物联网数据采集环节的传感器、电子标签等设备的成本过高，从而制约整个物联网行业的发展。

4. 大规模产业化应用不足

目前，我国物联网虽然有一些基础应用，但"以物为互联"的应用需求还是低层次的，难以激起产业链中各环节的参与和投入热情。大规模行业应用的不足，制约着物联网产业在核心关键技术和标准化方面取得重大突破。

5. 成熟商业模式缺乏

物联网应用的前提是广泛设置传感器，这需要一定的初期投入成本，而快速形成物联网的服务模式和商业模式是解决成本问题的重要出路。目前国内还没有一个特别成熟的物联网商业模式，成熟商业模式的缺乏，阻碍了我国物联网产业的快速推广。

6. 产业链构成不完善

物联网的市场潜力巨大,产业链的任何一个环节都具有举足轻重的作用。目前,我国物联网产业链中的网络提供商(三大电信运营商)和系统设备制造商都已跻身国际先进行列,但是产业链其他环节特别是上游环节相对欠缺和不足。产业链的不完善在一定程度上制约了物联网产业的健康有序发展。

参考文献

[1] 信息通信行业发展规划物联网分册(2016-2020年)[S].北京:工业和信息化部,2016.

[2] 物联网中基于RFID的系统安全技术研究与应用[D].镇江:江苏科技大学,2012.

[3] 中国传感器产业发展白皮书2014[S].北京:工业和信息化部电子科学技术情报研究所,2014.

[4] 云计算技术的价值创造及作用机理研究[D].杭州:浙江大学,2014.

[5] 李爽.基于云计算的物联网技术研究[D].合肥:安徽大学,2014.

[6] 徐冶楠.高性能M2M业务能力服务器的设计与实现[D].北京:北京邮电大学,2015.

第 4 章　我国物联网产业发展前景及趋势

4.1　未来物联网发展的重点机遇

美国权威咨询机构 FORRESTER 预测：到 2020 年，世界上物物互联的业务，跟人与人通信的业务相比，将达到 30：1，因此，物联网被称为是下一个万亿级的通信业务。物联网将掀起继计算机、互联网之后，世界信息产业的第三次浪潮。对于物联网未来发展的重点机遇判断，本文从六个纬度归纳如下：

第一，M2M 车联网市场是最具内生动力和商业化更加成熟的市场。M2M 将持续保持高速增长，根据国际上的相关预测，预计到 2020 年通过蜂窝移动通信连接的 M2M 终端将达到 21 亿个，实际上未来整体的 M2M 连接市场非常多，我国国内的 M2M 市场也将保持持续快速增长态势。另外，车联网的应用在逐步提速过程中，首先汽车本身以 20％的速度持续快速增长，车联网的市场一直在高速增长。很多人预测，汽车可能是下一个大规模，应用爆发的终端产品，未来汽车的应用将越来越广泛。

第二，物联网在未来整个工业方面的应用，将推动工业整体转型升级并激发出新的产业革命。一是，物联网与工业的融合将带来全新的增长机遇，新的产业组织形式，新的企业与用户关系，新的服务模式和新的业态。在这些方面物联网将发挥非常重要的作用，很多新的制造将是基于用户定制的制造。所以，物联网对整个工业的革命性的变化将是非常大的。二是，工业物联网统一标准将成为大势所趋，整体来看，很多国际巨头为了在工业物联网领域获得比较领先的地位，纷纷制定相关的标准，尤其像 TE 公司，以及国际上的其他 IT 公司，纷纷加入整个 IT 标准的制定工作中。三是，物联网推动两化融合继续走向深入。

第三，物联网与移动互联网融合最具市场潜力，创新空间最大，这也是对物联网未来整体发展的一种判断。传统的物联网应用更多面向行业应用，未来和移动互联网融合，将激发出更多的创新能力。首先是移动智能终端中的传感器和人形成的人机交互技术，让未来能够支撑更多的融合类的应用。另外，物联网借助移动互联网应用的出现，开始从行业领域向个人领域渗透，用户的应用都是基于对物体实际信息的采集，是融合的应用，不是传统的移动互联网的应用。物联网和移动互联网融合，将形成非常融合的生态系统，通过大的移动互联网企业对整个开放平台的构建，将为未来带来很大的市场潜力。

第四，行业应用仍将持续稳步发展，蕴含巨大空间。物联网和移动互联网融合是未来的发展方向，行业应用仍然是发展的重点。物联网的深度应用将进一步催生行业的变革，这种变革已经在行业的很多领域发生，尤其是管理层面的革命，整个行业也向着更加公平、开放的方向发展。

第五，物联网和大数据的融合。物联网产生大数据，大数据带动物联网价值提升，物联网是大数据产生的源泉，越来越多的终端采集越来越多的数据，提供给大数据平台进行进一步的分析。大数据使物联网从感知走向决策。现在物联网用得更多的功能是采集信息，未来物联网和大数据结合，将推动整体价值的提升。物联网的数据特性和现有的其他特性不太一样，因为物联网面向的终端类型非常多样，这种多样特性其实对大数据也提出了新的挑战。

第六，物联网在智慧城市建设中的推广和应用将更加广泛和深入。智慧城市本身为物联网的应用提供了巨大的载体，在这种载体中，物联网可以集成一些应用，在城市的信息化管理、民生等方面都可以发挥融合应用的作用，真正体现物联网的行业应用特性，对社会进步产生深远的影响。

4.2 我国发展物联网的优势

我国发展物联网产业具有四大优势，包括用户需求庞大、经济实力雄厚、研究起步较早、已实现产业化。

4.2.1 用户需求庞大

我国是一个拥有十几亿人口的大国，个人需求市场巨大。物联网在城市交通、家居、安防及电力等领域的应用，与人们日常生活紧密相关，极大地提高了人们生活的便利、安全程度，这一新兴事物将会激发越来越多人的兴趣，物联网概念的火爆程度也在一定程度上附合了人们的需求。国内巨大的市场需求将为我国在世界面前带来更多话语权，推动物联网的更快发展。

4.2.2 经济实力雄厚

我国已经成为世界第二大经济体，近几年一直保持着令世界瞩目的发展速度，我国雄厚的经济实力能够支撑巨大规模的消费需求，促进我国物联网形成规模优势，雄厚的经济实力将为物联网的发展奠定良好的基础。覆盖广泛的无线通信网络和宽带是物联网的重要传输媒介，我国在这方面的发展处于世界领先水平，较高覆盖率的无线通信网络和宽带为我国物联网的发展提供了坚实的基础设施支持。

4.2.3 物联网研究起步早

我国中科院较早启动了物联网研究工作，不过那时的称谓不是"物联网"，而是"传感网"。中科院先后投入了数亿元资金用于物联网的技术开发和标准制定。我国《国家中长期科学与技术发展规划（2006—2020年）》、"新一代宽带移动无线通信网"等重大专项均将物联网列入重点研究领域。目前，我国物联网标准体系已经形成初步规模，多项标准提案被国际标准化组织采纳，有学者称我国正在与美国、德国、英国等发达国家一起成为物联网国际标准制定的主导国。这些成就让我国在物联网标准和技术发展方面具有一定的抢先优势。

4.2.4 产业化优势

物联网可以推动经济发展模式由粗放型向集约型转变，在经济发展转型期，这正是我国所需要的。未来物联网产业链包括芯片制造、传感器制造、设备制造、网络运营、网络服务、软件开发、解决方案提供商等一系列环节。尽管目前物联网产业链中的各项技术还不成熟，在短期内也很难实现大规模产业化，在生产和生活中难以全面普及，但是我国拥有从原材料、技术、器件、系统到网络的完整产业链，也是全球少数几个能够拥有完整物联网产业链的国家之一。

4.3 未来物联网产业发展的重点领域

第一，智能交通。智能交通系统（Intelligent Transportation System，简称ITS）是未来交通系统的发展方向，它是将先进的信息技术、数据通信传输技术、电子传感技术、控制技术及计算机技术等有效地集成，运用于整个地面交通管理系统而建立的一种在大范围内、全方位发挥作用，实时、准确、高效的综合交通运输管理系统。车联网将成为物联网产业的一个发展重点。目前，车联网在行业的应用主要是以政府推动为主，发展阻力较小。但是真正的民用市场，是否有人愿意为车联网支付成千上万元的服务费，有待验证。

第二，智能工业。智能工业是将具有环境感知能力的各类终端、基于泛在技术的计算模式、移动通信等不断融入工业生产的各个环节，大幅提高制造效率、改善产品质量，降低产品成本和资源消耗的新工业体系。智能工业将传统工业提升到了智能化的新阶段。

第三，智慧环保。智慧环保是将互联网技术与环境信息化相结合而形成的新概念。"智慧环保"是"数字环保"概念的延伸和拓展，它是借助物联网技术，把感应器和装备嵌入到各种环境监控对象（物体）中，通过超级计算机和云计算将环保领域物联网整合起来，可以实现人类社会与环境业务系统的整合，以更加精细和动态的方式实现智慧的环境管理和决策。中国物联网校企联盟认为物联网技术的发展会带动智慧环保的发展，可使环境保护实现最有效化。环保问题，比如自来水或者空气的质量直接影响着每个人的健康，对人类的发展意义重大。但目前物联网技术在解决环境问题上发挥的作用还较少，需要进一步推动。

第四，智能家居。智能家居是利用先进的计算机技术、网络通信技术、综合布线技术和医疗电子技术，依照人体工程学原理，融合个性需求，和与家居生活有关的各个子系统如安防、灯光控制、窗帘控制、煤气阀控制、信息家电、场景联动、地板采暖、健康保健、卫生防疫及安防保安等有机地结合在一起，通过网络化综合智能控制和管理，实现"以人为本"的全新家居生活体验。目前，国内一些企业在家用机器人方面发展较好，深圳有些企业每年可以向欧美国家（地区）出口家用机器人，比如扫地家用机器人，每年达到了几十万台的规模。面向民用的物联网应用在未来最有发展希望、最有前途。

第五，智能医疗保健。智能医疗是通过打造健康档案区域医疗信息平台，利用最先进的物联网技术，实现患者与医务人员、医疗机构、医疗设备之间的互动，逐步达到医疗的信息化。未来医疗行业将融入更多人工智慧、传感技术等高科技，使医疗服务走向真正意义的智能化，从而推动医疗事业的繁荣发展。在我国新医改的大背景下，智能医疗正在走进寻常百姓的生活中。比如，地方政府可以和企业合作，在社区建一个便携式的医疗数据采集站，定期把社区居民、职工的健康信息搜集起来，传送到后台的专家数据库中进行处理，以便及时发现问题、及时诊断。智能医疗保健的发展空闲较大。

第六，城市治理体系的现代化。城市治理体系现代化即用现代化方式推进城市的现代化治理。如渣土扬尘治理，过去单纯靠"人防"，往往难以奏效，导致超载超重、扬尘污染、交通违法等行为屡禁不止。为此，我们需要在技术防范、实体防范上下功夫，与企业联手进行技术攻关、实行"量身定做"，推出全封闭、智能化管理体系，以解决传统渣土车超载、超速、洒漏及乱卸等弊端，从源头上减少扬尘污染。物联网应用示意图见图4-1。

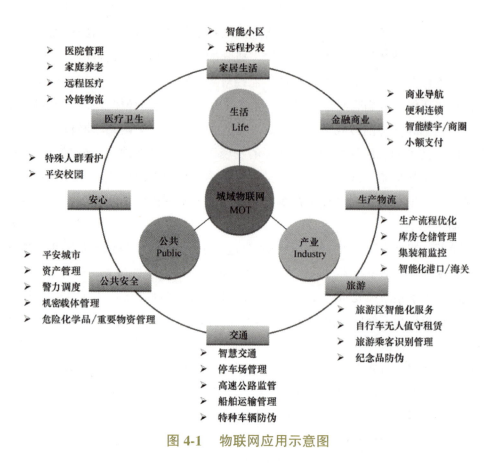

图 4-1　物联网应用示意图

4.4　我国物联网的发展趋势

目前，新一轮物联网产业已经进入发展布局的关键时期，未来我国将进一步明确物联网产业的发展方向，加快战略布局，加强产业链和创新链协同，打造物联网产业生态系统，推进我国物联网进入新的发展阶段。

4.4.1　产业发展环境进一步优化

1. 进一步加强跨部门协调，构建适合新业务发展的政策环境

进一步发挥部际联席会议的统筹协调作用，建立物联网产业与各个行业间的常态化协调机制。组织开展新业务和新模式合规性研究、论证，推进相关政策及法律的调整。

2. 加大政策引导力度，促进行业市场和信息资源开放

加强跨部门的政务资源整合和数据有序开放，促进城市管理和公共服务领域物联网应用方案的顺利实施。在城市管理、交通、节能环保、健康医疗、居家养老、社会服务等领域制定政策规划时，应积极探索应用物联网技术的创新管理和服务模式。

4.4.2 产业生态体系进一步完善

1. 积极打造物联网平台

未来物联网平台将成为物联网产业生态构建的核心关键环节，掌握物联网平台就掌握了物联网生态的主动权。物联网平台在产业发展中的关键作用和主要国际巨头在平台上的战略布局使得平台成为构建物联网生态的"牛鼻子"。就我国而言，提升我国企业物联网平台信息技术处理的能力，加速物联网平台与行业的对接，培育平台上的应用开发者群体，成为构建产业生态的重点。构建物联网"双创"平台，支持大型行业企业、电信运营商和互联网企业积极构建以产业关键环节为核心的高水平开放式"双创"平台，打造生态体系中的龙头企业和优质品牌。同时利用物联网"双创"平台，扶持一批"专、精、特、新"创新型中小企业。

2. 注重垂直一体化布局模式

由于物联网企业众多，平台阵营林立，使得仅依靠平台难以打造完善的产业生态链。通过"云－端－网"的多要素垂直一体化布局，覆盖产业的各环节，为用户提供整体方案，更有利于生态链的打造。在布局方式上，一是单个企业利用自身优势，在不同环节同时布局，协同推进，如华为推出的"1+2+1"物联网战略；二是通过产业链上下游企业之间的合作进行一体化布局，如 Jasper 平台与电信运营商之间开展的合作；三是通过参与全球开源生态系统联盟建设，将自身产品与开源操作系统、开源网络协议进行结合，实现一体化布局。

4.4.3 产业综合竞争力进一步提高

大力开展关键技术攻关，提升产业核心竞争能力。当前除消费电子、汽车电子外，工业、医疗等传感器应用领域市场正快速扩张，整体市场广阔，同时基于新原理、新材料、新工艺的传感器产品正在快速涌现，产业创新活跃。我国企业需要把握市场快速扩张与技术持续创新的机遇，开展设计、制造、封装关键工艺技术的研发，同时积极布局面向未来的传感器前沿技术，从根本上提升产业的核心竞争力。从细分环节来看，在设计方面，重点攻克模拟仿真、EDA 工具、软件算法、MEMS 与 IC 联合设计等核心技术；在制造方面，突破核心硅基 MEMS 加工、与 IC 集成等技术，提升工艺一致性水平，探索柔性制造模式；在封测方面，推动器件级、晶圆级封装和系统级测试技术的发展，鼓励企业研发具有个性、规模大、高可靠的测试设备。

推动产业链协同升级，提升产品集成智能水平。当前传感器技术正在由单一器件设计制造向系统化、模块化融合创新方向发展，产品集成化、智能化程度不断提升。本土企业应紧跟技术发展趋势，强化产业链上下游合作，增强产业协同发展能力。国内设计、制造、封测企业应积极开展技术协同攻关，集中力量突破基于新材料、新结构、新原理的新型传感器制造技术；同时积极建立企业间紧密合作关系，缩短企业新设计、新工艺的产品转化周期。此外，本土上游传感器制造企业，下游系统集成厂商、通信厂商应强化商业合作，积极开展传感器系统级产品的研发与制造，提升本土传感器集成化、智能化水平。

4.4.4 与其他行业发展的进一步深度融合

推进物联网与其他行业领域的融合。全力支持市场需求旺盛、应用模式清晰的重点领域，结合重大应用示范工程，复制推广成熟模式。在智能制造方面，利用RFID、传感器等技术，建设信息物理系统和工业互联网；在智能交通和车联网方面，加快车联网示范区建设，开展智能交通、自动驾驶、汽车电子标识等的应用示范和推广；在健康服务方面，建立临床数据应用中心，开展智能可穿戴设备远程健康管理、老人看护等应用；在节能环保方面，运用物联网提升能源管理智能化水平，开展污染源监控和生态环境监测；在城市管理方面，重点选取城市用电平衡管理、水资源管理、消防设施管理、地下管网监测、危化品管理、节能环保等领域，运用物联网技术实现自动感知和精细管理。同时通过建立统一的物联网接入管理与数据汇聚平台，实现物联网设施在智慧城市的集约部署和信息共享。

加快物联网标准的研制和统筹部署。一方面，选择重点应用领域，建立应用领域参考标准目录，提炼新的标准方向并加快标准研制，以支撑应用的规模推广。构建公共技术标准的专业试验验证环境，推动产品与产业生态系统完善，积累运营、管理、维护等方面的实践经验，为实际商用奠定基础。另一方面，进一步强化物联网基础通用标准的组织建设，扩充物联网应用标准组织，进一步梳理物联网标准的立项流程，协调物联网标准的立项归口管理单位，协调国家标准与行业标准的关系；建设物联网标准化的信息发布平台，加强物联网标准技术机构之间的交流和合作。同时注重国家标准与国际标准相衔接，加强国际交流与合作。

4.4.5 数据安全和隐私保护进一步加强

一是建立可信任的物联网体系架构。在各层尤其是数据层和应用层，遵循隐私保护设计原则（Privacy by Design），把数据安全和隐私保护因素统筹考虑到规划设计中，再以此为基础构建物联网应用解决方案。二是强化异构设备和各种协议的安全性。物联网集合了多样化的异构"智能物体"、异构网络以及多种通信协议，必须采取必要的措施以保证"智能物体"和异构网络的安全。三是规范隐私感知管控和感知数据的处理。把隐私感知管控权力交给用户，由用户自主实时调节和设定安全和隐私项目。对于提交给公共机构的个人隐私数据，应当采取加密技术、隐私加强技术等对数据进行隐私保护处理。四是加强物联网数据安全和隐私保护关键技术的研发。加快数据版权的技术保护、用户角色虚拟化和匿名化、自适应安全机制与认证协议、轻量级密钥管理、攻击监测和防御、访问控制等信息安全技术的研发，完善物联网中间件、路由器以及终端产品的安全标准。五是推进数据安全和隐私保护体系建设。建立健全数据安全和隐私保护监督检查、评估测评和应急响应机制。建立物联网安全公共服务平台，为物联网产业提供数据安全和隐私保护服务。

参考文献

[1] 物联网白皮书（2015）[R]. 北京：中国信息通信研究院，2015.

下 篇

物联网产业指导

第 5 章 物联网产业发展战略指导

物联网是新一代信息技术的高度集成和综合运用,具有渗透性强、带动作用大、综合效益好的特点,推进物联网的应用和发展,有利于促进生产生活和社会管理方式向智能化、精细化、网络化方向转变,对于提高国民经济和社会生活信息化水平,提升社会管理和公共服务水平,带动相关学科发展和技术创新能力增强,推动产业结构调整和发展方式转变具有重要意义。2010年,在国务院出台的《关于加快培育和发展战略性新兴产业的决定》中已将物联网作为战略性新兴产业的一项重要组成内容。2013年,国务院出台的《关于推进物联网有序健康发展的指导意见》提出要打造具有国际竞争力的物联网产业体系。2016年工业和信息化部发布的《信息通信行业发展规划(2016—2020年)》和《信息通信行业发展规划物联网分册(2016—2020年)》明确提出了物联网行业发展的目标、重点工程和产业布局。

5.1 物联网产业在新一代信息技术行业中的重要地位

物联网作为战略性新兴产业的重要组成部分,蕴含着巨大的增长潜能,是信息技术的重要突破方向,正成为信息技术在各行各业更深入应用的重要推动力。目前,主要发达国家均对物联网进行战略布局,瞄准物联网的重大融合创新技术的研发与应用,寻求把握未来国际经济科技竞争的主动权。我国也加快物联网的战略部署和专项行动计划的实施,推动技术和应用创新,推动物联网的健康可持续发展。

5.1.1 物联网为产业结构调整提供新动能

我国经济发展已进入新常态,劳动力、土地等要素成本优势正在减弱,迫切需要调整优化产业结构、转换新旧发展动能。物联网作为新一代信息通信技术高度集成和综合应用的典范,将为我国信息产业发展开辟新空间。一是工业互联网为制造业培育发展新动能。制造业是推进供给侧结构改革的主战场,物联网的融合渗透将有力地推动制造业的技术进步、效率提升和组织变革。《中国制造2025》中明确提出将智能制造作为主攻方向,推动制造业与互联网融合发展,通过物联网等新技术在企业研发、制造、管理、服务等全流程的集成应用,提升生产效率和产品质量,提高制造业供给结构的适应性和灵活性,努力实现制造业的数字化、网络化、智能化。2016年，在工业和信息化部指导下，成立了工业互联网产业联盟，通过联盟加强产学研用协作，加快推进工业互联网发展。二是感知设施统筹集约部署和物联网数据开放共享成为发展重点。智慧城市是新型城镇化的重点发展方向之一，截至2015年年底，我国智慧城市建设数量达到386个，副省级以上城市、地级城市、县级城市建设智慧城市的比例分别达到100%、74%和32%。各地智慧城市在推进物联网应用中，通过前端集约采集与后端数据融通，释放物联感知红利。物联网设施的统筹部署推动了市政基础设施的智能化转型，感知设施与城市基础设施的同步统筹集约部署，如天气温度感知、高清视频监控、多功能智慧路灯等；以城市运营管理中心汇聚开放共享的感知信息，构建物联网开环应用新格局。南京、银川等智慧城市建设，通过打造城市级智能运营管理中心，打破以部门、行业为边界的孤岛式信息感知与处理格局部署，发挥出叠加效应。三是物联网技术发展和消费升级带动终端产品智能化趋势加速。终端产品以微处理+连接芯片为底层元器件架构，芯片、通信技术、智能传感器等物联网技术推动其感知和连接能力不断提升。物联网技术发展与消费品行业的跨界融合，为终端智能化带来条件，新产品、新应用不断涌现，智能硬件等新型物联网终端出现多个十亿元以上规模产品的产业，并初步形成智能穿戴设备、智能服务机器人、智能车载设备等规模化产品领域。

5.1.2　物联网产业链覆盖面宽

物联网产业链长，且具有较宽的覆盖面，与不同的行业融合，不断推衍出新的发展方向。产业链上游主要涉及网络设施、终端设备、芯片、传感器、集成模块等相关的制造业；中游主要涉及互联网及其运营服务；下游主要涉及物联网用户和服务商，包括云计算、系统设计与开发、工程实施等技术服务业务。物联网产业链的覆盖面主要有三大应用市场，一是以政府公共服务为主体的管理与服务市场，如电子政务、城市管理、教育、医疗、环境监测等行业。二是以企业运营为主的商业市场，如电力、物流、电信等行业。三是以家庭及个人为主要对象的消费市场，如网上购物、休闲娱乐、综合服务等消费领域。同时物联网与不同行业相互融合，不断产生出新的行业。例如，物联网与物流行业结合形成以传感感知为基础的智能物流业，为物流的传输提供保障和智能信息。与医疗系统相结合，可以发展远程诊疗系统，为目前医疗系统开拓新的诊治渠道。物联网为企业的发展带来了新的利润增长空间，促进了市场经济的繁荣与发展。

5.1.3 物联网产业的技术主导性强

物联网产业是典型的技术引领的新兴产业,技术主导性强,主要表现在四个方面:一是技术重要程度高。物联网是由感应识别技术的突破而发展起来的,没有传感识别技术就没有物联网,也就没有物联网产业,世界各国都高度重视物联网技术的发展。二是技术数量多。从物联网技术结构可以看出,无论是感知层、网络层还是应用层,都有数量众多的关键技术,而且这些技术缺一不可。三是技术相对复杂。从技术属性和难度看,物联网的众多技术多数以高新技术为主,很多技术在全球还是技术盲点,面临的困难多而复杂,加之与隐私、安全、信用及管理等结合在一起,加大了技术实现的难度。四是技术与产品的不可分割性。由于技术研发的投入大、风险高,很多技术研发者将技术研发与产品提供结合在一起,技术与产品很难割裂开来进行研究,产业的技术主导性明显。

5.1.4 物联网的产业链联动效应明显

物联网产业依靠技术创新驱动发展,其产业链的组织模式由其技术特征决定。目前,物联网产业链依据其产业链的技术特征将其产业划分为三大模块,即上、中、下三个领域。上游产业主要是竞争性领域。由于各个行业应用物联网模式不同,对传感器和终端设备的需求差别较大。对物联网的应用提出了较高的要求。例如在传感器方面,各大中小企业对传感器的功能、材料和传输方式等提出了不同的要求,因此,传感器行业在短期内无法形成对市场具有控制力的垄断企业。中游产业是指目前寡占市场的垄断性行业。例如物联网发展赖以生存的网络基础设施。无论是在互联网方面还是交通以及电网方面,都具有较强的垄断性,其垄断性不仅体现在对其进行的建设过程中,而且在其运营环节也呈现出不同程度的垄断性。目前,在不同国家都呈现出网络运营商寡占市场的局面。下游产业是指市场差别较大,市场高度细分的产业。这一领域主要面向中小企业和家庭及个人服务,包括多样化的服务模式和个性化服务方式,用户的经营具有分散性,因此在该领域物联网应用市场差别较大,服务市场细分程度较高。

5.2 我国物联网的国家战略目标

根据《国务院关于推进物联网有序健康发展的指导意见》《信息通信行业发展规划(2016—2020年)》和《信息通信行业发展规划物联网分册(2016—2020年)》,"十三五"期间,我国物联网的总体目标是:到2020年,具有国际竞争力的物联网产业体系基本形成,包含感知制造、网络传输、智能信息服务在内的总体产业规模突破 1.5 万亿元，智能信息服务的比重大幅提升。推进物联网感知设施规划布局，公众网络 M2M 连接数突破 17 亿个。物联网技术研发水平和创新能力显著提高，适应产业发展的标准体系初步形成，物联网规模应用不断拓展，泛在安全的物联网体系基本成型。

在技术创新方面，产学研用结合的技术创新体系基本形成，企业研发投入不断加大，物联网架构、感知技术、操作系统和安全技术取得明显突破，网络通信领域与信息处理领域的关键技术达到国际先进水平，核心专利授权数量明显增加。

在标准完善方面，研究制定 200 项以上国家和行业标准，满足物联网规模应用和产业化需求的标准体系逐步完善，物联网基础共性标准、关键技术标准和重点应用标准基本确立，我国在物联网国际标准领域的话语权逐步提升。

在应用推广方面，在工业制造和现代农业等行业领域、智能家居和健康服务等消费领域推广一批集成应用解决方案，形成一批规模化特色应用。在智慧城市建设和管理领域形成跨领域的数据开放和共享机制，发展物联网开放应用。

在产业升级方面，打造 10 个具有特色的产业集聚区，培育和发展 200 家左右产值超过 10 亿元的骨干企业，以及一批"专精特新"的中小企业和创新载体，建设一批覆盖面广、支撑力强的公共服务平台，构建具有国际竞争力的产业体系。

在安全保障方面，在物联网核心安全技术、专用安全产品研发方面取得重要突破，制定一批国家和行业标准。物联网安全测评、风险评估、安全防范、应急响应等机制基本建立，物联网基础设施、重大系统、重要信息的安保能力大大增强。

5.3 重点工程

"十三五"期间，进一步支持重点关键核心技术及重点产品的研发和产业化，兼顾标准研制和公共服务平台的建设。

5.3.1 突破关键核心技术

根据《物联网发展专项行动计划》和《信息通信行业发展规划物联网分册（2016—2020 年）》，"十三五"期间，物联网产业重点开展以下重点关键技术：物联网智能传感器技术、物联网智能传输技术、物联网智能信息处理技术、智能信息服务系统。

1. 物联网智能传感器技术

提升智能传感器设计、制造、封装与集成、多传感器集成与数据融合及可靠性领域的技术水平，开展面向重点领域的高性能、低成本、集成化、微型化、低功耗智能传感器技术和产品研发。"十三五"期间重点研发的内容主要是核心敏感元件和传感器的集成化、微型化、低功耗。

(1) 核心敏感元件 试验生物材料、石墨烯、特种功能陶瓷等敏感材料,抢占前沿敏感材料领域先发优势;强化硅基类传感器敏感机理、结构、封装工艺的研究,加快各类敏感元器件的研发与产业化。

(2) 传感器集成化、微型化、低功耗 开展同类和不同类传感器、配套电路和敏感元件集成等技术和工艺的研究。支持基于MEMS工艺、薄膜工艺技术形成不同类型的敏感芯片,开展各种不同结构形式的封装和封装工艺创新。支持具有外部能量自收集、掉电休眠自启动等能量贮存与功率控制的模块化器件研发。

在重点应用领域,包括支持研发高性能惯性、压力、磁力、加速度、光线、图像、温湿度及距离等传感器产品和应用技术,积极攻关新型传感器产品。

2. 物联网智能传输技术

研究面向服务的物联网网络体系架构、通信技术及组网等智能传输技术,加快发展NB-IoT等低功耗广域网技术和网络虚拟化技术。"十三五"期间重点研发的内容主要是体系架构共性技术,具体内容包括持续跟踪研究物联网体系架构演进趋势,积极推进现有不同物联网网络架构之间的互联互通和标准化,重点支持可信任体系架构、体系架构在网络通信、数据共享等方面的互操作技术研究,加强资源抽象、资源访问、语义技术以及物联网关键实体、接口协议、通用能力的组件技术研究。

3. 物联网智能信息处理技术

研究物联网感知数据与知识表达、智能决策、跨平台和能力开放处理、开放式公共数据服务等智能信息处理技术,支持物联网操作系统、数据共享服务平台的研发和产业化,进一步完善基础功能组件、应用开发环境和外围模块。"十三五"期间,重点研发的内容主要是用户交互型操作系统和实时操作系统。

(1) 用户交互型操作系统 推进移动终端操作系统向物联网终端移植,重点支持面向智能家居、可穿戴设备等重点领域的物联网操作系统研发。

(2) 实时操作系统 重点支持面向工业控制、航空航天等重点领域的物联网操作系统研发,开展各类适应物联网特点的文件系统、网络协议栈等外围模块以及各类开发接口和工具研发,支持企业推出开源操作系统并开放内核开发文档,鼓励用户对操作系统进行二次开发。

4. 智能信息服务系统

加强物联网与移动互联网、云计算及大数据等领域的集成创新,重点研发满足物联网服务需求的智能信息服务系统及其关键技术。"十三五"期间，重点研发的内容主要是物联网与移动互联网、大数据融合关键技术。具体包括：面向移动终端，重点支持适用于移动终端的人机交互、微型智能传感器、MEMS 传感器集成、超高频或微波 RFID、融合通信模组等技术研究。面向物联网融合应用，重点支持操作系统、数据共享服务平台等技术研究。突破数据采集交换关键技术，突破海量高频数据的压缩、索引、存储和多维查询关键技术，研发大数据流计算、实时内存计算等分布式基础软件平台。结合工业、智能交通、智慧城市等典型应用场景，突破物联网数据分析挖掘和可视化关键技术，形成专业化的应用软件产品和服务。

5.3.2 构建完善的标准体系

根据《物联网发展专项行动计划》和《信息通信行业发展规划物联网分册（2016—2020 年）》，"十三五"期间，进一步完善物联网标准化协调和推进机制，加强物联网标准体系建设和关键技术标准研制，积极同步推进国际标准化工作，为我国物联网健康有序发展发挥支撑作用。

1. 完善标准化顶层设计

建立健全物联网标准体系，发布物联网标准化建设指南。进一步促进物联网国家标准、行业标准、团体标准的协调发展，以企业为主体开展标准制定，积极将创新成果纳入国际标准，加快建设技术标准试验验证环境，完善标准化信息服务。

2. 加强关键共性技术标准制定

加快制定传感器、仪器仪表、射频识别、多媒体采集及地理坐标定位等感知技术和设备标准。组织制定无线传感器网络、低功耗广域网、网络虚拟化和异构网络融合等网络技术标准。制定操作系统、中间件、数据管理与交换、数据分析与挖掘及服务支撑等信息处理标准。制定物联网标识与解析、网络与信息安全、参考模型与评估测试等基础共性标准。

3. 推动行业应用标准研制

大力开展车联网、健康服务、智能家居等产业急需的应用标准的制定，持续推进工业、农业、公共安全、交通、环保等应用领域的标准化工作。加强组织协调，建立标准制定、实验验证和应用推广联合工作机制，加强信息交流和共享，推动标准化组织联合制定跨行业标准，鼓励发展团体标准。支持联盟和龙头企业牵头制定行业应用标准。

5.3.3　完善物联网公共服务体系

根据《物联网发展专项行动计划》和《信息通信行业发展规划物联网分册（2016—2020年）》，"十三五"期间，通过打造物联网综合公共服务平台，加强物联网统计监测和发展评估，建设一批覆盖面广、支撑能力强的公共服务平台。

1. 打造物联网综合公共服务平台

针对物联网产业公共服务体系做好统筹协调工作，充分利用和整合各区域、各行业已有的物联网相关产业公共服务资源，引导多种投资参与物联网公共服务能力建设，形成资源共享、优势互补的公共服务平台体系。依托现有实验室、工程中心、企业技术中心和大学科技园等各类创新载体，整合创新资源，加强开源社区建设，促进资源流动与开放共享，提供物联网技术研发、标识解析、标准测试、检验检测等公共技术服务。充分发挥物联网各类联盟的作用，加强产业链上下游协同，促进产需对接和成果转化。鼓励龙头企业强化产业生态布局，提供第三方开发能力和解决方案，带动物联网中小企业协同发展。继续推进科技金融、投融资担保、政策咨询、知识产权服务、成果转化、人才培养等综合公共服务平台建设，认定一批物联网公共服务示范平台。探索建立公共服务平台多方参与、合作共赢的商业模式，推动公共服务平台市场化、专业化运营，实现平台自我造血，促进公共服务健康可持续发展。

2. 加强物联网统计监测和发展评估

建立物联网统计监测平台，完善统计指标体系。加强产业运行分析，把握产业发展规律，优化产业相关政策，指导和统筹全国物联网发展。建立物联网发展评估体系，对各地区物联网产业发展进行分析评估，为推动物联网产业有序健康发展提供支撑。

5.4　重点布局

为更好贯彻落实《国务院关于推进物联网有序健康发展的指导意见》《信息通信行业发展规划（2016—2020年）》和《信息通信行业发展规划物联网分册（2016—2020年）》，结合《物联网发展专项行动计划》，"十三五"期间，对物联网行业进行重点产业和区域布局。

5.4.1　物联网重点产业布局

1. 大力发展物联网与制造业的融合应用

围绕重点行业制造单元、生产线、车间、工厂建设等关键环节进行数字化、网络化、智能化改造，推动生产制造全过程、全产业链、产品全生命周期的深度感知、动态监控、数据汇聚和智能决策。通过对现场级工业数据的实时感知与高级建模分析，形成智能决策与控制。完善工业云与智能服务平台，提升工业大数据的开发利用水平，实现工业体系个性化定制、智能化生产、网络化协同和服务化转型，加快智能制造试点示范，开展信息物理系统、工业互联网在离散与流程制造行业的广泛部署应用，初步形成跨界融合的制造业新生态。

"十三五"期间，重点开展智能制造领域应用示范工程工作。面向供给侧结构性改革和制造业转型升级发展需求，发展信息物理系统和工业互联网，推动生产制造与经营管理向智能化、精细化、网络化转变。通过 RFID 等技术对相关生产资料进行电子化标识，实现生产过程及供应链的智能化管理，利用传感器等技术加强生产状态信息的实时采集和数据分析，提升效率和质量，促进安全生产和节能减排。通过在产品中预置传感、定位、标识等，实现产品的远程维护，促进制造业服务化转型。

2. 加快物联网与行业领域的深度融合

面向农业、物流、能源、环保及医疗等重要领域，组织实施行业重大应用示范工程，推进物联网集成创新和规模化应用，支持物联网与行业深度融合。

（1）智慧农业领域　实施农业物联网区域试验工程，推进农业物联网应用，提高农业智能化和精准化水平。"十三五"期间，重点开展智慧农业领域应用示范工程工作。面向农业生产智能化和农产品流通管理精细化需求，广泛开展农业物联网应用示范。实施基于物联网技术的设施农业和大田作物耕种精准化、园艺种植智能化、畜禽养殖高效化、农副产品质量安全追溯、粮食与经济作物储运监管、农资服务等应用示范工程，促进形成现代农业经营方式和组织形态，提升我国农业现代化水平。

（2）智慧物流领域　深化物联网在仓储、运输、配送及港口等物流领域的规模应用，支撑多式联运，构建智能高效的物流体系。面向商贸流通、物流配送智能化、标准化管理需求，广泛开展物流物联网应用示范。通过国家航空运输物联网、集装箱海铁联运物联网、集装箱电子国际航线、国家远洋运输管理物联网、国家快递物流可信服务等示范工程，提升我国物流领域的智能化管理水平；选择若干大型企业，开展企业物流作业管理物联网应用示范，提高企业物流作业水平；通过选择代表性城市，在城市共同配送方面开展物联网示范应用，加强跨区域、跨行业、跨部门物流信息的交换与共享，推动利用物联网技术进行统计信息的采集、分析和挖掘,提升物流运作效率,降低物流成本。

(3)智慧能源领域 深化物联网在电力、油气及公共建筑节能等能源生产、传输、存储和消费等环节的应用,提升能源管理智能化和精细化水平,提高能源利用效率。加快实施国家智能电网管理物联网应用示范工程,提高我国电力运行效率和智能化水平;在加快实施国家油气供应物联网应用示范工程的基础上,继续向其他油田拓展,实现石油生产、炼化、储运及销售全业务链的集中管控和精细化管理,降低油气供应成本,增强能源综合保障能力;推广公共建筑节能物联网应用,提高建筑内水、电、气及热等资源的智能检测和控制水平,提升能源利用效率。

(4)智慧节能环保领域 推动物联网在污染源监控和生态环境监测领域的应用,开展废物监管、综合性环保治理、水质监测、空气质量监测、污染源治污设施工况监控、进境废物原料监控、林业资源安全监控等应用。建立城市级建筑能耗监测和服务平台,对公共建筑和大型楼宇进行能耗监测,实现建筑用能的智能控制和精细管理。鼓励建立能源管理平台,针对大型产业园区开展合同能源管理服务。

(5)智慧医疗和健康养老领域 推动物联网、大数据等技术与现代医疗管理服务结合,开展物联网在药品流通和使用、病患看护、电子病历管理、远程诊断、远程医学教育、远程手术指导及电子健康档案等环节的应用示范。积极推广社区医疗+三甲医院的医疗模式。利用物联网技术,实现对医疗废物的追溯,对问题药品的快速跟踪和定位,降低监管成本的目标。建立临床数据应用中心,开展基于物联网智能感知和大数据分析的精准医疗应用。开展智能可穿戴设备远程健康管理、老人看护等健康服务应用,推动健康大数据创新应用和服务发展。

3. 推进物联网在消费领域的应用创新

鼓励物联网的技术创新、业务创新和模式创新,积极培育新模式、新业态,促进车联网、智能家居和健康服务等消费领域的应用快速增长。

(1)智能交通和车联网 推动交通管理和服务智能化应用,开展智能航运服务、城市智能交通、汽车电子标识、电动自行车智能管理、客运交通和智能公交系统等应用示范,提升指挥调度、交通控制和信息服务能力。开展车联网新技术应用示范,包括自动驾驶、安全节能、紧急救援、防碰撞、非法车辆查缉及打击涉车犯罪等应用。

(2)智能家居领域　面向公众对家居的安全性、舒适性、功能多样性等需求，开展智能养老、远程医疗和健康管理、儿童看护、家庭安防、水（电、气）智能计量、家庭空气净化、家电智能控制、家务机器人等应用，提高人民生活质量。通过示范对底层通信技术、设备互联及应用交互等方面进行规范，促进不同厂家产品的互通，带动智能家居技术和产品整体实现突破。

(3)健康服务领域　发展社区健康服务物联网应用，开展基于智能可穿戴设备远程健康管理、老人看护等健康服务，推动健康大数据的创新应用和服务发展。面向医院智慧管理、社区远程医疗及重点人群健康管理服务的需求，重点开展面向医务人员、患者和医疗物品的医院管理国家物联网应用示范工程工作，并逐步向全国推广，提升医院管理水平；选择部分养老机构，选取信息化基础好的三级医院，组织实施国家智能养老物联网应用示范工程，对集中养老人员提供智能化服务，依托养老机构对周边社会老人开展社会化服务，并逐步向其他养老机构推广；开展社区健康管理物联网应用示范，实现社区中心及时掌握重点人群的健康状况，并开展相应的医疗和健康服务。

4. 深化物联网在智慧城市领域的应用

推进物联网感知设施规划布局，结合市政设施、通信网络设施以及行业设施建设，同步部署视频采集终端、RFID标签、多类条码、复合传感器节点等多种物联网感知设施，深化物联网在地下管网监测、消防设施管理、城市用电平衡管理、水资源管理、城市交通管理、电子政务、危化品管理和节能环保等重点领域的应用。建立城市级物联网接入管理与数据汇聚平台，推动感知设备统一接入、集中管理和数据共享利用。建立数据开放机制，制定政府数据共享开放目录，推进数据资源向社会开放，鼓励和引导企业、行业协会等开放和交易数据资源，深化政府数据和社会数据的融合利用。支持建立数据共享服务平台，提供面向公众、行业和城市管理的智能信息服务。

5.4.2　物联网重点区域布局

1. 继续支持无锡国家传感网创新示范区的建设发展

按照《无锡国家传感网创新示范区发展规划纲要（2012—2020年）》要求，在规划实施、项目安排、政策优惠、金融服务、人才建设等方面给予无锡积极的支持，进一步提升无锡国家传感网创新示范区自主创新能力、产业竞争力和物联网应用水平，充分发挥无锡作为国家示范区先行先试的引领带动作用，打造具有全球影响力的物联网示范区。

2. 培育物联网产业集聚区

充分尊重市场规律，加强宏观指导，结合现有开发区、园区的分布，以及物联网产业发展的基础和优势，按照产业关联度和区域特征，在东、中、西部地区，以重点城市或城市群为依托，在全国范围内打造一批具有鲜明特色、可复制性强、技术扩散性强的物联网产业集聚区，带动物联网产业在全国各地的协调发展[1]。

（1）渤海区域　充分发挥京津冀地区的区域与资源优势，以北京－天津为核心，借助产业研究资源和总部优势，形成我国物联网产业研发、设计、运营、公共服务平台等领域的龙头。

（2）长三角区域　依托高铁城市群联动效应，以上海和无锡为双核心，进一步巩固和提升长三角区域在芯片、传感等基础环节以及新型MEMS力敏传感器的优势地位，打造一批物联网龙头企业，提升长三角区域的产业汇集力。

（3）珠三角区域　进一步发挥珠三角地区市场化程度高、产业链衔接紧密等方面的优势，以深圳为核心，借助珠三角地区传统电子产品制造优势，形成以物联网产业制造、软件、系统集成等为引领的重要基地。

（4）中西部区域　紧抓物联网产业发展的窗口期，以重庆、成都、武汉为代表，在重庆推动电子车牌的地方立法保障工作，在成都加快物联网研发机构和企业的聚集，在武汉借助"光谷"产业基础，壮大汽车整车及电子电器产业规模，大力发展"车联网"，促进中西部地区在软件、信息服务、传感器等领域的迅猛发展，使中西部地区成为全国物联网第四大产业基地。

参考文献

[1]物联网白皮书（2015年）[R].北京：中国信息通信研究院，2015.

第 6 章　物联网产业的基本准入条件

6.1　终端设备制造业

物联网终端设备主要集中在数据采集层面,包括电子标签、读写器模块、读写设备、读写器天线及智能卡等。从行业来看,终端设备制造业包括传感器行业、芯片行业和其他硬件行业,其中传感器和芯片是物联网发展的核心,通过重点分析这两个行业,分析企业进入终端设备制造领域的基本条件。

6.1.1　传感器行业

传感器是物联网服务功能实现的载体,是物联网发展的核心,在智能电网、智能医疗、智能交通、智能家居及智能监控等各大物联网应用系统中,发挥着重要作用,是构建智能世界的基础行业。先进的制作技术、新材料和专业技术人才是推动传感器行业发展的关键,也是进入该行业的核心条件。

1. 市场保障

传感器具有产品种类多、单个品种生产批量小、应用领域广泛等行业特征,且产品间的制作工艺相差较多,使得企业一方面需要在研发方面投入大量经费,另一方面需要根据市场和自身条件同时选择多种产品进行生产,只有这样,才能实现企业的可持续发展。目前,我国流量传感器、压力传感器、温度传感器和水平传感器企业市场份额较高,而数字化、智能化、微型化等高新技术产品严重短缺。企业依据自身条件生产多种传感器产品,是进入该行业的基本条件。

2. 技术条件

传感器是技术密集型行业,新产品研发离不开新技术的采用。目前,最新的传感器制造技术是微电子机械加工技术,也称微型电子机械系统(简称 MEMS),指利用集成电路制造技术和微加工技术把微结构、微传感器、控制处理电路甚至接口、通信和电源等制造在一块或多块芯片上的微型集成系统。MEMS 已经革命性地影响传感器所有类别的产品。与传统集成电路制造技术相比,微加工技术制造出的传感器尺寸更小,重量更轻,成本更低。目前,我国作为全球最大的电子产品生产基地,正消耗着全球四分之一的 MEMS 器件。但是,我国大部分 MEMS 传感器仍依赖进口,国内 MEMS 传感器生产也以中低端产品为主,技术相对落后[1]。随着传感器向微型化、集成化、智能化、多功能化、数字化、系统化、网络化等方向发展，MEMS成为传感器制造的关键性技术，也是进入该行业的核心条件。

3. 材料供给

传感器材料是传感器技术发展的重要基础，使用复杂材料来制造性能优的传感器是该行业未来发展的方向之一。以MEMS技术为例，该项技术使用的材料有硅基、非硅、氧化钒和氧化铁，其中的硅基具有维特性、半导体性、各向异性、低热膨胀系数及高比强度等特性，优于之前使用的半导体材料和陶瓷材料[2]，可制作硅基光传感器等产品。充足的传感器材料是传感器制造的基础，也是进入该行业的核心条件。

4. 人才需求

传感器作为技术密集型行业，技术人才需求量大。但是我国传感器行业总体水平较低，企业均处于小规模生产阶段，核心技术和产品停留在实验室或小批量生产的初级阶段，政策导向缺失，投资资金难以大量流入，行业整体薪资偏低，导致该行业技术开发科研人员偏少，人才聚集度低。专业技术人才的储备是该行业可持续发展的基础，也是进入该行业的重要条件。

6.1.2 物联网芯片产业

芯片是物联网的核心器件，半导体芯片因具有低功耗、高可靠性的特点，已成为物联网关键部件之一。目前，物联网产业所需芯片包括传感器芯片、无线模组芯片和系统芯片。芯片产业是技术、资金、人才密集型产业，它的细分领域包括芯片设计、制造和封测等。总体看，我国芯片产业发展滞后，核心技术、资金是芯片产业可持续发展的关键，也是进入该产业的核心条件。

1. 市场选择

物联网市场规模巨大，应用领域广泛，在制造业、零售业、服务业及公共事业等多个领域加速渗透。物联网芯片依据功能可以分为两类：在传感器和无线模组中实现特定功能的集成芯片和嵌入终端设备实现"大脑"功能的系统芯片。由于芯片的功能不同，需要不同的设计、技术和封装，因此，企业依据自身条件选择恰当的切入点非常重要。目前，国内的一些厂商在特定细分领域正努力逐渐缩小与国外厂商的技术差距。选择细分市场是企业进入该行业首先面临的问题之一。

2. 技术条件

随着物联网的快速发展，全球芯片需求量不断增长，我国芯片市场也飞速发展，已初步形成芯片产业链，其中芯片设计公司包括华为海思、紫光集团等，芯片制造商包括中芯国际、上海华力、中国电科等，芯片封测企业包括长电科技、华天科技、通富微电等。在过去18年里，我国芯片专利增长了23倍，成为芯片专利申请数量第一大国[3]。但是，我国绝大多数芯片企业在创新研发与设计能力上仍比较落后。

以传感器芯片中的无线电射频识别技术（简称RFID技术）为例，我国低高频RFID技术已经发展相对成熟，市场竞争激烈；超高频RFID技术由于技术门槛较高，国内起步较晚，核心技术欠缺，从事超高频RFID产品生产的企业较少，具有创新研发与设计能力的企业更少。核心芯片技术是芯片企业的重要门槛之一和实现长久发展的核心条件。

此外，芯片封装是半导体芯片与电子系统的连接手段。芯片封装能够提高芯片的电子性能，是芯片产业核心技术之一。现阶段，芯片新兴封装技术包括芯片级封装（CSP）、圆片级封装（WLP）、硅通孔技术（TSV）、3D封装等，我国能掌握这些封装技术的企业不多，大部分企业集中在低端封装领域。掌握新兴封装技术是芯片企业实现长久发展的重要条件。

3. 资金支撑

芯片产业是资金密集型产业，企业需要大量的资金作为支撑进行前期的研发、日常生产及生产线的维护。从生产线建设来看，如果建设一条12in（1in=25.4mm）32nm/28nm的规模生产线需要超过40亿美元，12in 14nm的生产线需要高达100亿美元[4]，这尚不包括日后高昂的设备维护费。目前，我国政府已经颁布了一系列政策法规扶持本土芯片产业发展，2014年9月，国家集成电路产业投资基金成立，截至目前该基金已投资430亿元[5]，投资领域覆盖设计、制造、封装及测试等，企业可向该基金申请支持，同时也需寻求更多的资金筹集渠道。充足的资金是保证企业发展的关键，也是进入该行业的重要条件。

6.2 无线模块产品供应商

无线模块是指借助数字信号处理（DSP）技术和无线电技术实现的高性能专业数据传输电台模块。无线模块是物联网接入网络和定位的关键设备。其中，无线通信模块在物联网领域应用的范围越来越大。先进的技术和专业人才是推动无线模块产品更新的关键，也是进入该行业的核心条件。生产接入公用电信网的电信终端设备、无线电通信设备和涉及网间互联的电信设备的企业还需获得进网许可证。

6.2.1 技术条件

制作无线通信模块的技术种类较多,根据信息覆盖范围分类,可以分为局域网技术和广域网技术两类。常见的局域网技术有 WiFi、蓝牙、ZigBee 等;常见的广域网技术主要有工作于授权频段的 2G/3G/4G、NB-IoT 和非授权频段的 LoRa、SigFox 等技术,不同的通信对应不同的通信模组。

对于专攻智能家居、工业数据采集等这类小范围通信市场的供应商来说,需要掌握 WiFi、蓝牙或 ZigBee 等局域网技术,该类技术具有部署成本低、功耗低及传输效率高等特点,供应商应结合应用方需求,开发与之相匹配的产品。对于满足广范围、远距离通信需求的供应商来说,需要掌握 NB-IoT、LoRa、SigFox 等低功耗广域网(LPWA)技术[6],这些技术具有覆盖广、成本低、功耗小等特点。由于广域网需要广泛的网络,涉及网络运营,所以 LPWA 网络一般是由电信运营商或专门的物联网商部署[7]。专业技术是进入该行业的核心条件,技术的不断创新是保证企业长久发展的关键。

6.2.2 网许可证

目前,我国对接入公用电信网的电信终端设备、无线电通信设备和涉及网间互联的电信设备实行进网许可制度。依据工信部发布的《电信设备进网管理办法》修订版第三条规定:国家实行进网许可制度的电信设备必须获得工业和信息化部颁发的进网许可证;未获得进网许可证的,不得接入公用电信网使用和在国内销售。进网许可证的有效期为 3 年。生产上述三类产品的企业,进入该领域时,需要获得国家颁发的进网许可证。

6.2.3 人才需求

在人才方面,无线模块产品制造行业属于技术密集型行业,技术更新速度快,企业拥有稳定、高素质的研发队伍及自主研发的核心技术对公司发展壮大至关重要。尽管我国无线模组制造行业发展至今,已培育出一批专业技术人才,但是企业对同时拥有工作经验和较高学历的专业技术人才的需求依然旺盛[8]。丰富的人才储备、合理的人才培养及流动机制是企业进入该行业的重要条件。

6.3 网络运营商

从广义上来讲,物联网网络指各种通信网与互联网形成的融合网络,包括蜂窝网、局域网及专网等,涉及通信设备、通信网络、SIM 制造等领域[9]。目前,国内的网络运营是物联网产业链中最成熟的环节,在很大程度上物联网可以复用现有电信运营商的网络，由于基础电信运营商具有垄断特征，该行业的进入门槛非常高。

电信运营商指提供固定电话、移动电话和互联网接入的通信服务公司，也是工信部 2015 年发布的《电信业务分类目录（2015 年版）》中经营第一类基础电信业务的公司。目前，中国仅有四个电信运营商，分别为中国电信集团公司、中国移动通信集团公司、中国联合网络通信集团有限公司和中国广播电视网络有限公司。由于该行业监管力度大，准入牌照、资金条件都是进入行业的核心条件。

6.3.1 准入牌照

《电信业务分类目录（2015 年版）》中的第一类基础电信业务需要建设全国性的网络设施，影响范围广，且关系到国家安全和经济安全，国家对从事该类业务的企业管理严格。按照工信部 2009 年 2 月发布的《电信业务经营许可管理办法》，企业必须获取基础电信业务经营许可证后才可以经营第一类基础电信业务。进入该领域的企业，需要根据《电信业务经营许可管理办法》提交申请，获得审批后取得《基础电信业务经营许可证》，经营须符合的条件有八项，涉及股权结构、业务方向、人员构成、场地设施及资金条件等。进入牌照是进入该领域的核心条件之一，进入门槛较高。

6.3.2 资金保障

我国对从事基础电信业务经营的企业注册资本的最低限额有规定，根据 2009 年工业和信息化部发布的《中华人民共和国电信条例》第五条的规定，在省、自治区、直辖市范围内经营基础电信业务的，注册资本最低限额为 1 亿元；在全国或者跨省、自治区、直辖市范围内经营基础电信业务的，注册资本最低限额为 10 亿元。此外注册资金还不包括后期巨额的维护费用。进入该领域的企业需要有充足的资金来源以保证企业的正常运营和维护，有充足的资金保障是进入该行业的核心条件之一。

6.3.3 人才需求

我国电信运营行业发展至今，已培育出一批优秀的专业人才，涉及产品设计、运营、管理及服务等多个方面。但是，随着运营商业务向物联网市场拓展，目前广泛商用的 2G/3G/4G 及其他无线技术已无法满足建立一个强有力的蜂窝物联网基础网络的需求。因此，窄带蜂窝物联网（NB-IoT）应运而生。NB-IoT 具有低功耗、广覆盖、低成本及大容量等特点，现在已成为实现电信网络承载物联网的首选技术。进入物联网的电信运营商应储备 NB-IoT 专业技术人才，以保证蜂窝物联网的部署。充足的物联网专业技术人员是进入该行业的重要条件。

6.4 物联网平台服务商

物联网平台又称为物联网 PaaS 服务平台，是物联网应用开发和运营管理的核心组成部分。该平台建立的主要目的是降低物联网应用开发的进入门槛，降低智能硬件的接入门槛，提供端到端的解决方案[10]。目前，我国的物联网平台服务商是由 IT 服务商、互联网企业、电信运营商或行业企业向物联网市场转型形成的。准确的市场切入点、广泛的合作是企业进入该行业布局的关键，也是该行业准入的重点条件。

6.4.1 市场选择

物联网平台侧重解决终端通信需求、应用开发需求和数据分析需求。根据平台功能可以分为三类：设备管理平台、连接管理平台和应用开发平台。由于不同服务的侧重点相差较多，企业需围绕物联网平台，结合自身优势资源，切入该领域，展开产业生态建设。以上述四类企业为例，其中，IT 服务商，可以以云生态圈为基础，以数据为驱动切入物联网；互联网企业，可以基于移动互联网平台拓展物联网平台服务，利用入口和用户优势在物联网布局；电信运营商，可以发挥连接优势，立足通信管道切入物联网；行业企业，可以利用垂直行业优势，围绕工业应用智能化搭建物联网平台[11]。结合自身实际选择合适的切入点建立物联网平台，是保证企业发展具有延续性的基础，也是企业进入该领域首先要面对的问题。

6.4.2 合作支撑

目前，我国物联网平台服务行业还没有形成成熟的行业生态体系，企业尚处在布局阶段，大多数企业依托自身资源及能力只能构建面向单层服务的平台，如智能硬件厂商专注搭建设备管理平台。建立单层平台不仅需要企业自身资源和能力，而且还需要其他企业提供相关的技术、设备，如果要建立能够提供从设备管理、连接管理、应用使能到业务分析在内的完整服务功能平台，还需要与不同的平台企业之间积极展开合作，实现优势互补。合作是推进物联网平台服务行业发展的加速器，也是企业进入该行业的重要条件。

6.4.3 用户资源

企业不断完善平台服务功能是为了满足用户多样化需求，在短时间内响应用户特定需求。为此，平台通过吸引设备供应商、网络运营商、系统集成商、应用开发商等产业链上下游企业进驻平台，为行业用户提供端到端完整的解决方案，以培育平台的固定用户群体。拥有一定数量的用户，并不断培育固定用户群体，是进入该领域的企业要面临的重要问题之一。

6.4.4 人才需求

在人才方面，由于物联网平台服务内容不断扩大，为行业用户提供综合解决方案的频率增高，为保证服务质量及速度，企业需要建立一支稳定的、业务素质强的团队，储备一批既懂专业技术又懂客户需求的专业人才和拥有丰富平台运营经验、推广经验的人才。稳定的人才队伍能够保证平台的服务质量，是企业进入该行业的重要条件。

6.5 系统及软件开发商

物联网的系统及软件分为操作系统和应用软件。其中，操作系统是用来管理、控制和协调物联网硬件和软件资源的程序；应用软件需要在操作系统的支持下才能正常运行。系统及软件开发专业技术人员是进入该行业的基本条件。

6.5.1 操作系统开发商

操作系统是物联网的关键组成部分，尽管物联网的设备、通信标准差距大，实现完全的互联互通难度较大，但是物联网操作系统可以支持不同的硬件、通信标准和应用场景。开源操作系统指公开源代码的操作系统软件，它可以遵循开源协议进行使用、编译和发布[12]。这种系统具有易理解、公开透明、可定制、低成本及可持续等特点，能解决物联网碎片化问题，成为各开发企业的首选。但是短期内，一种操作很难支持物联网系统中的所有设备。目前，国内已发布的物联网开源操作系统有华为的 LiteOS 和上海庆科联合阿里发布的 MICO。一支专业的操作系统开发团队是保证系统开发的关键，也是进入该行业的重要条件。

6.5.2 应用软件开发商

软件开发主要分布在处理层和感知层，是物联网的重要组成部分。一般来说，应用软件开发商市场也包括中间件软件厂商。应用软件开发商主要针对特定行业的企业，提供专业性的软件产品及解决方案，而中间件软件是基础软件，它处于操作系统与用户的应用软件中间。目前，国内已有相当数量的应用软件开发企业。软件开发人员成为进入该行业的基本条件。

随着物联网应用的不断深入，软件开发商不断积累相关行业的经验和知识，行业经验逐渐成为实质性进入该行业的条件之一。

6.6 系统集成商

系统集成是物联网部署实施的重要环节，市场上主要的系统集成方法有设备系统集成和应用系统集成两大类。系统集成商是指根据客户需求，将实现物联网的硬件和软件集成为一个完整解决方案提供给客户的厂商。整体上看，我国物联网系统集成服务以面向单一行业内的应用为主，市场集中度较低。人才储备和资质是系统集成企业发展的关键，也是进入该行业的重要条件。

6.6.1 人才需求

系统集成商的核心竞争力是人才，其中，最为核心的是销售人员、项目工程师和现场安装调试人员。目前，物联网产业还处在前期布局期，系统集成项目较少，企业需要大量销售人员争取订单；系统集成项目是非标准化的项目，不能完全复制，因此需要项目工程师根据订单要求进行方案设计，安装调试人员到现场进行安装调试，并最终交付客户使用[13]。稳定的人才队伍是进入该行业的重要条件。

6.6.2 资质需求

我国系统集成商要求具有工业和信息化部、住房和城乡建设部、公安部颁发的相关资质和重要厂商的技术工程师证书。例如，"计算机系统集成资质""建筑智能化系统设计资质""建筑智能化工程专业承包资质""安防工程企业资质""安全生产许可证"等[14]。企业进入该领域前，自身在人才和技术方面需要有一定的积累，才能具备相应的资质，该行业的准入条件相对较高，资质获得是企业进入该行业首要考虑的问题。

参考文献

[1] 我国 MEMS 传感器行业三大挑战和四大趋势 [OL]. http://www.50cnnet.com/show-185-119015-1.html.

[2] 谷雨 .MEMS 技术现状与发展前景 [J]. 电子工业专用设备 [J]. 电子工业专用设备，2013（8）:1-8.

[3] 2016 年我国芯片行业市场现状分析 [OL].http://www.chinasensor.com.cn/shichangzixun/2016-06-03/435.html, 2016.

[4] 为什么说中国集成电路要崛起必须砸大钱 [OL].http://mt.sohu.com/20170208/n480203482.shtml.

[5] 风云人物解读 2016 中国集成电路行业"芯"路历程 [OL].http://www.eepw.com.cn/article/201612/341270.htm.

[6] 用于物联网的各种低功耗广域联网技术 [OL].http://www.eechina.com/thread-161759-1-1.html.

[7] 颠覆性正在到来：物联网时代低功耗广域网络剖析 [OL].http://iot101.baijia.baidu.com/article/262977.

[8] 2015 年通信行业薪酬现状及预测 [OL].http://www.hrloo.com/rz/13528696.html.

[9] 物联网产业链全景图 [OL].http://mt.sohu.com/20160913/n468375293.shtml.

[10] 彭昭. 物联网平台的模式构建 [J]. 中国电信业，2016，11（191）：46-48.

[11] 物联网白皮书（2016 年）[R]. 中国信息通信研究院，2016.

[12] 物联网开源操作系统，你了解多少？[OL].http://mt.sohu.com/20161221/n476563702.shtml.

[13] 2016 年中国系统集成商现状分析 [OL].http://www.chyxx.com/industry/201610/459491.html.

[14] 张司宇，张凡伟. 系统集成行业发展研究 [J]. 信息化建设，2015（4）.

第 7 章 我国物联网的技术评价

7.1 物联网中的无线电射频识别（RFID）技术

7.1.1 发展概况

从全球范围看，美国在 RFID 技术的标准建立和相关软硬件技术的开发与应用方面均走在世界前列，欧洲紧随其后，日韩政府也高度重视 RFID 技术的研发与应用。欧美国家集中了 RFID 技术应用领域的大多数产业。RFID 电子标签、天线和读写器等产品和设备主要由 Alien、Symbol、Intermec 等公司供给。在 RFID 技术的应用上，欧洲和美国处于同一阶段，在防伪技术、车辆管理、身份识别、物品追溯及生产线自动化等领域的应用越来越完善。

近年来，我国 RFID 技术发展迅速，应用范围也在迅速扩大。根据《中国物联网 RFID 年度发展报告（2015—2016 年）》统计，截至 2015 年，中国 RFID 技术市场规模已达到 484.3 亿元，比 2014 年同比增长 25.7%。但由于我国 RFID 技术起步较晚，核心技术相对欠缺，尤其是在超高频 RFID 核心技术方面，其研究与应用在国内还处于起步阶段，与欧美国家技术水平相比仍有较大差距。典型超高频和微波 RFID 技术主要使用 433MHz、860～960MHz、2.45GHz 和 5.8GHz 频段射频进行远距离信息获取和识别，超高频和微波技术门槛较高，目前该类技术处于欧美垄断状态。未来，我国 RFID 技术产业链将更加完整，产业结构将日趋合理，应用范围将进一步拓展。目前，在我国 RFID 技术已经在第二代身份证、电子售票、车辆识别及物业管理等方面得到逐步推广，未来在产品溯源、产品防伪和生产线自动化等方面将进一步发挥更大作用。

7.1.2 技术评价及适用范围

RFID 技术的主要优点如下：

1）RFID 技术采用非接触方式，无方向要求，电子标签进入阅读器感应范围内可在短时间内同时处理多个标签实现批量识别。

2）电子标签储存容量大，符合物品所需携载信息量增长的趋势。

3）电子标签不受尺寸和形态限制，可应用于不同产品。

4）电子标签可为储存信息加密，信息携带相对安全。

5）电子标签对水、油和化学品等物质具有较强的耐腐蚀性和耐久性。

6）电子标签可重复使用，方便信息更新等。

RFID 技术的主要待解决问题：

1）目前世界范围内还没有形成统一的有关 RFID 技术的编码标准。

2）RFID 电子标签一旦接近阅读器，会无条件自动发出信息，无法识别阅读器是否合法，导致 RFID 电子芯片所存的数据出现安全性和隐私保护问题，成为影响其商业应用前景的关键点。

RFID 技术的主要应用领域有以下几个方面：

1）身份识别。通过将电子标签写入个人身份信息，并把电子标签嵌入到各种证件中，以实现个人身份识别的功能。通常这种用途的电子标签中除了基本身份信息外还会存有与识别对象相关的生物特征信息，如指纹、人像等。一个典型案例就是我国应用的第二代居民身份证，其芯片采用 RFID 技术进行制作，使我国户籍管理全面进入 RFID 信息化时代。

2）安全加密。通过对低成本的电子标签加入安全认证协议密保模块，使非法分子很难对其进行伪造和复制。例如护照、电子钱包等身份信息的防伪已经普遍采用 RFID 技术，把 RFID 电子标签镶嵌在护照的封面和证件内，并对其进行硬件加密处理，提高了重要证件的安全性能。

3）商业供应链。RFID 技术在国内外商业供应链上的应用十分广泛，很多企业通过在商品上附着 RFID 电子标签以进行商品识别，在生产、销售及整个物流过程中，通过读取电子标签信息进行货源溯源追踪已经十分普遍及有效。通过物联网，世界上的任何物品都可以随时随地按需被标识、追踪和监控。

4）公共交通。通过对车辆的挡风玻璃或集装箱车的车身上安装 RFID 电子标签，在车辆通过通道、停车场或关卡出入口时，已安装的阅读器可读取标签内储存的信息并传入数据服务系统进行处理，实现车辆信息的采集和临时车辆的缴费，以及通过控制道闸等设备完成通道控制。例如，RFID 技术在 ETC 系统中的应用，通过非接触采集 RFID 电子标签信息，实现车辆在快速移动状态下的自动识别，从而完成自动化管理，为交通收费行业的发展做出贡献。

7.2 物联网中的传感器技术

7.2.1 发展概况

从全球范围看，传感器市场总体持续快速增长，2009 年和 2010 年增速高达 20% 以上；2011 年受全球经济下滑的影响，传感器市场增速比 2010 年下滑 5%，市场规模为 828 亿美元。随着全球市场的逐步复苏，2012 年全球传感器市场规模已达到 952 亿美元，2013 年约为 1 055 亿美元。未来，随着经济环境持续好转，市场对传感器的需求将不断增多，未来几年全球传感器市场将保持在 20% 以上的增长速度。全球传感器市场规模见图 7-1。

图 7-1　全球传感器市场规模

数据来源：工业和信息化部电子科学技术情报研究所《中国传感器产业发展白皮书（2014）》。

从主要国家来看，美国、日本等少数经济发达国家占据了传感器市场 70% 以上的份额，发展中国家所占份额相对较少。其中，市场规模最大的 3 个国家分别是美国、日本和德国，分别占据了传感器整体市场份额的 29.0%、19.5% 和 11.3%。全球著名的公司包括：美国的霍尼韦尔公司、福克斯波罗公司、恩德福克公司，荷兰的飞利浦公司，德国的英飞凌公司，还有英国的 Bell&Howell 公司等。随着中国、印度和巴西等发展中国家经济的持续增长，对传感器的需求也在大幅增加；但发达国家在传感器领域已具有巨大的技术和品牌等优势，这种优势在未来几年仍将继续保持，全球传感器市场分布状况不会有明显改变。

我国传感器产业在国家政策的扶持下，已形成从技术研发、设计、生产到应用的完整产业体系，并保持持续快速增长，年均增长率超过 20%。2010 年较 2009 年增速高达 32%；受全球经济下滑影响，2012 年传感器市场增速比往年大规模下滑，截至 2012 年市场规模为 513 亿元。随着全球市场复苏，2013 年我国传感器市场规模大幅提升至 646 亿元。目前，国内传感器及芯片厂商快速发展，基本掌握了中低端传感器的研发技术，并向高端领域拓展，产生了包括华工科技、大立科技、汉威电子、航天机电、华润半导体等一批传感器龙头企业。我国传感器市场规模见图7-2。

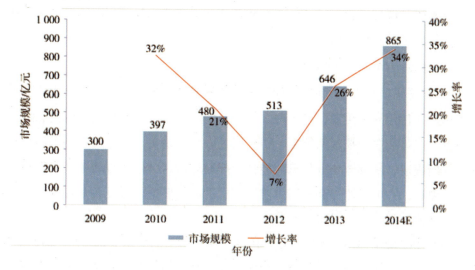

图 7-2 我国传感器市场规模

数据来源：工业和信息化部电子科学技术情报研究所《中国传感器产业发展白皮书（2014）》。

7.2.2 技术评价及适用范围

1. 传感器技术的优势

（1）基础性强 传感器技术在现代化生产制造和实际应用中必不可少，主要用做各系统之间实现信息交流的"接口"，为各类系统提供赖以进行处理和决策所必需的信息，是高度自动化和现代化尖端科技必不可少的组成部分。

（2）应用广泛 传感器用途极其广泛，从复杂的工程系统，到日常生活的衣食住行，每一个现代化项目都离不开各种传感器的支持。传感器可以在高温、高湿、高压、有毒和真空等环境及高精度、高可靠性、超远距离、超细微等方面为工业现代化、农业现代化、国防现代化和科技现代化做巨大贡献。

2. 我国传感器技术行业存在的问题

（1）技术人才缺乏 目前传感器行业普遍缺乏技术人员、管理及营销人才。部分传感器企业发展到一定规模后，常会面临高级技术和管理人才缺乏的困境，使企业难以持续增长，严重制约企业的发展。

（2）产品对外依存度高 我国传感器企业大多生存在低端领域，该领域竞争激烈且附加值低；高端传感器严重依赖进口，其中传感器芯片进口占比高达90%，国产化需求迫切。

（3）产业化水平较低且配套不足　我国对传感器技术研究开发阶段的资源投入比较重视，但相对忽略了产业化阶段的基础性开发，产品、商品化的基础技术严重滞后，材料、制造工艺和装备测试及仪器等相关配套的共性基础技术相互脱节，制约了产业化进程。

3. 传感器的主要应用领域

（1）传感器在工业领域的应用　工业传感器能够测量或感知特定物体的状态和变化，并转化为可传输、可处理、可存储的电子信号或其他形式的信息反馈给使用者。在工业自动控制系统中，传感器处于系统之首，其作用相当于系统感受器官，能快速、精确地获取信息并能经受严酷环境考验，是自动控制系统达到高水平的保证。它可以监视和控制生产过程中的各个参数，使设备能够保持在最佳状态，并使产品达到最好质量。

（2）传感器在军事领域的应用　传感器在军事上的应用非常广泛，例如卫星、导弹、飞机、舰船、坦克及火炮等装备系统。从参战的武器系统到后勤保障；从军事科学试验到军事装备工程；从战场作战到战略、战术指挥；从战争准备、战略决策到战争实施，遍及整个作战系统及战争全过程，传感器都发挥着重要作用。

（3）传感器在医疗领域的应用　随着医用电子学的发展，传感器在现代医学领域被广泛应用，它可以对人体的表面和内部温度、血压及腔内压力、血液及呼吸流量、肿瘤、血液的分析、脉波及心音、心脑电波等进行高难度的诊断，这些应用为促进医疗技术的高速发展发挥了重要的技术支持作用。

（4）传感器在环境保护方面的应用　利用传感器可制成各种环境监测仪器，例如空气和水质质量检测仪器、土地盐碱度检测仪器和噪声测量仪器等，这些仪器为环境治理发挥着积极的作用。

（5）传感器在生活电器上的应用　现代家用电器中普遍应用着传感器。例如电子炉灶、自动电饭锅、吸尘器、空调器、电子热水器、热风取暖器、风干器及报警器等。为满足人们对生活产品功能以及自动化的强烈需求，提高传感器精密度和丰富其感知类型，对获取准确多样的控制信息至关重要。

7.3　物联网中的大数据技术

7.3.1　发展概况

从全球范围看，大数据市场总体保持持续稳定上升趋势，截至2015年，全球大数据市场规模达到 226 亿美元，比 2014 年增长 24%。随着全球经济的复苏和信息化产业的蓬勃发展，市场对大数据的需求在不断增长。未来十年，应市场需求全球大数据产业规模将不断扩大，预计 2026 年将接近 1 000 亿美元。2011—2026 年全球大数据产业规模见图 7-3。

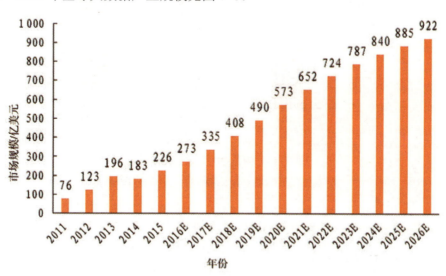

图 7-3　2011—2026 年全球大数据产业规模

数据来源：中国信息通信研究院；Statista，2016 年 3 月。

全球新增大数据创业企业和开展大数据业务的企业数量急剧增加，产品和服务数量也随之增长，市场结构趋向完全竞争。全球大数据发展呈现两极分化态势，欧美等发达国家拥有先发优势，处于产业发展领导地位，中国、日本、韩国及新加坡等国家分别发挥各自在数据资源、行业应用、技术积累和政策扶持等方面的优势紧紧跟随，其他大多数国家的大数据发展相对缓慢，还停留在概念和基础设施建设阶段。传统互联网企业谷歌、亚马逊、Facebook 和传统 IT 巨头甲骨文、IBM、微软等，通过投资并购的方式不断加强大数据领域布局，初步形成贯穿大数据产业链的业务闭环，并在各行各业拓展应用领域。

我国大数据产业处于快速发展阶段，政府将大数据视为国家战略，在政策的有力推动下，市场规模增速明显。2015 年我国大数据核心产业的市场规模为 115.9 亿元，同比 2014 年增长 38%，预计未来几年还将维持在 40% 以上高速增长，到 2020 年大数据将带动我国 GDP 的 2.8% ～ 4.2%[1]，我国大数据市场规模见图 7-4。

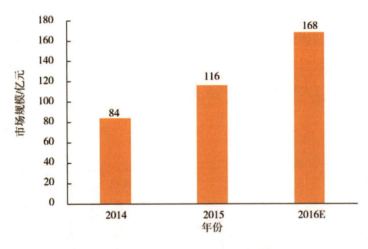

图 7-4　中国大数据市场规模

数据来源：中国信息通信研究院，2016 年 12 月。

7.3.2　技术评价及适用范围

1. 大数据技术的优势

（1）处理数据规模巨大　大数据技术与以往数据技术最大的不同之处在于其处理数据规模巨大。信息化大数据时代每分每秒产生巨量数据，2016 年，全世界每天大约产生数据为 123 亿 GB，每一天产生的数据量相当于 2000 年以前全世界所有存储数据的总和（IBM，2016 年），大数据技术可以有效地分析巨量数据中潜在的有效信息，对社会进步和经济发展具有重要意义。

（2）处理数据种类繁多　大数据技术可以处理不同类型的数据，其中主要包括结构化数据、半结构化数据和非结构化数据。结构化数据主要包括数字和符号等；非结构化数据主要包括文本、图片、视频、通话录音和监控录像等；半结构化数据主要包括 HTML 文档等。

（3）处理速度快　大数据时代数据的生成和收集速度快，数据量每时每刻都在巨量增长，通过先进的大数据技术手段，数据可以被实时收集，并进行快速处理。

2. 大数据技术行业存在的问题

（1）运营和维护成本高　大数据技术所需的硬件服务器和磁盘阵列设备十分昂贵，所需的软件通常是 Oracle，IBM，微软等垄断巨头的产品，导致软件服务器及数据库的维护需要专业的高薪技术人员，致使公司整体运营和维护成本大大提升。

（2）数据价值挖掘难度高　大数据由于体量巨大、种类各异，同时又在不断增长，因此单位数据的价值密度在不断降低。要从海量数据中找到潜藏的模式，需要进行深度的数据挖掘和分析，在对数据的存储、清洗、ETL（抽取、转换、加载）方面，大数据技术都需要能够应对大数据量的需求和挑战。

3. 大数据技术的主要应用领域

（1）大数据技术提升政府工作的科学性、预见性和有效性　政府部门通过对各部门、社会企业的经济相关数据进行关联分析和融合利用，可以提高大数据技术对政府部门宏观调控的科学性、预见性和有效性。比如电商交易、人流、物流、金融等各类信息的融合交汇可以绘出国家经济发展气象云图，帮助政府了解未来经济走向，提前预知通货膨胀或经济危机的发生概率。

（2）提高医疗卫生领域技术水平　医疗机构的数据不仅涉及服务结算数据和行政管理数据，还涉及大量复杂的门诊数据，包括门诊记录、住院记录、影像学记录、用药记录、手术记录及医保数据等，作为医疗患者的医疗档案，颗粒度极为细致。医疗数据无论从体量还是种类上来说都符合大数据特征，基于这些数据，可以有效辅助临床决策，有效支撑临床方案。同时通过对疾病的流行病学分析，还可以对疾病风险进行分析和预警。

（3）有效评估和预测金融走向　金融行业是大数据技术的重要应用领域，大数据在金融三大业务——银行、保险和证券中均具有广阔的应用前景。金融行业的主要业务应用包括企业内外部的风险管理、信用评估、借贷、保险、理财及证券分析等，这些都可以通过获取、关联和分析更多维度、更深层次的数据，并通过不断发展的大数据处理技术得以更好、更快、更准确地去实现，从而使得原来不可担保的信贷可以担保，不可保险的风险可以保险，不可预测的证券行情可以预测。

（4）对优化交通具有重要价值　大数据技术在交通运行管理优化、面向车辆和出行者的智能化服务，以及交通应急和安全保障等方面都有着重要作用。例如，大数据具有较强的预测能力，可降低误报和漏报的概率，可随时针对公共交通的动态情况给予实时监控；若某路段发生问题，能立刻从大数据中调出有用信息，确保交通的连贯性和持续性；在对公共交通的车辆进行配置过程中，配置成本会随着大数据的聚合而减小，这种高效配置能提高车辆的有效路段里程，进而提高交通运输效率。

7.4 物联网中的云计算技术

7.4.1 发展概况

从全球范围看，云计算市场总体发展平稳，2015 年以 IaaS、PaaS 和 SaaS 为代表的典型云服务市场规模达到 522.4 亿美元，增速为 20.6%，预计 2020 年将达到 1 435.3 亿美元，年复合增长率为 22%。全球 IaaS 市场保持稳定增长，云主机仍是主要产品。PaaS 市场总体增长放缓，其中数据库服务和商业智能服务增长较快。SaaS 仍是云计算服务市场占比最大的，客户关系管理（CRM）、企业资源计划（ERP）、网络会议及社交软件占据其主要市场。全球云计算市场规模见图 7-5。

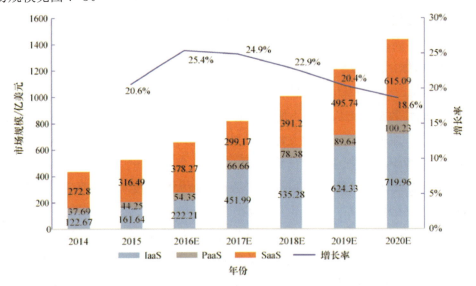

图 7-5　全球云计算市场规模

数据来源：中国信息通信研究院《云计算白皮书（2016）》。

作为云计算概念的发源地和先行者，美国占据着全球云计算市场的领导地位。2015 年美国云计算市场占全球 56.5% 的市场份额，增速达到 19.4%，预计未来几年仍以超过 15% 的速度快速增长。欧洲作为另一个云计算市场的重要组成部分，以英国、德国、法国等为代表的西欧国家占据了 21% 的市场份额，近两年增长放缓，2015 年增速仅 4.2%。日本高度重视信息技术发展，相继制定了多项信息发展战略，使日本在 2015 年云计算市场全球中占比达到 4.2%，增速达到 7.9%，预计未来几年增速仍会小幅上升。

现阶段，我国云计算已从前期的起步阶段开始进入实质性发展阶段。我国对云计算发展的政策支持力度不断加大，在《国务院关于促进云计算创新发展培育信息产业新业态的意见》《关于积极推进"互联网+"行动的指导意见》《云计算综合标准化体系建设指南》等相关利好政策的推动下，用户对云计算的认知不断提高，企业对云计算的参与程度持续增强。2015年我国以IaaS、PaaS和SaaS为代表的典型云计算服务市场规模达到102.5亿元，整体增速比2014年增长46%。

具体来看，IaaS服务得到了国内企业用户的充分认可，成为游戏、视频、移动互联网等领域中小企业IT资源建设的首选，市场规模达到42亿元，比2014年增长60.3%；PaaS服务已成为互联网创业者的首选，基于PaaS服务的低成本、快速、灵活等特点，越来越多的创业者选择PaaS服务作为自己创业的平台。为了吸引开发者，云服务通过开发者大赛、开发者沙龙、孵化器等线上线下相结合的方式招募开发者，市场不断扩大；国内SaaS市场仍然缺乏领导者，从市场规模看，2015年SaaS的市场规模达到53.3亿元，超过IaaS和PaaS市场总和，比2014年增长37.6%。在ERP、CRM等核心企业管理软件服务领域，国际厂商占据主要市场份额，缺乏有力的国内竞争者，虽然畅捷通、国信灵通等国内企业都开始提供相应产品，但从产品水平、技术能力等方面，仍无法与Salesforce、Oracle、IBM等国际厂商竞争。国内云计算市场规模见图7-6。

图7-6　国内云计算市场规模

数据来源：中国信息通信研究院《云计算白皮书2016》。

7.4.2 技术评价及适用范围

1. 云计算技术的优势

（1）以用户为中心，按需付费 在云计算服务中，用户只需按需购买或租赁服务。这种服务模式消除了用户前期一次性大量投入的风险，允许用户按照需求，只购买或租赁必要数额的资源。

（2）超大规模 "云"是大规模且便于获取和使用的虚拟化资源池（如硬件、开发平台、服务等）。具有超大的资源规模。目前，IT 巨头谷歌拥有的云计算服务器达百万台，亚马逊、雅虎、微软等的云计算服务器也达到了几十万台，云计算服务器可提供给用户规模巨大的计算能力和存储能力。

（3）较强通用性 云计算一般具有较好的通用性，很少为特定的应用存在，可以有效支持业界大多数主流应用。同一个云端可以支撑多个不同类型应用同时运行，并保证服务运行质量。

（4）高性价比 云计算通过虚拟化方式管理资源和容纳物理资源，具有显著的成本优势。云计算可以支持不同用户的不同应用，资源利用率高，满足了用户低成本高性能的服务需求。

2. 云计算技术行业存在的问题

（1）内部构架易产生安全问题 云计算所采用的是分布式储存与计算方式，使得用户数据呈"分布式"散落在云端各处，信息安全存在着一定的隐患。在法律监管方面，我国有待建立一个相关法律法规进行外部强制性约束，对云计算服务进行监督管理，以保证消费者的数据安全。

（2）行业标准不统一 2015 年 7 月 22 日，在阿里云、浪潮、用友和英特尔等业内大型厂商联合推动下，国内发布了首个行业安全标准——《数据保护倡议书》，该倡议书明确了数据归属权问题，但各个云服务商的程序架构和服务仍存在很多不同之处，比如各服务商 API 不统一，给用户因后期发展需要更换云服务商带来巨大限制。

3. 云计算的主要应用领域

（1）政务云 是专为政府和事业单位定制的云计算服务，用来收集和整理人民生活、行业发展、社会指数、国际要闻等数据的资源服务平台，帮助政府掌握最新社会动态，及时了解民生要闻。

（2）物流云 物流云与物流业的结合，是云计算的重要发展之一，物流企业、政府机构、准入机构都可以链接进入物流云平台，互通有无，把信息流快速精准地投放到需求节点，减少中间环节。通过模型对所收集的信息进行计算和再造，有的放矢地安排配送运输服务，以降低物流成本，提高服务质量。

（3）农业云　云计算与农业相结合，使第一产业变得更加现代化，既利好于农民，方便农民及时了解农产品信息、实时天气等，还帮助农民有计划有准备地进行农业生产，利好于农产品市场。

（4）教育云　云计算服务为教育资源的普及化、现代化和信息化提供了发展的机会和平台，相比于传统的面对面教育，网络云计算更能集约化地利用现有的教育资源，为用户提供定制化、专业化的服务。在有网络的条件下，用户可以通过客户端随时随地访问所需资源，使教育资源变得更加普及，使学习方式变得更加灵活。

（5）电商云　电商云在我国云计算应用领域最为成熟。掌握信息资源数量的多少，成为决定各电商企业在市场竞争中成败的关键。阿里巴巴的阿里云、京东商城的京东云、苏宁易购的云购、蘑菇街的云生意等应运而生，迅速发展。

（6）社交云　社交云是云计算在社交领域的应用，集合了各类社交软件，例如微信、微博、Facebook、Twitter等。朋友间可以通过这类云计算平台随时发布个人状态，包括视频、照片和文字信息等，这些信息被存储在云服务中心，可以随时随地调出、查看和分享，方便人与人之间交流与沟通。

（7）理财云　理财云平台是把现实的银行和公司理财变成了虚拟的平台理财，通过云计算的大规模分析和数据处理，合理科学地帮助消费者进行理财投资，真正做到随时随地以钱易钱。

7.5　物联网中的 M2M 技术

7.5.1　发展概况

M2M 技术应用市场正在全球范围快速增长，随着通信设备、管理软件等相关技术的不断深化，M2M 产品成本在加速下降，这为 M2M 技术的产业化走向成熟提供了有利契机。目前，M2M 的连接数增长迅猛。截至 2014 年年底，全球 M2M 的连接数量达到 2.43 亿个，同比增长 29%，而基于智能终端的移动连接数量同比增长率只有 4.7%。M2M 的连接数量占移动连接数量的比例从 2013 年的 2.8% 提高到 2014 年的 3.3%。现阶段，随着我国对信息产业政策的接力布局，有力地推进着 M2M 技术市场的崛起，制造业成为"十三五"时期我国 M2M 技术的重要应用领域之一，以信息物理系统（CPS）为代表的 M2M 技术将在制造业智能化、网络化、服务化等转型升级方面发挥重要作用。

7.5.2 技术评价及适用范围

1.M2M 技术的优势

（1）实现远程设备数据自动采集　传统的人工采集数据效率非常低，且根本无法保证及时准确，明显制约了相关行业的信息化处理能力的提升。利用 M2M 技术可以快捷高效地实现远程自动采集数据和远程自动化管理，对提高产品产量、降低成本、预防事故和规划决策具有不可替代的作用。

（2）实现远程设备控制与管理　利用 M2M 技术，用户可以对各类设备进行远程控制和管理，在工业生产中，可以为工作人员提供安全的操作环境，从而提高工作的效率；在智能生活中可以满足用户的个性化需求，通过通信设备完成对各设备的远程控制，便利生活出行。

（3）实现网络连接范围的扩大和海量通信的需求　M2M 技术可以实现多协议相互操作，利用传感器网络组网、移动通信和卫星通信等方式，结合新的软件无线电技术和数据挖掘技术，提供一个完整的端到端的系统，实现网络连接范围的扩大，满足海量通信的需求。

2.M2M 技术领域存在的问题

（1）缺乏统一的规范体系　对于终端设备提供商，由于缺乏统一的规范体系，产品适用面窄，无法大规模推广。不同厂家设备互不兼容，无法联动，难以形成整合的解决方案。缺乏标准模组支持，研发和改造的成本投入风险较高，导致一些行业终端厂家持观望态度，难以普及业务，扩大产业规模。

（2）无线网络带宽不足　无线网络带宽不足，限制了业务信息承载方式的多样性，视频、音频等流媒体，以及图像等内容，无法获得广泛应用，限制了 M2M 在家庭、社区应用领域的推广。

3.M2M 技术的主要应用领域

（1）M2M 技术在智慧工业领域的应用　在智慧制造领域，M2M 技术潜力巨大。M2M 支持智能监控在生产设备和生产线中的应用，当接收到异常警讯时，可随即根据该设备的履历记录回溯，迅速诊断出问题的根源，从而尽快排除障碍，避免更大的损失。同时可把精确掌握的生产线运行情况和生产进度，通过无线通信网络传回后台监控中心，并根据现场工作需求，工作人员可以远程对机械设备进行遥调和控制。M2M 技术可降低管理劳动强度，并可精确保持设备运行在最佳状态。

（2）M2M 技术在物流领域的应用　物流领域的应用主要包括物流仓库管理和物流车辆管理调度。在物流仓库管理中，可通过条码扫描或 RFID 标签结合掌上电脑或移动终端，自动化识别配送物品，并通过运营商提供的移动通信系统，将物品信息、管理信息等传送到物流管理平台，从而实现物品入库、验收、发货、出库的全过程自动化管理。在物流车辆管理中，可以使物流企业在任何地方管理和控制物流车辆，快速、准确地掌握流动过程中所发生的信息流、资金流，高效可靠地完成物流配送。

（3）M2M 技术在智能家居领域的应用　通过 M2M 技术建立智能家庭网络，使家居内部各设备，包括灯控模块、电子门窗、音频和视频设备、安防系统和智能电器等具备通信和联网能力，形成统一的智能家庭网络。通过智能家庭网络与外部通信网络的链接，用户能够用不同的通信设备远程管理自己的智能家居。

参考文献

[1] 大数据白皮书 [R]. 北京：中国信息通信研究院，2016.

第 8 章　物联网领域风险分析

8.1　宏观经济风险

8.1.1　宏观经济整体运行平稳

2016 年以来，我国宏观经济整体运行平稳，供给侧结构性改革取得积极进展，经济结构继续优化。工业生产平稳增长，全年全国规模以上工业增加值比上年实际增长 6.0%；固定资产投资缓中趋稳，全年固定资产投资（不含农户）596 501 亿元，比上年名义增长 8.1%（扣除价格因素实际增长 8.8%）；市场销售实现平稳较快增长，全年社会消费品零售总额 332 316 亿元，比上年名义增长 10.4%；出口降幅收窄，全年进出口总额 243 344 亿元，比上年下降 0.9%，降幅比上年收窄 6.1 个百分点。2017 年，我国经济运行中下行压力与上行动力胶着，但仍将处于稳中求进的态势。改革红利将进一步释放，供给侧结构性改革、"三去一降一补"五大任务将进一步深入推进，产能过剩矛盾将得到缓解，生产成本总体趋于下降，"放、管、服"改革持续加力，新技术、新产业、新业态、新模式相继涌现，传统产业和现代信息技术加快融合，新兴支柱产业、战略性新兴产业、装备制造业、新兴服务业等亮点将更加突出。总体来看，物联网产业宏观经济背景相对健康。

8.1.2　工业经济平稳增长

工业是物联网应用的重要领域，工业物联网能实现物联网与工业过程的有机融合，可进一步提高生产制造效率，改善产品质量，降低成本和资源消耗。2016 年以来我国工业经济实现平稳增长。采矿业增加值下降 1.0%，制造业增长 6.8%，电力、热力、燃气及水生产和供应业增长 5.5%。规模以上工业企业利润比上年增长 8.5%，其中装备制造业利润增长 8.4%，增速加快 4.4 个百分点，高技术制造业利润增长 14.8%，增速加快 5.9 个百分点。2017 年随着供给侧结构性改革的深入推进，《中国制造 2025》和"互联网+"战略的相继出台，传统制造业与大数据、物联网、工业设计等进一步深度融合，工业经济将进一步提质升级。总体来看，工业经济的平稳健康运行为物联网产业发展提供了较好基础。

8.2 政策风险

8.2.1 政策落实低于预期

物联网属于战略性新兴产业，在发展初期投资风险大、不确定性较强，需要各项政策的积极引导。截至目前，国家出台了多项政策予以引导和支持物联网产业，国务院印发的《中国制造 2025》也明确提出加快开展物联网技术研发和应用示范。各级地方政府也出台了相应的实施策略，全国大部分省份都制定了发展意见、专项规划或行动计划，鼓励物联网产业的发展。但物联网行业仍存在一定的政策风险，物联网概念提出以后，国内各科研院所和企业都对物联网进行了关注，各省市大力进行物联网产业布局，积极开展招商引资，推动物联网项目的发展，呈现出"遍地开花"现象，但一些地方和企业没有真正理解物联网的内涵，盲目跟风，产品应用档次低、批量小、质量差，地区之间、部门之间、行业之间协调机制薄弱，资源共享不足等，重复建设问题凸显，部分产品产能过剩严重。此外，由于物联网产业前期研发和开拓的艰巨性和长期性，企业不想做开拓性研究，"搭便车"现象普遍存在，不能开发和形成核心技术，核心产品、核心品牌和核心竞争力缺乏，各项扶持政策落实低于预期。

8.2.2 政策风险规避

作为战略性新兴产业，政策的变化与导向对物联网产业具有较大影响。为了更好地落实国家相关政策，抓住物联网产业的发展机遇期，一方面，企业要深入分析国家出台的相关政策，掌握物联网产业发展的方向，加大核心技术研发力度，积极申请国家专项扶持基金，形成企业自身的核心竞争力，避免低水平重复生产；另一方面，对政策变化做出预判，国家层面会针对物联网产业存在的问题调整相关产业政策，企业需要长期关注产业发展动向，分析产业发展方向，对相关政策变化及时做出预判，以规避政策变化带来的风险。

8.3 技术风险

鉴于物联网产业处于发展初期，技术层面处于快速革新阶段，在今后较长一段时间内，物联网技术将存在较高的不确定性，需要有效规避技术风险。

8.3.1 技术落后和不确定性风险

我国物联网产业技术面临的主要问题是产品技术水平低、产品附加值低，这也导致我国物联网企业处于产业链低端，市场竞争强度大，销售利润低等问题的存在。为解决这一问题，需要企业不断加大研发投入，开发新产品、新技术以不断满足客户需求。在技术研发过程中，一方面存在应用普及性不高等不确定性问题，投入大量研发资金后所获得的成果不被市场采用；另一方面，企业从技术研发到规模化生产存在一定的时间差，新技术成果可能存在被当下快速发展的物联网技术需求淘汰的风险，从而导致企业无法较快回收开发成本。

8.3.2 技术风险规避

为了提高我国物联网技术企业在全球市场的竞争力，摆脱低端市场的恶性竞争，研发物联网新技术并有效投入市场运营，是企业发展和崛起的必要途径。在技术创新研发过程中，对引起技术风险的不可控因素（宏观经济、市场前景、政策法规、技术进步及竞争对手等），要加强预测防范或在风险过大时及时终止开发。对可控因素（信息、技术、物质、资金、管理及人员等）加强检查、监控、管理，针对风险因素或风险环节采取相应措施，如信息筛选、科学决策、周密计划、严格操作、优化运行和动态调节等，最大限度地降低新技术研发的不确定性风险，是避免技术风险的有效途径。

8.4 安全风险

物联网技术在普及应用过程中面临的最关键风险之一是物联网带来的未知网络安全威胁。目前，物联网产业还处在初级发展阶段，物联网安全保护还没有被重视，但物联网安全问题引发的事件已经在不断发生。黑客通过入侵并控制安全防护不强的物联网设备，可以发起大规模拒绝服务攻击，在多个国家都造成不同程度的影响。

8.4.1 安全风险实例

2016年，发生了很多物联网攻击事件，其中最具代表性的物联网安全事件是一起美国的大规模分布式拒绝服务攻击（DDoS）事件。2016年10月21日，美国东海岸出现了大面积以物联网设备为主的DDoS攻击事件，攻击者来自超过一千万个IP地址，这些攻击者被一种称为Mirai的病毒控制，成为发起攻击的"僵尸节点"。这些节点大部分为路由器、DVR或者WebIP摄像机、Linux服务器以及运行有Busybox的物联网设备。当Mirai病毒扫描到一个物联网设备（比如网络摄像头、智能开关等）后就尝试使用默认密码进行登录（一般为admin/admin，Mirai病毒自带60个通用密码），一旦登录成功，这台物联网设备就成为被黑客操控用于攻击其他网络设备的工具。据报道，一共有超过百万台物联网设备参与了此次 DDoS 攻击。这些设备中有大量的 DVR（数字录像机，一般用来记录监控录像，用户可联网查看）和网络摄像头（通过 WiFi 来联网，用户可以使用 App 进行实时查看的摄像头）[1]，这起物联网恶性攻击事件导致大量用户隐私泄露，大面积网络瘫痪，对社会安全和人民生活造成了严重损害。

8.4.2 安全风险规避

（1）建立可信任的物联网体系架构　在各层尤其是数据层和应用层，遵循隐私保护设计原则，把数据安全和隐私保护因素统筹考虑到规划设计中，再以此为基础构建物联网应用解决方案。

（2）强化异构设备和各种协议的安全性　物联网集合了多样的异构"智能物体"、异构网络以及多种通信协议，必须采取必要的措施以保证"智能物体"和异构网络的安全。

（3）规范隐私感知管控和感知数据的处理　把隐私感知管控权力交给用户，由用户自主实时调节和设定安全和隐私项目。对于提交给公共机构的个人隐私数据，应当采取加密技术、隐私加强技术等对数据进行隐私保护处理。

（4）加强物联网数据安全和隐私保护关键技术的研发　加快数据版权的技术保护、用户角色虚拟化和匿名化、自适应安全机制与认证协议、轻量级密钥管理、攻击监测和防御、访问控制等信息安全技术的研发，完善物联网中间件、路由器以及终端产品的安全标准。

（5）推进数据安全和隐私保护体系建设　建立健全数据安全和隐私保护监督检查、评估测评和应急响应机制。建立物联网安全公共服务平台，为物联网产业提供数据安全和隐私保护服务。

参考文献

[1] 2016 年度物联网安全研究报告[R]. 北京：北京匡恩网络科技有限责任公司，2016.

第 9 章　物联网应用先进案例

9.1　工业领域应用案例

9.1.1　德国西门子股份公司——数字化工厂

德国西门子股份公司（简称"西门子"）是全球领先的技术企业，创立于 1847 年，业务遍及全球 200 多个国家，专注于电气化、自动化和数字化领域。作为世界最大的高效能源和资源节约型技术供应商之一，西门子在海上风机建设、联合循环发电涡轮机、输电解决方案、基础设施解决方案、工业自动化、驱动和软件解决方案，以及医疗成像设备和实验室诊断等领域占据着领先地位。西门子已在中国建立了 77 家运营企业，拥有超过 32 000 名员工，是中国最大的外商投资企业之一。在环保方面，为中国提供环保业务组合与创新解决方案，共同致力于实现可持续发展；在能源方面，在新能源汽车、发电、风电等领域为中国提升能源效率、减少温室气体排放提供所需的产品及解决方案；在城市化方面，为中国的电力公共事业、基础设施和楼宇提供所需的产品及解决方案，积极推动中国现代城市化的进程；在教育方面，与中国教育部签订教育合作备忘录，支持建立实验中心，促进双方在科研、技术领域和人才方面的交流与合作。

作为德国"工业 4.0"计划的提出者，目前西门子积极建设智能制造创新中心和数字化工厂。在智能制造创新中心方面，2016 年以来，西门子加速智能制造领域创新布局，在中国设立了两处智能制造创新中心，西门子（青岛）创新中心和东莞理工学院—西门子智能制造创新中心。其中，西门子（青岛）创新中心于 2016 年 2 月 19 日在青岛西海岸新区成立，合作双方为西门子与青岛中德生态园，这是西门子在中国设立的首个智能制造领域的创新中心，也是西门子在德国本土外设立的首家开展"工业 4.0"应用的智能制造创新中心。根据合作协议，西门子（青岛）创新中心建成后，将依托西门子中国研究院，在智能制造、机器人、现代物流、大数据应用、信息安全、智慧城市等领域从事技术创新、技术开发和应用。2016 年 4 月，东莞理工学院—西门子智能制造创新中心成立，由西门子和东莞理工学院共建。西门子将为东莞理工学院提供完整的数字化企业软件套件等领先技术、设备和服务，以支持双方开展关键技术研发和制定智能制造相关标准等研发工作，并共建智能制造特色产业学院和相关学科群，协同培养智能制造急需的各级人才。此外，早在 2011 年 10 月，西门子—无锡物联网创新中心成立，由西门子与无锡市政府共建。双方建立了物联网战略合作伙伴关系，涉及智能和绿色交通、智能工业生产和智能物流等领域，以促进无锡的绿色城市发展和本土企业创新。2013 年 5 月，西门子（武汉）创新中心成立，合作双方为西门子与武汉东湖高技术开发区管理委员会、武汉高科国有控股集团有限公司。双方通过西门子（武汉）创新中心建立创新示范平台，开展高科技创新研究项目，探索"环境友好型和资源节约型"社会发展新模式。在数字化工厂方面，2013 年 9 月，西门子在中国成都设立了中国的首家数字化工厂——SEWC 数字化工厂，也是西门子工业自动化产品成都生产研发基地（SEWC）。该工厂通过自动化设备和各种软件互联互通，实现了全集成的自动化。运营一年之后，SEWC 的产品合格率就达到了 99.85%。为中国企业树立了数字化工厂的成功典范。2014 年，西门子与全球规模最大的亚麻纱制造商之一的金达控股有限公司签署战略合作协议，共同建设新的数字化工厂。西门子将向金达控股有限公司及其生产基地提供 Simatic IT 等数字化工厂技术解决方案，帮助中国本土企业提升企业管理水平、生产效率和产能，向世界级的先进制造企业迈进。2015 年，西门子深化与全球领先的铝合金汽车零配件制造商——中信戴卡股份有限公司的合作，为其提供完整的数字化企业解决方案 [以产品生命周期管理软件（PLM）、制造执行系统（MES）和全集成自动化（TIA）为核心的西门子数字化企业软件套件]，以及相关的电气及信息化工程服务和技术支持，以帮助中信戴卡股份有限公司打造真正的数字化工厂。凭借创新的数字化企业软件套件，即以集成化合作平台 Teamcenter 为基础，融合产品生命周期管理（PLM）软件、制造执行系统（MES）、全集成自动化（TIA）系统，西门子帮助企业迈向"工业 4.0"。在过程工业，西门子提供从一体化工程到一体化运营的解决方案，包括 Comos 工程设计平台、Simatic PCS 7 过程控制系统、过程仿真系统 Simit、Comos Walkinside 三维虚拟现实平台、XHQ 工厂智能营运及优化软件等，帮助过程工业企业实现数字化。

西门子对物联网技术的应用体现在以下几方面：

1. 智能化生产产品

（1）研发过程　在研发过程中，研发工程师利用西门子 PLM（产品全生命周期管理软件）的产品开发解决方案 NX 软件，进行新产品的模拟设计和组装，研发出的每一件新产品都拥有专属数据信息。这些数据信息在研发、生产、物流的各个环节中被不断丰富，实时保存在同一个数据中心 Teamcenter 中，供质量、采购、生产和物流等各个部门共享。每天设备自动记录1 000多万条产品信息，方便工人精准快速地找出产品瑕疵的由来。

（2）生产加工　在生产线上，所有工件在虚拟环境中进行规划，所需要的物料自身携带条形码。通过与仓库管理软件的"数据对话"，经由"自动交通"的物料输送环节，输送到高货架立体仓库或者物料中间库。装配生产线员工轻触工作台上的计算机显示屏，所需物料就会进入物料间。

在生产车间，物料从物料间升入车间后，工人按照计算机显示屏上的电子任务单，开始装配、包装等。任务完成后，工人只需按下工作台上的按钮，流水线上的传感器就会扫描产品的条形码信息，记录它在这个工位的数据。MES（制造执行系统）将以该数据作为判断基础，向控制系统下达指令，指挥物流小车将产品送至下一个目的地。

在加工中心，工件被识别出来，生产设备实时调用所需要的全部加工信息，并自动调整生产参数。加工过程中，产品的所有相关数据储存在自己的数字化产品记忆库中，以便精确追踪生产的每个步骤。加工完成后，通过光学设备或其他测量设备对工件自动进行检测，在现场发现并剔除不合格的产品。如果机器设备需要补给或者维护保养，则在缺料或故障产生之前发出请求，系统会记录所使用的资源数量，并对库存及时更新。

（3）管理运营　在管理运营过程中，整座数字化工厂的运行，都是基于以上数据基础，ERP（企业资源规划）、PLM（产品全生命周期管理）、MES（制造执行系统）、控制系统及供应链管理，全部实现了无缝的信息互联，工厂数据还能与德国生产基地以及美国的研发中心进行数据互联。

2. 提供数字化服务

西门子在实现智能化生产的基础上，还为其他企业提供数字化企业解决方案。

（1）全面解决方案——济南二机床集团有限公司　随着汽车工厂对冲压线的精度、效率和柔性化的要求不断提高，济南二机床集团有限公司（简称济南二机床）开始逐渐运用数字化技术解决方案。

在生命周期管理方面，济南二机床采用西门子PLM（产品生命周期管理）软件，将设计、工艺到生产，全程实现数字化支持，由此迈出了数字制造的坚实一步。

在设计与研发方面，济南二机床引进西门子三维设计软件Solid Edge，该软件专门为机械行业设计，相对其传统的二维设计软件，Solid Edge将机床的生产效率提高了两倍，大幅改善了设计质量和研发效率。同时结合用于产品生命周期数据流管理的 Teamcenter 软件，济南二机床同时实现了自动化 BOM 搭建，大幅度缩短了产品研发周期。在安全测试中，济南二机床引进西门子 PLS（冲压线仿真软件）搭建的"虚拟实验室"，全面帮助优化冲压的节奏和送料设备的运动轨迹，快速提升了整线的效率。

在生产与实施方面，通过 PLM（产品生命周期管理）和 TIA（全集成自动化软件）解决方案的搭配，仿真数据可以直接与生产数据互通，实现数据库管理和通信的统一，提高了生产线透明度和生产效率。同时增强了汽车冲压的灵活性和可用性。随着冲压线自动化程度的不断提高，更少的人力资源投入可以带来更高的产品质量。

（2）软件即服务——大数据分析　西门子通过物联网向客户提供远程分析、维护和数据异常分析等数据服务。

西门子将其所有的远程分析和维护服务融合在 Sinalytics 平台上。该平台整合了远程维护、数据分析以及网络安全等一系列现有技术和新技术，并且支持对机器传感器产生的大量数据进行整合、保密传输和分析处理，西门子能够利用这些数据为客户提供全新的服务。Sinalytics 平台与安装在世界各地的西门子系统互联，对其进行远程监控和服务，通过设定的数据分析方法，预测和预防设备故障，从而缩短维护间隔。

此外，西门子推出 Omneo Performance Analytics（PA）解决方案。Omneo 是西门子 2014 年收购 Camstar 的成果之一，Omneo PA 是 Omneo 在 SaaS 的应用。该解决方案能对整个供应链中的数据和客户体验进行监测，还能在数秒之内对数十亿的数据组合进行分析。通过挖掘能够精确指出产品问题来源的、隐含的信息，Omneo PA 能够实现对大数据的前瞻性分析。Omneo PA 的发现功能可以对所有可能的数据集进行快速的组合分析，使客户对大数据获得前所未有的深入了解，并可以清晰地识别并显示导致数据异常的最大因素，从而使每个价值链决策都尽可能对现有和未来的产品性能产生最大、最积极的影响；Omneo PA 的图形化监测功能可以提供贯穿整个价值链的产品性能完整视图，进而使企业可以持续地追踪与其产品相关的当前趋势和最新趋势；Omneo PA 灵活、友好的控制面板，可以实现对数据分析方式和 KPI（关键性能指标）的定制化。西门子数字化工厂见图 9-1。

图 9-1　西门子数字化工厂

9.1.2　三一集团有限公司——智能工厂

三一集团有限公司（简称三一集团）始创于 1989 年，主业是以"工程"为主题的装备制造业，主导产品为混凝土机械、挖掘机械、起重机械、筑路机械、桩工机械、风电设备、港口机械、石油装备、煤炭设备、精密机床等全系列产品，其中挖掘机械、桩工机械、履带起重机械、移动港口机械、路面机械、煤炭掘进机械为中国主流品牌；混凝土机械为全球品牌产品。三一集团成功研制的 66m 泵车、72m 泵车、86m 泵车三次刷新长臂泵车世界纪录，并成功生产出世界第一台全液压平地机、世界第一台三级配混凝土输送泵、世界第一台无泡沥青砂浆车、亚洲首台 1 000t 级全路面起重机、全球最大 3 600t 级履带起重机、中国首台混合动力挖掘机、全球首款移动成套设备 A8 砂浆大师等，三一集团不断推动"中国制造"走向世界一流。

三一集团的下属事业部三一重工 18 号厂房是亚洲最大的智能化制造车间，也是工信部工程机械数字化车间的样本，有混凝土机械、路面机械、港口机械等多条装配线，是三一重工的总装车间。三一重工已实现了对制造资源跟踪、生产过程监控，计划、物流、质量集成化管控下的均衡化混流生产，智能化功能和系统性能指标已经达到国家批复要求。三一重工的智能工厂分为以下四大部分：

1. 智能加工中心与生产线

（1）智能化加工设备　在挖掘机生产中，通过大规模投入使用焊接机器人，大幅提升了产品的稳定性，挖掘机使用寿命翻了将近两番，售后问题下降了 3/4。同时大规模使用焊接机器人减少了工人使用数量，使得管理模式的重心从原来的管人转移到了管理设备上，降低了管理难度。

（2）智能刀具管理　在刀具生产实践中，充分考虑刀具寿命和加工工件成本的关系，根据不同结构的工件选择不同的刀具，如刀具材料（分整体硬质合金、焊接硬质、高速钢等）、刀具结构（分机夹刀片、焊接刀片和整体材料刀具）以及刀具装夹方式（热装式、强力紧固式、侧固式）等。在高速加工时，配备刀具动平衡仪，并在加工成本允许的前提下选择耐用度较高的刀具，实现了刀具智能化生产。

（3）DNC系统应用　在管理系统中，三一重工应用DNC（分布式数控）系统。DNC是计算机与具有数控装置的机床群使用计算机网络技术组成的分布在车间中的数控系统。三一重工已完成车间机加设备的研发采购与安装调试，部分完成智能上料机械手，DNC可以实时监控装置及刀具管理系统的购置和开发。通过使用DNC系统对多种通用的物理和逻辑资源整合，可以动态地分配数控加工任务给任一加工设备，进一步提高设备利用率，降低生产成本。

2. 智能化立体仓库和物流运输系统

（1）智能化立体仓库　立体仓库的基础是后台运作的自动化配送系统，通过这套系统，三一重工打造了批量下架、波次分拣，单台单工位配送模式。从大厂房到智能工厂，实施智能化改造后，三一重工实现了从顶层计划至底层配送执行的全业务贯通，大大提高了配送效率及准确率，准时配送率超95%。18号厂房在制品减少8%，物料齐套性提高14%，单台（套）能耗平均降低8%，人均产值提高24%，现场质量信息匹配率100%，原材料库存降低30%，2014年18号厂房预计同比节约制造成本1亿元，年增加产量超过2000台以上，每年同比产值新增60亿元以上。

（2）AGV智能小车　立体仓库的核心是AGV（自动导引运输车），通过AVG，三一重工立体仓库可迅速完成物料取货和输送。当有班组需要物料时，装配线上的物料员就会报单给立体仓库，配送系统会根据班组提供的信息，迅速找到放置该物料的容器，然后开启堆高机，将容器自动输送到立体库出库端液压台上。此时，AGV操作员发出取货指令，AGV自动行驶至液压台取货。取完货后，由于AGV采用激光引导，小车上安装有可旋转的激光扫描器，在运行路径沿途的墙壁或支柱上安装有高反光性反射板的激光定位标志，AGV依靠激光扫描器发射激光束，然后接受由四周定位标志反射回的激光束，车载计算机计算出车辆当前的位置以及运动的方向，通过和内置的数字地图进行对比来校正方位，从而将物料运送至指定工位。仓储物流应用架构见图9-2。

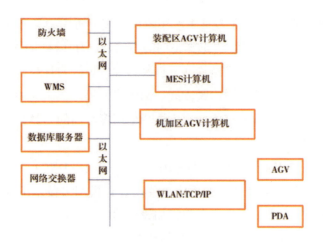

图 9-2　仓储物流应用架构

（3）公共资源定位系统　立体仓库的支撑是公共资源定位系统，通过这一系统，能实现对设备定位和状态检测、人员定位以及故障实时处理与报警等功能。通过公共资源定位监控中心，三一重工的生产管理人员能及时了解生产车间的人员位置、设备位置和状态、加工生产情况，并及时指导生产和进行故障处理等操作。公共资源定位数据架构见图 9-3。

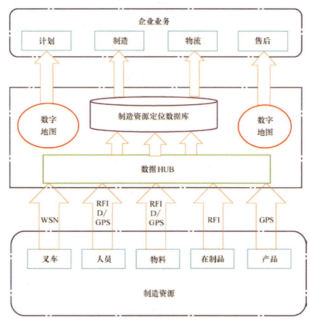

图 9-3　公共资源定位数据架构

3. 智能化生产执行过程控制

（1）APS 高级计划与排程系统　三一重工使用 APS（高级计划与排程系统），更好地满足顾客需求及面对竞争激励的市场。APS 强化了 ERP（企业资源计划）系统中以传统 MRP（物料需求计划）规划逻辑为主的生产规划与排程的功能，APS 的同步规划能力，不但使得规划结果更具备合理性与可执行性，亦使三一重工能够真正达到供需平衡的目的。

（2）执行过程调度　三一重工使用由三一集团 IT 总部自主研发的制造执行系统——Sany MES 制造执行系统，充分利用信息化技术，实现多维度管控和现场信息传达。Sany MES 系统从生产计划下达、物料配送、生产节拍、完工确认、标准作业指导、质量管理、关重件条形码采集等多个维度进行管控，并通过网络实时将现场信息及时准确地传达到生产管理者与决策者。该系统除了通过各种方式如短信、邮件向管理者传递生产信息外，其设置在生产现场的 MES 终端机，给一线工人生产制造带来了极大的便利。通过 MES 终端机，生产线工人不仅可以及时报完工、方便快捷地查询物料设计图和库存情况，更重要的是 Sany MES 终端机可以正确地指导工人每个工位如何进行安装、安装时候需要哪些零部件，同时给予安全提示。使用 MES 系统可直接在 MES 终端查到最新的图样信息，全触摸屏操作，简单方便，而且通过查看标准作业指导以规范工人的操作，避免了纸质作业指导书的损坏和更新不及时造成的附加作业，极大提高了工作效率和作业质量。

（3）数字化物流管控　三一重工使用自动化立体仓储配送系统，实现泵车、拖泵、车载泵装配线及部装线所需物料的暂存、拣选、配盘功能，并与 AGV 配套实现工位物料自动配送至各个工位。

根据泵车、拖泵、车载泵装配线及部装线在车间的位置，厂区内设计了两个库区，分别负责泵车物料的储存、拣配和拖泵、车载泵物料的储存、拣配。仓储模式采用自动化立体仓库存储 + 垂直升降库存储 + 平面仓库储存。自动化立体仓库和垂直升降库的数据采用一套软件进行统一管理，集中配送。通过垂直升降库的应用，解决了将近总量 30% 的物料种类的储存和出入库作业模式，极大地缓和了自动化立体仓库的出入库作业压力，有效地提高了整个系统的作业能力。

（4）数字化质量检测　三一重工使用 GSP、MES、CSM 及 QIS 的整合应用，实现涵盖供应商送货、零件制造、整机装配、售后服务等全生命周期的质检电子化，并实现了 SPC（统计过程控制）分析、质量追溯等功能。用 MES 实现了每一个检验项目都标准化、电子化，一旦发现质量异常，系统就会第一时间自动启动不合格处理流程，将情况发送给相关责任人。此外，三一重工的自制件可以具体查到是某台产品的零部件、制作时间、制作地点和工位、制作人、制作条件等信息，供应商提供的零部件则可以查到批次和反馈。

4. 智能化生产控制中心

（1）中央控制室　三一重工的中央控制室中具有如下布置，保证管理人员对生产情况随时监控：一是生产计划及执行情况、设备状态、生产统计图；二是智能计划系统操作界面；三是生产现场监控、看板展示及异常报警；四是各区域监控信息；五是设计部日常操作；六是各区域监控信息；七是物流部日常操作；八是质量部日常操作。

（2）现场监视装置　三一重工建立了全方位的工厂车间监控系统，实现对生产过程的全面监控和记录，保证了生产现场的安全，以及对现场事故的追溯和回放。

（3）应用Andon（安灯）信息管理系统　三一重工使用Andon信息管理系统，为操作员停止生产线运行提供一套新的、更加有效的途径。在传统的汽车生产线上，如果发生故障，整条生产线立即停止。采用了Andon系统之后，一旦发生问题，操作员可以在工作站拉一下绳索或者按一下按钮，触发相应的声音和点亮相应的指示灯，提示监督人员立即找出发生故障的地方以及故障的原因。Andon系统的另一个主要部件是信息显示屏，每个显示面板都能够提供关于单个生产线的信息，包括生产状态、原料状态、质量状况以及设备状况。显示器同时还可以显示实时数据，如目标输出、实际输出、停工时间以及生产效率。根据显示器上提供的信息，操作员可以更加有效地开展工作。

9.2　农业领域应用案例

9.2.1　内蒙古伊利实业集团股份有限公司

内蒙古伊利实业集团股份有限公司（简称伊利集团）是中国乳业行业中规模最大、产品线最健全的企业，国家"520"重点工业企业之一；也是农业部、国家发展和改革委员会、国家经济贸易委员会、财政部、对外贸易经济合作部、中国人民银行、国家税务总局、中国证券监督管理委员会八部委首批认定的全国151家农业产业化龙头企业之一。2016年7月25日，在荷兰合作银行发布的2016年度"全球乳业20强"中，伊利的排名提升至全球乳业8强。这是亚洲乳业企业迄今的最高排名。2016年伊利年收入突破了600亿元，净利润56.62亿元，双双持续增长并稳居行业第一。伊利集团在荷兰成立了中国乳业目前规格最高的海外研发中心——欧洲研发中心，和美国相关企业和科研院所在多个领域进行了广泛合作，并和意大利乳业巨头斯嘉达结盟以及在新西兰投资建设乳业基地。

伊利集团的智能生态产业链主要从原奶管控、产品研发、生产制造、销售运营、质量反馈等方面全方位试点示范信息化和数字化建设上来体现，并不断总结推广成功经验，稳步推进数字化智能化建设。

1. 原奶管控方面

伊利原奶产业的发展始于2003年以前的"散养、集中榨乳阶段"，从2003—2008年的"奶站模式阶段"，到2008—2012年的"基地转型阶段"，再到现今的"牧场发展阶段"。在目前的"牧场发展阶段"中，牧场到工厂全程应用了信息化管理，繁育、体检、挤奶、运输、检测、接收等环节全部纳入了系统管理，对原奶运输车进行了全程GPS管理，所有奶车从牧场到工厂的全程由GPS监控。

2. 产品研发方面

一是重视在科技创新方面的投入力度，完善了技术开发体系，并在行业内首先建立了三级研发体系：产学研合作平台、集团层面的创新组织、事业部层面的技术研发部门。目前，拥有产学研合作平台13个，例如伊利荷兰研发中心、内蒙古乳业技术研究院等。二是产品研发数字化能力突出，拥有全面的信息化平台，集团内部陆续建立了全球新产品数据库（GNPD）、研发全周期管理系统（PLM）、知识产权信息管理电子系统、科技文献数据库、婴幼儿营养研究中心数据库等信息化系统。同时引入流变仪、激光粒度分析仪、ZETA电位分析仪、全功能稳定性分析仪等仪器，通过高科技设备仪器的数据检测，结合计算机数据分析仿真系统，模拟产品的特性，使产品研发效率大幅提升，提高了产品及技术创新速度；设立技术查新机构，及时获知行业前沿数据，集团建立了国际、国家、地方科技部门的信息、情报数据收集中心，能够对行业动态灵敏地进行捕获。三是拥有世界一流的技术研发队伍，成立了集团创新中心，伊利集团拥有自己的博士后科研工作站，并与专业机构联合创建了国内第一个乳业研究院，建立了自己的创新中心，无论从人才还是硬件上都极大地为集团研发领域的信息化、数字化建设提供了必要的支持条件。

3. 生产制造方面

伊利集团液态奶事业部在产品制造过程中，实现了从收奶到产品入/出库全部由中央控制系统预设程序控制，原辅料采购、原奶接收、标准化、配料、UHT

灭菌、灌装、贴管、装箱、码垛、入/出库等各工序使用多种先进的工艺和技术。先进的信息技术保证了产品生产，确保了产品质量合格，提高了工作效率。液态奶制造各工序采用的信息技术见表9-1。

表9-1 液态奶制造各工序采用的信息技术

工序	采用的信息技术	技术水平
原奶接收	原奶检验及过磅系统	国内领先
辅料接收	采购ERP系统	国内领先
	电子订单EOS系统	国内领先
生产过程	质量电子信息记录系统	国内领先
	CCS（前处理中央控制系统）应用技术	国内领先
	产品自动装箱技术	国内领先
	产品自动码垛技术	国内领先
	ERP（企业资源管理系统生产模块）	国内领先
	生产操作"抓屏"监控技术	国内领先
风险管理	风险监测信息系统	国内领先
入/出库	WMS（仓库管理系统）	国内领先
日常管理	OA、RTX办公系统	国内领先

4. 销售运营方面

在销售环节，作为亚洲乳业领军品牌，伊利集团积极利用大数据开展销售。利用大数据开展产品销售跟踪，建立市场信息反馈系统，从管理层到一线员工，均保持对竞品营销动作的高度关注，形成多渠道、多维度的营销信息反馈体系，同时每年借助咨询机构或各大网站进行品牌资产评估、消费者调查工作，发掘潜在市场和潜在顾客，及时把握市场。在售后服务方面，利用信息化完善投诉方式，建立与消费者最亲近的服务模式，第一时间服务消费者，为企业赢得好口碑。在运营方面，液态奶事业部在整体生产运行管理中推行精益管理模式，重点夯实五项基础工作，完善十个支柱系统工作，达成关键KPI指标，支撑组织愿景的实现。精益管理模式见图9-4。

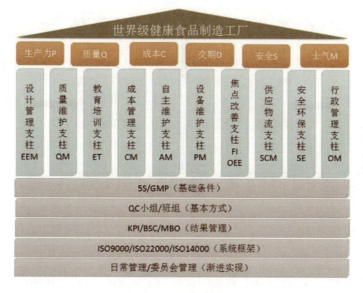

图 9-4 精益管理模式

5. 质量反馈方面

伊利集团的产品信息追溯系统可清晰记录整个供应链中涉及的物料品质信息、流向信息、工艺信息等，一旦发现问题可以快速召回和追溯。该系统主要涉及奶源、原材料、生产加工、产品流通、市场销售等环节，追溯链条将涉及 ERP、WMS、MES、CRM 及 TTS 系统。主要流程如下：物料在采购环节即开始实施信息化管控，每批原材料采购后，对其实施信息赋码，并通过实时数据采集，进入公司 SCM 系统，然后将数据上传至总部服务器；在前期加工过程中，被扫描的物料信息进入公司的 MES 系统，并将数据上传至总部服务器；在无菌包装过程中，对每个最小包装单元实施赋码管理，所赋的码通过在线实时采集，进入公司 TTS 系统，并将数据上传至总部服务器；在仓储环节，物流人员对入库、出库的产品实施整托扫描，数据进入公司 WMS 系统，并将数据上传至总部服务器。各个单元环节的子系统，通过企业内部通信关联汇集到公司总部的管理系统，为企业内部绩效、趋势分析、行动决策提供依据。同时也形成了企业"端到端"的产品质量追溯系统，为企业品质管理提供强有力的保障。产品信息追溯系统见图 9-5。

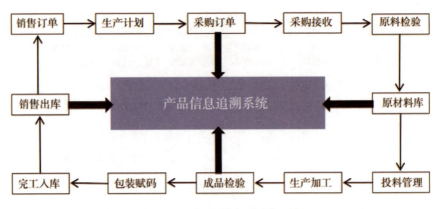

图 9-5 产品信息追溯系统

9.2.2 佳沃集团

佳沃集团创立于 2012 年，是联想控股旗下的现代农业和食品产业投资平台。目前已经在饮品、水果、动物蛋白和品牌包装食品等领域建立了领先的全球化产业平台。佳沃集团是致力于投资构建农业食品领域的领先企业，整合全球优质资源，为消费者提供安全高品质的农产品和食品，引领和推动中国现代农业的发展。

佳沃集团坚持三全模式，即"全产业链、全球化、全程化"。在全产业链方面，佳沃着力投资建设完整的现代产业链，从品种的研究和选育到技术支撑和先进的生产作业管理，再到冷链物流和营销网络，打通整个产业链条，既保证产品的安全高品质，又实现高效高产和环保，将传统农业推上现代产业发展之路。在全球化方面，佳沃在国外投资全球优质农业资源，引进国际先进的农业技术和管理经验，加速先进技术的普及和深度应用，助推中国农业的跨越式发展。在全程可追溯方面，佳沃建立了从田间到餐桌的全程可追溯系统，每个环节都有品质标准、作业规范和责任到人的质量管控体系并详细记录全程信息，确保产品质量安全。在生产过程中，佳沃采用的技术主要如下：

1. 水肥一体化系统

水肥一体化智能灌溉系统可以实现自动的水肥一体化管理。通过与供水系统有机结合，实现智能化控制。整个系统可协调工作实施轮灌，充分提高灌溉用水效率，实现对灌溉、施肥的定时、定量控制，节水节肥节电，减小劳动强度，降低人力投入成本。省力省时、提高产量。专用于连栋温室、日光温室、温室大棚和大田种植灌溉作业。

水肥一体化系统功能包括四个方面：一是运行状态实时监控，通过水位和视频监控能够实时监测滴灌系统水源状况，及时发布缺水预警；通过水泵电流和电压监测、出水口压力和流量监测、管网分干管流量和压力监测，能够及时发现滴灌系统爆管、漏水、低压运行等不合理灌溉事件，及时通知系统维护人员，保障滴灌系统高效运行。二是阀门自动控制功能，通过对农田土壤墒情信息、小气候信息和作物长势信息的实时监测，采集信息，结合当地作物的需水和灌溉轮灌情况制定自动开启水泵，实现无人值守自动灌溉，分片控制，预防人为误操作。三是运维管理功能，节水灌溉自动化控制系统能够充分发挥现有的节水设备作用，优化调度，提高效益，通过自动控制技术的应用，更加节水节能，降低灌溉成本，提高灌溉质量，将使灌溉更加科学、方便，提高管理水平。四是移动终端APP，方便管理人员通过手机等移动终端设备随时随地查看系统信息，远程操作相关设备。

2．设施农业系统

通过物联网系统采集温室大棚内的空气温湿度、土壤水分、土壤温度等环境参数与预设值作比较，有不相符合的情况则启动相关设备进行调节。真正实现农业生产自动化、管理智能化，使温室大棚种植管理智能化调温、精细化施肥，达到提高产量、改善品质、节省人力、降低人工误差、提高经济效益的目的，实现温室种植的高效和精准化管理。

设施农业系统组成主要包括五部分：一是设施农业智能监测系统，通过物联网系统可连接传感器采集土壤温度、湿度、养分含量等来获得作物生长的最佳条件，并根据参数变化实时调控或自动控制温控系统、灌溉系统等。二是设施农业视频监控系统，随时随地远程查看大棚内的农作物生长情况、各园艺设备的运行状态、工人生产情况，有了这个"千里眼"，管理人员可以做到远程轻松监控、管理作业生产。三是设施农业智能控制系统，通过物联网系统，可以设定温室内各种设备运行环境条件，当环境信息达到预先制定的条件时，自动启动温室内的相关设备，达到节水，省电，省人工，更省心的目的。四是手机远程管理系统，手机控制是农业物联网控制系统的另一种便捷控制方式，用户预先在智能手机上下载物联网系统，通过手机上的客户端，用户可以远程查看设施环境数据和设备运行情况，还可以分析数据，方便灵活管理。五是软件展示平台，农业物联网软件平台不只是一个操作平台，而是一个庞大的管理体系，是用户在实现农业运营中使用的有形和无形相结合的控制系统。在这个平台上，用户能够充分发挥自己的管理思想、管理理念、管理方法，实现信息智能化监测和自动化操作，有效整合内外部资源、提高利用效率。

3. 有害生物监测预警处理系统

农林有害生物监测预警系统集数据采集、监控、专家系统等功能为一体，智能监测实时采集、监测区域内的有害生物状态信息，对有害生物远程诊断，提供决策支持信息，是农林技术人员作业管理的"千里眼"和"听诊器"。

有害生物监测预警处理系统主要组成主要包括五部分：一是智能气象监测系统，智能气象监测系统主要负责采集农林种植生产环境信息，包括土壤水分、土壤温湿度、空气温/湿度、降雨量、风速/风向等指标信息，并将结果传输到中心服务器。采集的环境信息可以生成图表，为管理人员研究、分析农林病虫在不同气候条件下的发生规律，实现快速准确预报病虫害提供决策数据信息支撑。二是监控系统，在管理区域安装360°全方位红外高清摄像机，用户可清晰直观、实时地查看区域病虫灾害情况，对突发性灾害事件可实时指挥和调度。三是虫情测报系统，系统通过智能虫情监测设备，可以无公害诱捕杀虫，绿色环保，可定时采集现场图像，自动上传到管理平台，工作人员可随时远程了解虫情与变化，制定防治措施。四是孢子捕捉系统，系统通过智能孢子捕捉设备，监测病原菌孢子及花粉尘粒信息，定时采集现场图像，自动上传到远端的物联网监控服务平台，工作人员可随时远程查看孢子病害情况与变化趋势，制定防治措施。五是信息管理平台，本平台具有分管层级、分权限查看和管理系统的功能，各省市县相关单位（农业局植保站、森防站、林业局、植物保护检疫局等）通过该信息管理平台可全面视察职能辖区内的有害生物发展状况，并可远程实时查看现场监控图片，及时做好灾前预防、灾中控制、灾后治理等工作。

9.3 医疗领域应用案例

9.3.1 海南普利制药股份有限公司

海南普利制药股份有限公司（简称海南普利）始建于1992年，是专业从事化学药物制剂研发、生产和销售的高新技术企业，已通过中国医药企业制剂国际化先导企业认证。公司旗下有浙江普利药业有限公司和杭州赛利药物研究所两家全资子公司。公司专注并擅长于药物缓控释制技术、掩味制剂技术和难溶性注射剂技术，主要产品地氯雷他定片为国家级火炬项目，地氯雷他定干混悬剂为海南省高新技术产品，并获海南省科学技术奖三等奖，双氯酚酸钠肠溶缓释胶囊获海南省科学技术奖二等奖。海南普利已经成为欧美多家国内外知名企业和机构的战略合作伙伴。目前公司已经通过了欧盟及 WHO 认证，正积极准备通过美国 FDA 的 CGMP 认证，进军欧美市场。

随着全球制造业智能化、数字化的兴起，以及政府在 2015 年 5 月 8 日发布《中国制造 2025》战略规划中首次强调把"智能制造"作为我国制造业发展的主攻方向，海南普利制药股份有限公司在"药品智造"方面也积极探索，其药品制剂生产智能工厂入选了"中国工业和信息化部 2015 年药品制剂生产智能工厂试点示范"，该项目的自动化生产质量监控技术平台在严格按照中国《药品生产质量管理规范》（GMP）和国外 CGMP 要求的前提下，集成企业资源管理（ERP）、制造执行系统（MES）、客户关系管理（CRM）、电子商务、供应链（SCM）、协同商务、协同作业管理、产品数据管理（PDM）、车间层操作控制系统（SFC）、PAT 等信息与控制技术，加强了与 CAD、CAPP、CAM 系统的集成，从而大大提高了整体效率和质量控制水平。

海南普利物联网应用主要体现在其自动化系统建设、信息网络系统建设、企业制造执行系统（MES）建设和资源计划（ERP）管理系统建设等四个方面。

1. 生产基础自动化系统建设

主要表现在数据采集系统架构、系统建设及运行，工艺规程智能化分步式标准操作规范控制系统，物料系统 RFID 电子标签无差错管理系统三个方面。一是数据采集系统架构、系统建设及运行。质量控制首先从原始数据采集开始，数据自动采集主要包括电子称量数据、实验室数据和生产过程数据三个方面。电子称量数据自动采集是将电子秤直接连入网络，操作员只需单击输出按钮就可以将称量的重量直接传入符合国际 GAMP 标准的药品制剂生产智能工厂试点示范项目自动化生产质量监控技术平台中，结果显示在 MHI 显示屏上；实验室数据自动采集通过同 LIMS 系统的整合，采集的实验室设备数据，由预设的公式进行计算，直接给出检验的最终结果，并生产报告，避免人为差错，节约劳动力；生产过程数据自动采集是通过普利工业以太网将各种设备参数、生产参数、实验室数据、称量数据发送到 MES 和 LIMS 数据库，经处理整合，发送至普利符合国际 GAMP 标准的药品制剂生产智能工厂试点示范项目自动化生产质量监控技术平台。二是工艺规程智能化分步式标准操作规范控制系统。在整个生产过程中，将工艺规程每一步操作规范，都融入符合国际 GAMP 标准的药品制剂生产智能工厂试点示范项目自动化生产质量监控技术平台中，并通过现场每道工序和操作岗位的 HMI Workstation，智能化控制每一道工序的现场设备运行和岗位工人。三是物料系统

RFID 电子标签无差错管理系统。物料流转 RFID（射频识别技术）管理系统是以 RFID 标签、Wireless AP、RFID 打印机、无线/有线读卡设备、电子天平、电子秤为工具，依托符合国际 GAMP 标准的药品制剂生产智能工厂试点示范项目自动化生产质量监控技术平台质量管理系统，实现工厂的物料从采购入库、物料出库、车间接料、车间物料流转到成品入库、发放和销售流向跟踪的 RFID 全流程管理整个电子化的流转过程。

2. 信息网络系统建设

海南普利的信息网络系统建设情况主要体现在 E-manufacturing 系统上，该系统是一整套信息技术系统，它是企业在数字化和网络化环境下，用电子化的方式进行生产、经营、管理等一系列企业活动的运作系统。其主体部分包括工业以太网、工业交换机等系统设备的安装调试、基础工程建设。普利工业以太网总线架构的全流程自动化生产线框架见图 9-6。普利的触摸式人机界面工作站（HMI Workstation）系列实现了全流程现代交互生产模式。该工作站通过连接可编程序控制器（PLC）、变频器、直流调速器、仪表等工业控制设备，利用显示屏显示，通过输入单元（如触摸屏、键盘、鼠标等）写入工作参数或输入操作命令，实现人与机器信息交互。

图 9-6　普利工业以太网总线架构的全流程自动化生产线框架

3. 企业制造执行系统（MES）建设

海南普利的 MES 系统包含人员管理、车间区域管理、物料规则管理、检验管理、配方管理、产品 SOP 操作管理、生产计划管理、排产管理、称重配料管理、工序执行管理、批生产报告和设备管理模块。生产过程管理包括物料前处理、物料生产和产品包装车间，系统在车间按批生产指令，对生产过程的操作人员、物料、生产设备、计量设备、工艺、质量标准制定工单的管理，然后对生产进行跟踪控制直到工单完成。MES 制造执行系统架构见图 9-7，MES 总体流程见图 9-8。

4. 资源计划管理系统（ERP）建设

普利的 ERP 系统模块包括总账、供应链、采购、销售、库存、存货核算、物料清单、需求规划、车间管理、生产订单管理。ERP 运作总流程从商务部的"BOM""销售计划"开始，通过 MRP 运算后，生产部系统自动生成"采购计划"，并按此计划向车间下达批生产指令，生产车间根据批生产指令到仓库领料并进行生产、工序管理及工序领料、工序检验等。部门对采购、生产、成品等进行全程质量管理，商务部接到要货申请后在系统中做销售订单，经过商务部经理及财务审核后发货、出库、开票等处理。采购部根据系统计算后完成采购计划进行采购申请，其他类型采购由业务需求部门提出采购申请、仓库对采购、生产、销售等业务进行处理。资源计划管理系统业务流程见图 9-9。

图 9-7　MES 制造执行系统架构

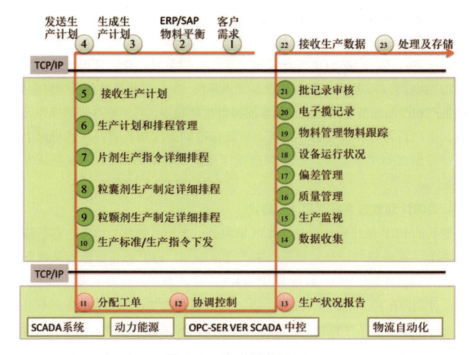

图 9-8 MES 总体流程

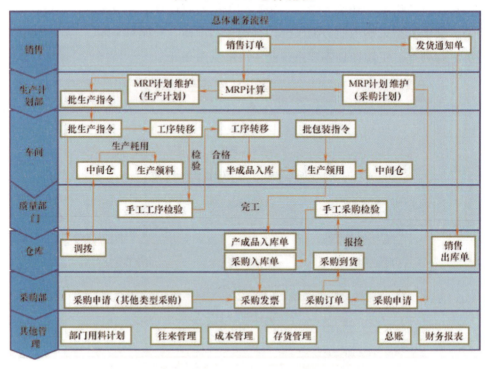

图 9-9 资源计划管理系统业务流程

未来，普利集团将建立与国际接轨的药物生产质量控制技术平台，建立符合国际 GAMP 标准的 PAT/MES 全流程生产质量监控自动化管理系统。根据集团发展战略目标的要求，普利将以 ERP 理论和 MES 理论为指导，将现代企业生产管理思想、理念引入企业生产管理中，对企业生产管理流程进行重组和优化，促进企业生产管理水平的提高，使企业生产管理活动的业务实现信息化、自动化、数字化，并推动生产管理的科学化，带动工业的现代化，实现工厂生产"数字化"，建立"数字化"工厂，将在制剂、API 等各生产线，把现有设备改造成智能化生产设备和检验仪器。随着海南普利在信息化建设方面的推进，将对国内医药企业起到示范作用并逐步打破国外在医药企业信息管理中的优势地位，为我国制药行业国际化战略的推进打下良好的基础。

9.3.2 国际商业机器公司（IBM）——沃森（Watson）超级计算机

沃森（Watson）超级计算机由 IBM 公司和美国德克萨斯大学历时四年联合研发，该计算机存储了海量数据，且拥有一套独立的逻辑推理程序，可以推理出它认为最正确的答案。目前，美国哥伦比亚大学医疗中心和马里兰大学医学院已与 IBM 公司签订合同，两所大学的医疗人员将利用沃森更快、更准确地诊病、治病。沃森海量信息库中存有大量发表在期刊上的专业论文，方便医生利用最新科研成果对病人进行治疗。Watson 的人工智能医疗发展分为以下几步：

1. 开展医学研究合作

Watson 和美国第二大连锁药店 CVS 进行合作，对用户行为和指标进行分析，并预测其健康状况。在目前第一阶段的合作中，CVS 主要向 Watson 开放用户的行为信息、临床数据、购药数据及保险信息等。

IBM 还收购了医学影像公司 Merge，结合 Watson 的认知学习能力，将医学影像、诊断和用药方案三者贯通了起来。目前，对医学影像的深度解读已成为 Watson 的核心力量。此外，IBM 还与苹果、美敦力等公司建立了合作关系。

2. 存储海量医学报告

截至目前，Watson 已经阅读了 2 500 万份 Medline 上的论文摘要，100 多万篇医学杂志文章的全文及 400 万份专利文件，且所有数据会定期更新。在药物研发中，通过 Watson 的认知能力，可以更快地为患者带来可能的新免疫肿瘤治疗方案。

9.4 物流领域应用案例

物流货运企业是物联网技术的受益者，以美国联邦快递公司为例，介绍物流货运公司对物联网技术的应用。

9.4.1 美国联邦快递公司

美国联邦快递是全球最具规模的速递运输公司之一，致力于提供快捷可靠的速递服务，业务涉及全球 220 多个国家及地区。该公司运用覆盖全球的航空和陆运网络，确保分秒必争的货件可于指定日期和时间前迅速送达，并且设有"准时送达保证"条款。其对物联网技术的应用主要表现在以下几个方面：

1. 包裹追踪

联邦快递应用 RFID 技术，迅速、准确地追踪货件的运送状况，并开通了包裹追踪这项增值服务。为了最快完成货件的清关工作，当货件仍在飞机上运输时，联邦快递的工作人员已经预先将有关的信息送往海关部门，货件抵达后便可迅速清关，保证货件及时送到客户手上。

2. 引擎启动

联邦快递对 RFID 加以测试，并应用于日常运作中，提高了货物的送达效率。在美国，联邦快递的递送员返回货车时，只需轻按腕带上的 RFID 按钮，就可开启车门和发动引擎。他们若离开货车，感应器只要测定出卷标越过了感应范围，就会自动锁上车门，这样有助于缩短递送员使用车钥匙的时间。虽然只是短短数秒，但递送员可利用累积省下的每日数以百次诸如开关车门、发动引擎之类琐事的时间来提早送达货件，极大地提高递送员的工作效率。

3. 动态汇报

联邦快递使用信息存储量大的 RFID，可以主动"汇报"包裹的运送状况。联邦快递已为美国 30 000 多辆载货汽车配置了 RFID 卷标，监察其进出机场货运站的情况。这项技术已安装于配送车场的管理系统内，只要货车经过扫描仪，车上物品的资料就可自动更新。运用 RFID 技术，客户可以在每件等候清关的货件上设置能主动"报告"资料的 RFID 卷标，货件定时向 RFID 扫描仪或阅读器发出信号，表示仍然在等候清关。通过动态汇报，联邦快递可为客户提供更丰富的货件信息，让客户时刻清楚包裹的运送状况。

9.5 智能家居领域应用案例

9.5.1 海尔集团——U-home

海尔智能家居是海尔集团在信息化时代推出的一个重要业务单元，是海尔集团在物联网时代推出的住居生活解决方案。它以 U-home 系统为平台，采用有线与无线网络相结合的方式，把所有设备通过信息传感设备与网络连接，从而实现

"家庭小网""社区中网""世界大网"物物互联,并通过物联网实现了 3C 产品、智能家居系统、安防系统等的智能化识别、管理以及数字媒体信息的共享。海尔的智能家居包括三大系统。

1. 布线系统

海尔智能家居把电话、有线电视、计算机网络、影音系统、家庭自动化控制系统的布线统一规划、布局、集中管理,完成家庭综合布线。这为实现家居智能化提供了网络平台,通过家居综合布线既可以实现自动化控制,又可以做到资源共享,家庭内部只需一台影碟机、音响、卫星电视接收机就可以在家庭内部每一个房间观看电影、享受音乐,实现多台计算机联网,共享宽带服务,多路电话任意接听、转接。通过综合布线,使得家庭内部布线系统具有良好的扩展性和可升级性,满足不同用户现在和未来的需求。

2. 安防系统

安全是居民对智能家居的首要要求,家庭安防由此成为智能家居的首要组成部分,海尔智能家居利用高科技手段实现了家居的安全防护。家居安防系统包括防盗、防燃气泄漏、防火等功能,同时可备远程监控,便得住户可以远程通过网络或电话随时了解家庭内部情况,同时可监听或者监视听或者监视家庭内部情况。当家庭智能终端处于布防状态时,红外探头探测到家中有人走动,就会自动报警,通过蜂鸣器和语音实现本地报警;同时报警信息报到物业管理中心,还可以自动拨号到主人的手机或电话上。

3. 自动化系统

海尔智能家居利用微处理电子技术,来集成或控制家中的电子电器产品或系统(如照明灯、空调、热水器、计算机设备、保安系统、视讯及音响系统等),实现家庭自动化。自动化系统主要是以一个中央微处理机(Central Processor Unit,CPU)接收来自相关电子电器产品的信息后,再以既定的程序发送适当的信息给其他电子电器产品。中央微处理机必须透过许多界面来控制家中的电器产品,这些界面可以是键盘,也可以是触摸式屏幕、按钮、计算机、电话机、遥控器等。消费者可发送信号给中央微处理机,或接收来自中央微处理机的信号。

附 录

附录 A　国务院关于推进物联网有序健康发展的指导意见

国发〔2013〕7号

各省、自治区、直辖市人民政府，国务院各部委、各直属机构：

物联网是新一代信息技术的高度集成和综合运用，具有渗透性强、带动作用大、综合效益好的特点，推进物联网的应用和发展，有利于促进生产生活和社会管理方式向智能化、精细化、网络化方向转变，对于提高国民经济和社会生活信息化水平，提升社会管理和公共服务水平，带动相关学科发展和技术创新能力增强，推动产业结构调整和发展方式转变具有重要意义，我国已将物联网作为战略性新兴产业的一项重要组成内容。目前，在全球范围内物联网正处于起步发展阶段，物联网技术发展和产业应用具有广阔的前景和难得的机遇。经过多年发展，我国在物联网技术研发、标准研制、产业培育和行业应用等方面已初步具备一定基础，但也存在关键核心技术有待突破、产业基础薄弱、网络信息安全存在潜在隐患、一些地方出现盲目建设现象等问题，急需加强引导加快解决。为推进我国物联网有序健康发展，现提出以下指导意见：

一、指导思想、基本原则和发展目标

（一）指导思想。以邓小平理论、"三个代表"重要思想、科学发展观为指导，加强统筹规划，围绕经济社会发展的实际需求，以市场为导向，以企业为主体，以突破关键技术为核心，以推动需求应用为抓手，以培育产业为重点，以保障安全为前提，营造发展环境，创新服务模式，强化标准规范，合理规划布局，加强资源共享，深化军民融合，打造具有国际竞争力的物联网产业体系，有序推进物联网持续健康发展，为促进经济社会可持续发展作出积极贡献。

（二）基本原则。

统筹协调。准确把握物联网发展的全局性和战略性问题，加强科学规划，统筹推进物联网应用、技术、产业、标准的协调发展。加强部门、行业、地方间的协作协同。统筹好经济发展与国防建设。

创新发展。强化创新基础，提高创新层次，加快推进关键技术研发及产业化，实现产业集聚发展，培育壮大骨干企业。拓宽发展思路，创新商业模式，发展新兴服务业。强化创新能力建设，完善公共服务平台，建立以企业为主体、产学研用相结合的技术创新体系。

需求牵引。从促进经济社会发展和维护国家安全的重大需求出发，统筹部署、循序渐进，以重大示范应用为先导，带动物联网关键技术突破和产业规模化发展。在竞争性领域，坚持应用推广的市场化。在社会管理和公共服务领域，积极引入市场机制，增强物联网发展的内生性动力。

有序推进。根据实际需求、产业基础和信息化条件，突出区域特色，有重点、有步骤地推进物联网持续健康发展。加强资源整合协同，提高资源利用效率，避免重复建设。

安全可控。强化安全意识，注重信息系统安全管理和数据保护。加强物联网重大应用和系统的安全测评、风险评估和安全防护工作，保障物联网重大基础设施、重要业务系统和重点领域应用的安全可控。

（三）发展目标。

总体目标。实现物联网在经济社会各领域的广泛应用，掌握物联网关键核心技术，基本形成安全可控、具有国际竞争力的物联网产业体系，成为推动经济社会智能化和可持续发展的重要力量。

近期目标。到2015年，实现物联网在经济社会重要领域的规模示范应用，突破一批核心技术，初步形成物联网产业体系，安全保障能力明显提高。

—— 协同创新。物联网技术研发水平和创新能力显著提高，感知领域突破核心技术瓶颈，明显缩小与发达国家的差距，网络通信领域与国际先进水平保持同步，信息处理领域的关键技术初步达到国际先进水平。实现技术创新、管理创新和商业模式创新的协同发展。创新资源和要素得到有效汇聚和深度合作。

—— 示范应用。在工业、农业、节能环保、商贸流通、交通能源、公共安全、社会事业、城市管理、安全生产、国防建设等领域实现物联网试点示范应用，部分领域的规模化应用水平显著提升，培育一批物联网应用服务优势企业。

—— 产业体系。发展壮大一批骨干企业，培育一批"专、精、特、新"的创新型中小企业，形成一批各具特色的产业集群，打造较完善的物联网产业链，物联网产业体系初步形成。

—— 标准体系。制定一批物联网发展所急需的基础共性标准、关键技术标准和重点应用标准，初步形成满足物联网规模应用和产业化需求的标准体系。

—— 安全保障。完善安全等级保护制度，建立健全物联网安全测评、风险评估、安全防范、应急处置等机制，增强物联网基础设施、重大系统、重要信息等的安全保障能力,形成系统安全可用、数据安全可信的物联网应用系统。

二、主要任务

(一)加快技术研发,突破产业瓶颈。以掌握原理实现突破性技术创新为目标,把握技术发展方向,围绕应用和产业急需,明确发展重点,加强低成本、低功耗、高精度、高可靠、智能化传感器的研发与产业化,着力突破物联网核心芯片、软件、仪器仪表等基础共性技术,加快传感器网络、智能终端、大数据处理、智能分析、服务集成等关键技术研发创新,推进物联网与新一代移动通信、云计算、下一代互联网、卫星通信等技术的融合发展。充分利用和整合现有创新资源,形成一批物联网技术研发实验室、工程中心、企业技术中心,促进应用单位与相关技术、产品和服务提供商的合作,加强协同攻关,突破产业发展瓶颈。

(二)推动应用示范,促进经济发展。对工业、农业、商贸流通、节能环保、安全生产等重要领域和交通、能源、水利等重要基础设施,围绕生产制造、商贸流通、物流配送和经营管理流程,推动物联网技术的集成应用,抓好一批效果突出、带动性强、关联度高的典型应用示范工程。积极利用物联网技术改造传统产业,推进精细化管理和科学决策,提升生产和运行效率,推进节能减排,保障安全生产,创新发展模式,促进产业升级。

(三)改善社会管理,提升公共服务。在公共安全、社会保障、医疗卫生、城市管理、民生服务等领域,围绕管理模式和服务模式创新,实施物联网典型应用示范工程,构建更加便捷高效和安全可靠的智能化社会管理和公共服务体系。发挥物联网技术优势,促进社会管理和公共服务信息化,扩展和延伸服务范围,提升管理和服务水平,提高人民生活质量。

(四)突出区域特色,科学有序发展。引导和督促地方根据自身条件合理确定物联网发展定位,结合科研能力、应用基础、产业园区等特点和优势,科学谋划,因地制宜,有序推进物联网发展,信息化和信息产业基础较好的地区要强化物联网技术研发、产业化及示范应用,信息化和信息产业基础较弱的地区侧重推广成熟的物联网应用。加快推进无锡国家传感网创新示范区建设。应用物联网等新一代信息技术建设智慧城市,要加强统筹、注重效果、突出特色。

(五)加强总体设计,完善标准体系。强化统筹协作,依托跨部门、跨行业的标准化协作机制,协调推进物联网标准体系建设。按照急用先立、共性先立原则,加快编码标识、接口、数据、信息安全等基础共性标准、关键技术标准和重点应用标准的研究制定。推动军民融合标准化工作,开展军民通用标准研制。鼓励和支持国内机构积极参与国际标准化工作,提升自主技术标准的国际话语权。

（六）壮大核心产业，提高支撑能力。加快物联网关键核心产业发展，提升感知识别制造产业发展水平，构建完善的物联网通信网络制造及服务产业链，发展物联网应用及软件等相关产业。大力培育具有国际竞争力的物联网骨干企业，积极发展创新型中小企业，建设特色产业基地和产业园区，不断完善产业公共服务体系，形成具有较强竞争力的物联网产业集群。强化产业培育与应用示范的结合，鼓励和支持设备制造、软件开发、服务集成等企业及科研单位参与应用示范工程建设。

（七）创新商业模式，培育新兴业态。积极探索物联网产业链上下游协作共赢的新型商业模式。大力支持企业发展有利于扩大市场需求的物联网专业服务和增值服务，推进应用服务的市场化，带动服务外包产业发展，培育新兴服务产业。鼓励和支持电信运营、信息服务、系统集成等企业参与物联网应用示范工程的运营和推广。

（八）加强防护管理，保障信息安全。提高物联网信息安全管理与数据保护水平，加强信息安全技术的研发，推进信息安全保障体系建设，建立健全监督、检查和安全评估机制，有效保障物联网信息采集、传输、处理、应用等各环节的安全可控。涉及国家公共安全和基础设施的重要物联网应用，其系统解决方案、核心设备以及运营服务必须立足于安全可控。

（九）强化资源整合，促进协同共享。充分利用现有公共通信和网络基础设施开展物联网应用。促进信息系统间的互联互通、资源共享和业务协同，避免形成新的信息孤岛。重视信息资源的智能分析和综合利用，避免重数据采集、轻数据处理和综合应用。加强对物联网建设项目的投资效益分析和风险评估，避免重复建设和不合理投资。

三、保障措施

（一）加强统筹协调形成发展合力。建立健全部门、行业、区域、军地之间的物联网发展统筹协调机制，充分发挥物联网发展部际联席会议制度的作用，研究重大问题，协调制定政策措施和行动计划，加强应用推广、技术研发、标准制定、产业链构建、基础设施建设、信息安全保障、无线频谱资源分配利用等的统筹，形成资源共享、协同推进的工作格局和各环节相互支撑、相互促进的协同发展效应。加强物联网相关规划、科技重大专项、产业化专项等的衔接协调，合理布局物联网重大应用示范和产业化项目，强化产业链配套和区域分工合作。

（二）营造良好发展环境。建立健全有利于物联网应用推广、创新激励、有序竞争的政策体系，抓紧推动制定完善信息安全与隐私保护等方面的法律法规。

建立鼓励多元资本公平进入的市场准入机制。加快物联网相关标准、检测、认证等公共服务平台建设,完善支撑服务体系。加强知识产权保护,积极开展物联网相关技术的知识产权分析评议,加快推进物联网相关专利布局。

(三)加强财税政策扶持。加大中央财政支持力度,充分发挥国家科技计划、科技重大专项的作用,统筹利用好战略性新兴产业发展专项资金、物联网发展专项资金等支持政策,集中力量推进物联网关键核心技术研发和产业化,大力支持标准体系、创新能力平台、重大应用示范工程等建设。支持符合现行软件和集成电路税收优惠政策条件的物联网企业按规定享受相关税收优惠政策,经认定为高新技术企业的物联网企业按规定享受相关所得税优惠政策。

(四)完善投融资政策。鼓励金融资本、风险投资及民间资本投向物联网应用和产业发展。加快建立包括财政出资和社会资金投入在内的多层次担保体系,加大对物联网企业的融资担保支持力度。对技术先进、优势明显、带动和支撑作用强的重大物联网项目优先给予信贷支持。积极支持符合条件的物联网企业在海内外资本市场直接融资。鼓励设立物联网股权投资基金,通过国家新兴产业创投计划设立一批物联网创业投资基金。

(五)提升国际合作水平。积极推进物联网技术交流与合作,充分利用国际创新资源。鼓励国外企业在我国设立物联网研发机构,引导外资投向物联网产业。立足于提升我国物联网应用水平和产业核心竞争力,引导国内企业与国际优势企业加强物联网关键技术和产品的研发合作。支持国内企业参与物联网全球市场竞争,推动我国自主技术和标准走出去,鼓励企业和科研单位参与国际标准制定。

(六)加强人才队伍建设。建立多层次多类型的物联网人才培养和服务体系。支持相关高校和科研院所加强多学科交叉整合,加快培养物联网相关专业人才。依托国家重大专项、科技计划、示范工程和重点企业,培养物联网高层次人才和领军人才。加快引进物联网高层次人才,完善配套服务,鼓励海外专业人才回国或来华创业。

各地区、各部门要按照本意见的要求,进一步深化对发展物联网重要意义的认识,结合实际,扎实做好相关工作。各部门要按照职责分工,尽快制定具体实施方案、行动计划和配套政策措施,加强沟通协调,抓好任务措施落实,确保取得实效。

国务院

2013年2月5日

附录 B　工业和信息化部关于印发信息化和工业化深度融合专项行动计划（2013—2018 年）的通知

工信部信〔2013〕317 号

各省、自治区、直辖市及新疆生产建设兵团工业和信息化主管部门，各省、自治区、直辖市通信管理局，有关行业协会，有关单位：

现将《信息化和工业化深度融合专项行动计划（2013—2018 年）》印发给你们，请结合本地区、本单位实际，认真贯彻执行。

工业和信息化部
2013 年 8 月 23 日

信息化和工业化深度融合专项行动计划
（2013—2018 年）

推动信息化和工业化深度融合是加快转变发展方式，促进四化同步发展的重大举措，是走中国特色新型工业化道路的必然选择。当前，我国工业正处于转型升级的攻坚时期，国际产业竞争日趋激烈、核心竞争力不足、资源环境约束强化、要素成本上升等矛盾日益突出。全球新一轮科技革命和产业分工调整对我国工业发展既有挑战，也有实现赶超的机遇。推动信息化和工业化深度融合，以信息化带动工业化，以工业化促进信息化，对于破解当前发展瓶颈，实现工业转型升级，具有十分重要的意义。

为进一步贯彻《2006—2020 年国家信息化发展战略》《工业转型升级规划（2011—2015 年）》和《国务院关于大力推进信息化发展和切实保障信息安全的若干意见》，细化落实《关于加快推进信息化与工业化深度融合的若干意见》，全面提高工业发展的质量和效益，促进工业由大变强，特提出本行动计划。

一、总体要求

（一）指导思想

深入贯彻落实党的十八大精神，着眼转变经济发展方式的长期目标，围绕稳增长、调结构、促改革、惠民生的工作重点,以促进工业转型升级为主攻方向,以创新驱动为核心动力,着力释放改革红利,创新行政管理和服务方式,营造良好的政策环境,全面提升企业竞争能力;着力突破关键技术领域和应用瓶颈,加快传统产业改造升级,培育壮大生产性服务业,拓展战略性新兴产业发展空间;着力发挥地方区位优势和比较优势,增强产业政策协调性和互补性,激发经济增长新动力,保障网络与信息安全,加快建设工业强国,打造中国工业经济升级版。

(二)基本原则

市场导向,改革引领。充分发挥市场机制优化配置资源的基础性作用,打破行业性、区域性和经营性壁垒,营造公平竞争的市场环境;加快转变政府职能,综合运用标准体系、试点示范、第三方服务等手段,引导和鼓励企业提高技术和管理水平,创新经营模式,切实提升信息化条件下的核心竞争力,激发两化深度融合的内生动力。

产用互动,协调发展。全面深化信息技术在工业企业和行业管理领域的应用,促进工业发展质量和行业管理水平的双重提升;鼓励工业企业与信息技术企业深化合作,引导信息技术企业立足内需市场,增强安全可控的信息技术产品和服务供给能力,实现信息技术应用、产业发展与工业转型升级融合互动、协调发展。

多方参与,协力推进。加强统筹协调,充分发挥地方工信主管部门、通信管理机构、部属院校和研究机构、行业协会和第三方机构的积极作用,创新工作机制,构建上下协同、各负其责、紧密配合、运转高效的两化深度融合推进体系。

(三)总体目标

到 2018 年,两化深度融合取得显著成效,信息化条件下的企业竞争能力普遍增强,信息技术应用和商业模式创新有力促进产业结构调整升级,工业发展质量和效益全面提升,全国两化融合发展水平指数达到 82。

——"企业两化融合管理体系"得到全面推广。重点行业大中型企业两化融合水平逐级提升,处于集成提升阶段以上的企业达到 80%,涌现出一批创新能力强、应用效果好、具有国际竞争力的优秀企业。中小企业应用信息技术开展研发、管理和生产控制的比例达到 55%,应用电子商务开展采购、销售等业务的比例达到 50%。

——信息技术向工业领域全面渗透,传统行业两化融合水平整体提升。基于信息网络的融合创新不断涌现,电子商务、工业云、大数据等新技术新应用驱动的新型生产性服务业蓬勃发展，企业间电子商务（B2B）交易额突破 20 万亿元。

——食品、药品等重点产品质量安全信息可追溯体系建设取得进展。民爆、危险化学品等高危行业安全生产水平得到增强。各行业能源利用效率显著提高，50% 的重点工业用能企业数字能源解决方案应用达到较高水平，实现节能量 5 000 万 t 标准煤。

——信息技术支撑服务能力显著增强。以数字化、柔性化及系统集成技术为核心的智能制造装备取得重大突破，在国民经济重点领域得到快速应用，重点行业装备数控化率达到 70%。安全可控的信息技术产品配套能力和信息化服务能力明显增强，重点关键领域实现全面自主配套。

二、主要行动

（一）"企业两化融合管理体系"标准建设和推广行动

1. 行动目标

制定"企业两化融合管理体系"国家标准，规范企业系统推进两化融合的通用方法，建立全国性的第三方认定服务体系，推动企业建立、实施和改进两化融合管理体系，促使企业稳定获取预期的信息化成效，引领企业打造和提升信息化环境下的竞争能力。完善支撑两化深度融合的相关标准。

2. 行动内容

——制定"企业两化融合管理体系"国家标准。明确影响信息化过程的一般要素，形成引领和促使企业有效推进两化融合的体系框架、主要内容和方法论，制定发布"企业两化融合管理体系"国家标准。依据行业特色制定企业两化融合管理体系分行业标准。

——推动建立第三方认定服务体系。建立第三方认定管理组织，制定管理办法。各地负责建立一批服务机构，培育专业人员，开展咨询、认定、培训等专业化服务。建设覆盖全流程的信息化服务平台。

——开展试点和推广。选择典型企业、重点行业、重点地区开展企业两化融合管理体系试点，总结试点经验，组织宣传培训与推广交流。各行业、各地方要组织和引导企业参与两化融合管理体系建设工作，建立国家、行业和区域协同推广机制，全面推动两化融合管理体系在企业贯彻实施。

——加快制定支持两化深度融合的技术标准规范。围绕智能制造、智能监测监管、工业软件、工业控制、机器到机器通信、信息系统集成等重点工作，加快相关技术标准制定，积极开展标准的评估、试点、宣贯和推广应用工作。

（二）企业两化深度融合示范推广行动

1. 行动目标

依据工业企业两化融合评估规范，支持行业和区域开展企业对标，加强示范带动，引导企业逐级提升，促进企业创新能力、劳动生产率、产品质量等核心竞争力整体提高。

2. 行动内容

—— 完善工业企业两化融合水平测度机制。依据工业企业两化融合评估规范，分行业、分区域建立企业两化融合水平测度指标体系和等级评定办法，完善国家两化融合咨询服务平台，全面支撑企业两化融合水平测度和示范工作。

—— 推进企业对标和行业示范推广。行业协会负责开展行业企业两化融合水平测度和等级评定，树立一批示范企业。总结提炼示范经验和成果，形成行业共性解决方案，全面推进企业对标和示范推广，推动全行业两化融合向更高阶段跃升。

—— 开展区域分级分类推进。各地负责开展区域企业两化融合整体性水平测度和等级评定，树立一批示范企业。加强分级分类引导和推进，推动企业对标、培训交流和咨询服务，实现区域企业两化融合水平全面升级。

（三）中小企业两化融合能力提升行动

1. 行动目标

中小企业信息化推进工程持续深入推进，面向中小微企业的信息化服务体系进一步完善，综合服务和专业服务能力不断提高。降低中小微企业信息化应用门槛，解决中小微企业在技术创新、企业管理、市场开拓、投资融资、人才培养、信息咨询等方面存在的突出困难，增强中小微企业发展活力。

2. 行动内容

—— 健全和完善社会化、专业化中小企业信息化服务体系。引导服务商构建信息化服务平台，围绕中小微企业多样化、个性化需求，整合服务资源，完善平台功能，提高服务的专业性和有效性。鼓励电子商务服务商探索为中小微企业提供信用融资等服务。推动中小企业公共服务平台网络建设，发挥国家中小企业公共服务平台的示范作用，依托产业集群和工业园区，为中小微企业提供政策咨询、创业辅导、技术创新、人才培训、市场开拓等线上线下相结合的服务。

—— 提高中小企业信息化应用能力和水平。发挥中小企业发展专项等各类资金的扶持作用，支持中小微企业在研发设计、生产制造、经营管理、市场营销等核心业务环节信息化应用。鼓励中小微企业运用电子商务创新业务模式，运用信息化服务平台和第三方外包服务促进基础和集成应用。

（四）电子商务和物流信息化集成创新行动

1. 行动目标

深化重点行业电子商务应用，提高行业物流信息化和供应链协同水平，促进以第三方物流、电子商务平台为核心的新型生产性服务业发展壮大，创新业务协作流程和价值创造模式，提高产业链整体效率。

2. 行动内容

—— 提升重点行业电子商务和供应链协同能力。在原材料、装备制造、消费品、电子信息、国防科技等领域，围绕支持主制造商发展订单驱动的制造模式，带动产业链上下游企业协同联动，降低平均库存水平，缩短市场响应时间，提高供应链整体竞争能力，推进电子商务和供应链管理协同发展。在有条件的重点行业，促进合作企业商务信息和知识共享，开展网上研发、设计和制造，增强产业链的商务协同能力，提高市场应变能力。

—— 提升第三方物流服务能力。推动物流信息化发展，壮大第三方物流服务业，重点支持钢铁、石化、汽车、家电、食品、医药、危化品、电子产品、快速消费品、冷链等专业物流和供应链服务业发展，提升全程透明可视化管理能力，增强面向工业领域供应链协同需求的物流响应能力。

—— 推动工业企业电子商务创新发展。支持大型企业建立开放性采购平台，提高网上集中采购水平。支持有条件的大型企业电子商务平台向行业平台转化。支持制造企业利用电子商务创新营销模式，提高产品销售和售后服务水平。支持面向工业企业的电子商务服务平台发展壮大、创新商务模式，支撑和带动制造企业业务流程优化。

（五）重点领域智能化水平提升行动

1. 行动目标

加快民爆、危化、食品、稀土、农药以及重点用能行业智能监测监管体系建设，提高重点高危行业安全生产水平，加强民爆行业安全生产监测监管，开展危险化学品危险特性公示，实现食品质量安全信息全程可追溯，促进稀土资源高效开采利用；提高重点行业能源利用智能化水平，推动行业绿色发展、安全发展。

2. 行动内容

—— 加强民爆行业安全生产监测监管。建设覆盖各级民爆主管部门、民爆企业的行业综合管理服务平台，实现民爆物品生产经营动态信息全程监测。建立民爆企业生产、流通全过程安全管控体系，实现对关键安全生产要素的闭环信息化管控，提升民爆行业本质安全生产水平。

——开展危险化学品危险特性公示。在危险化学品领域全面推行联合国《全球化学品统一分类和标签制度》（GHS），建立国家化学品危险特性基础数据库和在线报送系统，提供危险化学品危险特性数据检索服务，有效控制危险化学品健康与环境风险。

——实现食品行业质量安全信息可追溯。搭建食品质量安全信息可追溯公共服务平台，在婴幼儿配方乳粉、白酒、肉制品等领域开展食品质量安全信息追溯体系建设试点，面向消费者提供企业公开法定信息实时追溯服务，强化企业质量安全主体责任。

——建立稀土行业信息化监管基础。鼓励重点矿区企业建设监控系统，实现在线监控。鼓励重点稀土企业集团建立管控信息系统，实现企业生产经营信息动态监管。支持建立行业生产统计系统。

——加强农药行业信息化监管。建立农药产品生产批准证书查询库和换证信息共享平台，促进农药行业信息交流。建立农药生产信息数据库，加强农药生产企业监管。搭建违法案件群众举报信息平台，完善农药打假机制，提升农药监管能力。

——提高重点高危行业安全生产水平。围绕特种设备管理、安全隐患排查、安全事故应急管理、人员安全管理、高危工业产品运输监控和管理等关键环节，支持煤矿、非煤矿山、危险化学品、烟花爆竹、冶金等重点高危行业企业的安全生产信息化系统建设，促进生产本质安全。

——推进重点行业节能减排。实施数字能源重点工程，大力推动企业能源管控中心建设，推广流程工业能源在线仿真系统等节能减排信息技术，在重点行业和地区建立工业主要污染物排放监测和工业固体废弃物综合利用信息管理体系，建立区域能耗在线监测平台，开展企业数字能源应用等级评价，提高能源资源利用效率。

（六）智能制造生产模式培育行动

1. 行动目标

面向国民经济重点领域智能制造需求，创新智能制造装备产品，提高重大成套设备及生产线系统集成水平。加快工业机器人、增材制造等先进制造技术在生产过程中应用。培育数字化车间、智能工厂，推广智能制造生产模式。

2. 行动内容

——加快重点领域装备智能化。实施"数控一代"装备创新工程行动计划，推广应用数字化控制技术，集成创新一批数控装备，实现装备性能、功能的升级换代。实施高档数控机床与基础制造装备专项，推进重点领域高端数控机床的研发设计和生产应用。实施智能制造装备发展专项，面向重点行业生产过程柔性化、智能化的应用需求，开发一批标志性的重大智能制造成套设备。

——推进生产过程和制造工艺的智能化。开展先进制造创新试点，发展以人机智能交互、柔性敏捷生产等为特征的智能制造方式，促进工业机器人在关键生产线的规模应用，推进生产制造设备联网和智能管控。拓宽增材制造（3D打印）技术在工业产品研发设计中的应用范围，推进增材制造在航空航天和医疗等领域的率先应用。创新政企合作模式，建立先进制造技术研发中心。

——推动智能制造生产模式的集成应用。结合原材料、装备、消费品等行业发展特点，在集团管控、设计与制造集成、管控衔接、产供销一体、业务和财务衔接等领域，开展关键环节集成应用示范。逐步推广重点行业数字化车间，开展智能工厂试点建设，探索全业务链综合集成的路径和方法。选择有条件的产业集聚区，开展智能制造示范试验区建设。

（七）互联网与工业融合创新行动

1. 行动目标

抓住信息、材料、能源等技术变革与制造技术融合创新的重大机遇，深化物联网、互联网在工业中的应用，促进工业全产业链、全价值链信息交互和集成协作，创新要素配置、生产制造和产业组织方式，加快工业生产向网络化、智能化、柔性化和服务化转变，延伸产业链，培育新业态，推动中国制造向中国创造转变。

2. 行动内容

——推动物联网在工业领域的集成创新和应用。实施物联网发展专项，在重点行业组织开展试点示范，以传感器和传感器网络、RFID、工业大数据的应用为切入点，重点支持生产过程控制、生产环境检测、制造供应链跟踪、远程诊断管理等物联网应用，促进经济效益提升、安全生产和节能减排。

——发展网络制造新型生产方式。鼓励有条件的企业通过网络化制造系统，实现产品设计、制造、销售、采购、管理等生产经营各环节的企业间协同，形成网络化企业集群。支持工业云服务平台建设，推进研发设计、数据管理、工程服务等制造资源的开放共享,推进制造需求和社会化制造资源的无缝对接,鼓励发展基于互联网的按需制造、众包设计等新型制造模式。

——加快电子商务驱动的制造业生态变革。鼓励B2C电子商务平台从产品销售和广告营销向研发设计、生产制造等领域渗透,促进生产和消费环节对接,推动基于消费需求动态感知的研发、制造和产业组织方式变革,形成个性化定制生产新模式。鼓励企业利用移动互联网,创新电子商务与制造业的集成应用模式。

——促进工业大数据集成应用。支持和鼓励典型行业骨干企业在工业生产经营过程中应用大数据技术,提升生产制造、供应链管理、产品营销及服务等环节的智能决策水平和经营效率。支持第三方大数据平台建设,面向中小制造企业提供精准营销、互联网金融等生产性服务。推动大数据在工业行业管理和经济运行中的应用,形成行业大数据平台,促进信息共享和数据开放,实现产品、市场和经济运行的动态监控、预测预警,提高行业管理、决策与服务水平。

(八)信息产业支撑服务能力提升行动

1. 行动目标

建设下一代信息基础设施,实现电信运营商向综合信息服务商转变。突破一批核心关键技术,提高电子信息产业链各环节配套能力,逐步形成安全可控的现代信息技术产业体系。信息化综合服务体系基本完善,信息技术与传统工业技术协同创新能力得到增强,新型工业化产业示范基地服务能力显著提升。

2. 行动内容

——加快提升信息网络基础设施。结合实施宽带中国战略,根据专项行动需求,加快产业集聚区的光纤网、移动通信网和无线局域网的部署和优化,实现信息网络宽带化升级。全面推进下一代互联网与移动互联网、物联网、云计算的融合发展,开展网络新技术现网试验和应用示范,推进TD-LTE智能终端的产业化和广泛应用,提高面向工业应用的网络服务能力。

——增强电子信息产业支撑服务能力。加快集成电路、关键电子元器件、基础软件、新型显示、云计算、物联网等核心技术创新,突破专项行动急需的应用电子、工业控制系统、工业软件、三维图形等关键技术。围绕工业重点行业应用形成重大信息系统产业链配套能力,开展国产CPU与操作系统等关键软硬件适配技术联合攻关,提升产业链整体竞争力和安全可控发展能力。支持面向云计算、移动互联网、工业控制系统等关键领域安全技术研发与产业化,加快安全可靠通信设备、网络设备等终端产品研发与应用。

——提高信息化综合服务能力。鼓励电信运营商、信息技术服务商、互联网企业之间加强合作，有效利用平台资源、数据资源和渠道资源，通过云服务模式面向企业提供服务。支持电子商务、物流、第三方支付等信息平台建设，深化信息服务在企业经营管理、节能环保、安全生产等方面的支撑作用。培育信息化咨询、规划、培训、评估、审计等专业服务机构。

——支持信息技术企业与工业企业战略合作。实施信息技术产用合作专项，在机械、石化、电力等重点行业开展信息技术应用试点示范，形成可推广的行业解决方案，支持工业企业采用安全可控的信息技术和产品。在重点消费领域加强产用互动合作，提升移动智能终端、高端家电、医疗器械、玩具等产品智能化水平，提高产品附加值。探索建立工业产品信息化指数测评服务体系。加强应用电子产品和系统研发和产业化，推动工业软件开发、标准化及行业应用。推进重点行业信息技术应用公共服务平台建设，引导行业协会、企业和研发机构共同组织产用合作联盟。

——提升新型工业化产业示范基地服务能力。完善示范基地信息基础设施，提高宽带和高速无线网络的覆盖率。增强示范基地公共服务平台的信息化支撑能力，建设并完善一批面向产业集群的专业化信息化服务平台，鼓励建设示范基地管理综合服务平台。依托示范基地骨干企业，促进产业链上下游企业间、制造企业与生产性服务企业间信息共享和业务协作。

三、保障措施

（一）加强组织领导

工业和信息化部成立专项行动工作办公室，明确任务分工、工作进度和责任，抓好落实。组织开展年度检查与效果评估，并将评估结果作为专项行动滚动调整的重要依据，开通专项行动网站，对工作进展情况进行公开发布与跟踪评价。

（二）完善协同推进体系

加强部省合作，突出地方工信主管部门在区域推进工作中的组织作用，支持建立由政府主要负责同志牵头的领导机制，推动两化深度融合纳入政府工作综合考核体系，确保任务落实。在有条件的地方开展国家级两化深度融合区域试点。鼓励各地开展省级试点示范，配合开展全国两化融合发展水平测度。加强区域交流合作，促进产业有序转移。支持行业协会和地方继续开展企业两化深度融合水平测度、企业对标和示范推广工作，引导企业参与企业两化融合管理体系建设试点和普及推广。培育第三方服务机构，提高两化融合服务支撑能力。

(三）创新政府管理方式

加强政策引导，创新管理方式，改善公共服务。清理和减少对各类企业、机构及其活动的非行政许可审批和资质资格许可。落实政务信息公开和公开招投标制度，打破各种行业性、地区性、经营性壁垒，促进企业公平竞争。制定公共信息资源开放共享管理办法，鼓励公共信息资源的社会化开发利用。在落实专项行动中，要加大政府采购服务力度，引导社会力量广泛参与。

（四）加大资金政策支持

扩大两化深度融合专项资金规模，重点支持专项行动任务的落实。改进财政资金支持方式，引导国家科技重大专项、技术改造专项、工业转型升级资金、中小企业发展资金等政策手段向本专项行动倾斜。各省、市、自治区要设立两化深度融合专项资金，为专项行动提供配套资金。引导金融机构、社会资本参与专项行动，鼓励企业采用分期付款、设备租赁、技术服务投资等新融资模式推进项目建设。

（五）完善人才培养体系

强化企业主要负责人推进信息化的领导责任意识，开展面向"一把手"的培训。在大中型企业全面普及企业首席信息官（CIO）制度，制定企业首席信息官制度建设指南，鼓励成立企业首席信息官协会，开展首席信息官职业培训。

部属高校要积极参与专项行动，提供战略研究和技术咨询。鼓励建设知识共享平台，开设两化融合网络公开课程。结合国家专业技术人才知识更新工程，支持企业和高校联合共建实训基地，开展实用人才培训。实施现代产业工人信息技能培训工程，加强对技校、中专、职高学生的信息技术教育，鼓励企业开展职工信息技能培训。

（六）加强网络与信息安全保障

在实施专项行动中要加强网络和信息安全管理，落实信息安全等级保护制度，加强对重要信息系统的安全管理检查。落实《关于加强工业控制系统信息安全管理的通知》，加强重点领域工业控制系统的信息安全检查、监管和测评，实施安全风险和漏洞通报制度。要加强新技术、新业务信息安全评估，强化信息产品和服务的信息安全检测和认证，支持建立第三方信息安全评估与监测机制。结合专项行动，推广电子签名应用，加快推进网络信任体系建设。

附录 C 国务院关于印发《中国制造 2025》的通知

国发〔2015〕28 号

各省、自治区、直辖市人民政府，国务院各部委、各直属机构：现将《中国制造 2025》印发给你们，请认真贯彻执行。

国务院
2015 年 5 月 8 日

（本文有删减）

中国制造 2025

制造业是国民经济的主体，是立国之本、兴国之器、强国之基。十八世纪中叶开启工业文明以来，世界强国的兴衰史和中华民族的奋斗史一再证明，没有强大的制造业，就没有国家和民族的强盛。打造具有国际竞争力的制造业，是我国提升综合国力、保障国家安全、建设世界强国的必由之路。

新中国成立尤其是改革开放以来，我国制造业持续快速发展，建成了门类齐全、独立完整的产业体系，有力推动工业化和现代化进程，显著增强综合国力，支撑我世界大国地位。然而，与世界先进水平相比，我国制造业仍然大而不强，在自主创新能力、资源利用效率、产业结构水平、信息化程度、质量效益等方面差距明显，转型升级和跨越发展的任务紧迫而艰巨。

当前，新一轮科技革命和产业变革与我国加快转变经济发展方式形成历史性交汇，国际产业分工格局正在重塑。必须紧紧抓住这一重大历史机遇，按照"四个全面"战略布局要求，实施制造强国战略，加强统筹规划和前瞻部署，力争通过三个十年的努力，到新中国成立一百年时，把我国建设成为引领世界制造业发展的制造强国，为实现中华民族伟大复兴的中国梦打下坚实基础。

《中国制造 2025》，是我国实施制造强国战略第一个十年的行动纲领。

一、发展形势和环境

（一）全球制造业格局面临重大调整

新一代信息技术与制造业深度融合，正在引发影响深远的产业变革，形成新的生产方式、产业形态、商业模式和经济增长点。各国都在加大科技创新力度，推动三维（3D）打印、移动互联网、云计算、大数据、生物工程、新能源、新材料等领域取得新突破。基于信息物理系统的智能装备、智能工厂等智能制造正在引领制造方式变革；网络众包、协同设计、大规模个性化定制、精准供应链管理、全生命周期管理、电子商务等正在重塑产业价值链体系；可穿戴智能产品、智能家电、智能汽车等智能终端产品不断拓展制造业新领域。我国制造业转型升级、创新发展迎来重大机遇。

全球产业竞争格局正在发生重大调整，我国在新一轮发展中面临巨大挑战。国际金融危机发生后，发达国家纷纷实施"再工业化"战略，重塑制造业竞争新优势，加速推进新一轮全球贸易投资新格局。一些发展中国家也在加快谋划和布局，积极参与全球产业再分工，承接产业及资本转移，拓展国际市场空间。我国制造业面临发达国家和其他发展中国家"双向挤压"的严峻挑战，必须放眼全球，加紧战略部署，着眼建设制造强国，固本培元，化挑战为机遇，抢占制造业新一轮竞争制高点。

（二）我国经济发展环境发生重大变化

随着新型工业化、信息化、城镇化、农业现代化同步推进，超大规模内需潜力不断释放，为我国制造业发展提供了广阔空间。各行业新的装备需求、人民群众新的消费需求、社会管理和公共服务新的民生需求、国防建设新的安全需求，都要求制造业在重大技术装备创新、消费品质量和安全、公共服务设施设备供给和国防装备保障等方面迅速提升水平和能力。全面深化改革和进一步扩大开放，将不断激发制造业发展活力和创造力，促进制造业转型升级。

我国经济发展进入新常态，制造业发展面临新挑战。资源和环境约束不断强化，劳动力等生产要素成本不断上升，投资和出口增速明显放缓，主要依靠资源要素投入、规模扩张的粗放发展模式难以为继，调整结构、转型升级、提质增效刻不容缓。形成经济增长新动力，塑造国际竞争新优势，重点在制造业，难点在制造业，出路也在制造业。

（三）建设制造强国任务艰巨而紧迫

经过几十年的快速发展，我国制造业规模跃居世界第一位，建立起门类齐全、独立完整的制造体系，成为支撑我国经济社会发展的重要基石和促进世界经济发展的重要力量。持续的技术创新，大大提高了我国制造业的综合竞争力。载人航天、载人深潜、大型飞机、北斗卫星导航、超级计算机、高铁装备、百万千瓦级发电装备、万米深海石油钻探设备等一批重大技术装备取得突破，形成了若干具有国际竞争力的优势产业和骨干企业,我国已具备了建设工业强国的基础和条件。

但我国仍处于工业化进程中,与先进国家相比还有较大差距。制造业大而不强,自主创新能力弱,关键核心技术与高端装备对外依存度高,以企业为主体的制造业创新体系不完善;产品档次不高,缺乏世界知名品牌;资源能源利用效率低,环境污染问题较为突出;产业结构不合理,高端装备制造业和生产性服务业发展滞后;信息化水平不高,与工业化融合深度不够;产业国际化程度不高,企业全球化经营能力不足。推进制造强国建设,必须着力解决以上问题。

建设制造强国,必须紧紧抓住当前难得的战略机遇,积极应对挑战,加强统筹规划,突出创新驱动,制定特殊政策,发挥制度优势,动员全社会力量奋力拼搏,更多依靠中国装备、依托中国品牌,实现中国制造向中国创造的转变,中国速度向中国质量的转变,中国产品向中国品牌的转变,完成中国制造由大变强的战略任务。

二、战略方针和目标

(一)指导思想

全面贯彻党的十八大和十八届二中、三中、四中全会精神,坚持走中国特色新型工业化道路,以促进制造业创新发展为主题,以提质增效为中心,以加快新一代信息技术与制造业深度融合为主线,以推进智能制造为主攻方向,以满足经济社会发展和国防建设对重大技术装备的需求为目标,强化工业基础能力,提高综合集成水平,完善多层次多类型人才培养体系,促进产业转型升级,培育有中国特色的制造文化,实现制造业由大变强的历史跨越。基本方针是:

——创新驱动。坚持把创新摆在制造业发展全局的核心位置,完善有利于创新的制度环境,推动跨领域跨行业协同创新,突破一批重点领域关键共性技术,促进制造业数字化网络化智能化,走创新驱动的发展道路。

——质量为先。坚持把质量作为建设制造强国的生命线,强化企业质量主体责任,加强质量技术攻关、自主品牌培育。建设法规标准体系、质量监管体系、先进质量文化,营造诚信经营的市场环境,走以质取胜的发展道路。

——绿色发展。坚持把可持续发展作为建设制造强国的重要着力点,加强节能环保技术、工艺、装备推广应用,全面推行清洁生产。发展循环经济,提高资源回收利用效率,构建绿色制造体系,走生态文明的发展道路。

——结构优化。坚持把结构调整作为建设制造强国的关键环节,大力发展先进制造业,改造提升传统产业,推动生产型制造向服务型制造转变。优化产业空间布局，培育一批具有核心竞争力的产业集群和企业群体，走提质增效的发展道路。

——人才为本。坚持把人才作为建设制造强国的根本，建立健全科学合理的选人、用人、育人机制，加快培养制造业发展急需的专业技术人才、经营管理人才、技能人才。营造大众创业、万众创新的氛围，建设一支素质优良、结构合理的制造业人才队伍，走人才引领的发展道路。

（二）基本原则

市场主导，政府引导。全面深化改革，充分发挥市场在资源配置中的决定性作用，强化企业主体地位，激发企业活力和创造力。积极转变政府职能，加强战略研究和规划引导，完善相关支持政策，为企业发展创造良好环境。

立足当前，着眼长远。针对制约制造业发展的瓶颈和薄弱环节，加快转型升级和提质增效，切实提高制造业的核心竞争力和可持续发展能力。准确把握新一轮科技革命和产业变革趋势，加强战略谋划和前瞻部署，扎扎实实打基础，在未来竞争中占据制高点。

整体推进，重点突破。坚持制造业发展全国一盘棋和分类指导相结合，统筹规划，合理布局，明确创新发展方向，促进军民融合深度发展，加快推动制造业整体水平提升。围绕经济社会发展和国家安全重大需求，整合资源，突出重点，实施若干重大工程，实现率先突破。

自主发展，开放合作。在关系国计民生和产业安全的基础性、战略性、全局性领域，着力掌握关键核心技术，完善产业链条，形成自主发展能力。继续扩大开放，积极利用全球资源和市场，加强产业全球布局和国际交流合作，形成新的比较优势，提升制造业开放发展水平。

（三）战略目标

立足国情，立足现实，力争通过"三步走"实现制造强国的战略目标。

第一步：力争用十年时间，迈入制造强国行列。

到2020年，基本实现工业化，制造业大国地位进一步巩固，制造业信息化水平大幅提升。掌握一批重点领域关键核心技术，优势领域竞争力进一步增强，产品质量有较大提高。制造业数字化、网络化、智能化取得明显进展。重点行业单位工业增加值能耗、物耗及污染物排放明显下降。

到2025年，制造业整体素质大幅提升，创新能力显著增强，全员劳动生产率明显提高，两化（工业化和信息化）融合迈上新台阶。重点行业单位工业增加值能耗、物耗及污染物排放达到世界先进水平。形成一批具有较强国际竞争力的跨国公司和产业集群，在全球产业分工和价值链中的地位明显提升。

第二步：到2035年，我国制造业整体达到世界制造强国阵营中等水平。创新能力大幅提升，重点领域发展取得重大突破，整体竞争力明显增强，优势行业形成全球创新引领能力，全面实现工业化。

第三步：新中国成立一百年时，制造业大国地位更加巩固，综合实力进入世界制造强国前列。制造业主要领域具有创新引领能力和明显竞争优势，建成全球领先的技术体系和产业体系。

2020年和2025年制造业主要指标

类别	指标	2013年	2015年	2020年	2025年
创新能力	规模以上制造业研发经费内部支出占主营业务收入比重（%）	0.88	0.95	1.26	1.68
	规模以上制造业每亿元主营业务收入有效发明专利数[①]（件）	0.36	0.44	0.70	1.10
质量效益	制造业质量竞争力指数[②]	83.10	83.50	84.50	85.50
	制造业增加值率提高	—	—	比2015年提高2个百分点	比2015年提高4个百分点
	制造业全员劳动生产率增速（%）	—	—	7.5左右（"十三五"期间年均增速）	6.5左右（"十四五"期间年均增速）
两化融合	宽带普及率[③]（%）	37	50	70	82
	数字化研发设计工具普及率[④]（%）	52	58	72	84
	关键工序数控化率[⑤]（%）	27	33	50	64
绿色发展	规模以上单位工业增加值能耗下降幅度	—	—	比2015年下降18%	比2015年下降34%
	单位工业增加值二氧化碳排放量下降幅度	—	—	比2015年下降22%	比2015年下降40%
	单位工业增加值用水量下降幅度	—	—	比2015年下降23%	比2015年下降41%
	工业固体废物综合利用率（%）	62	65	73	79

①规模以上制造业每亿元主营业务收入有效发明专利数 = 规模以上制造企业有效发明专利数/规模以上制造企业主营业务收入。

②制造业质量竞争力指数是反映我国制造业质量整体水平的经济技术综合指标，由质量水平和发展能力两个方面共计12项具体指标计算得出。

③宽带普及率用固定宽带家庭普及率代表，固定宽带家庭普及率＝固定宽带家庭用户数／家庭户数。

④数字化研发设计工具普及率＝应用数字化研发设计工具的规模以上企业数量／规模以上企业总数量（相关数据来源于3万家样本企业，下同）。

⑤关键工序数控化率为规模以上工业企业关键工序数控化率的平均值。

三、战略任务和重点

实现制造强国的战略目标，必须坚持问题导向，统筹谋划，突出重点；必须凝聚全社会共识，加快制造业转型升级，全面提高发展质量和核心竞争力。

（一）提高国家制造业创新能力

完善以企业为主体、市场为导向、政产学研用相结合的制造业创新体系。围绕产业链部署创新链，围绕创新链配置资源链，加强关键核心技术攻关，加速科技成果产业化，提高关键环节和重点领域的创新能力。

加强关键核心技术研发。强化企业技术创新主体地位，支持企业提升创新能力，推进国家技术创新示范企业和企业技术中心建设，充分吸纳企业参与国家科技计划的决策和实施。瞄准国家重大战略需求和未来产业发展制高点，定期研究制定发布制造业重点领域技术创新路线图。继续抓紧实施国家科技重大专项，通过国家科技计划（专项、基金等）支持关键核心技术研发。发挥行业骨干企业的主导作用和高等院校、科研院所的基础作用，建立一批产业创新联盟，开展政产学研用协同创新，攻克一批对产业竞争力整体提升具有全局性影响、带动性强的关键共性技术，加快成果转化。

提高创新设计能力。在传统制造业、战略性新兴产业、现代服务业等重点领域开展创新设计示范，全面推广应用以绿色、智能、协同为特征的先进设计技术。加强设计领域共性关键技术研发，攻克信息化设计、过程集成设计、复杂过程和系统设计等共性技术，开发一批具有自主知识产权的关键设计工具软件，建设完善创新设计生态系统。建设若干具有世界影响力的创新设计集群，培育一批专业化、开放型的工业设计企业，鼓励代工企业建立研究设计中心，向代设计和出口自主品牌产品转变。发展各类创新设计教育，设立国家工业设计奖，激发全社会创新设计的积极性和主动性。

推进科技成果产业化。完善科技成果转化运行机制，研究制定促进科技成果转化和产业化的指导意见，建立完善科技成果信息发布和共享平台，健全以技术交易市场为核心的技术转移和产业化服务体系。完善科技成果转化激励机制，推动事业单位科技成果使用、处置和收益管理改革，健全科技成果科学评估和市场定价机制。完善科技成果转化协同推进机制,引导政产学研用按照市场规律和创新规律加强合作,鼓励企业和社会资本建立一批从事技术集成、熟化和工程化的中试基地。加快国防科技成果转化和产业化进程,推进军民技术双向转移转化。

完善国家制造业创新体系。加强顶层设计,加快建立以创新中心为核心载体、以公共服务平台和工程数据中心为重要支撑的制造业创新网络,建立市场化的创新方向选择机制和鼓励创新的风险分担、利益共享机制。充分利用现有科技资源,围绕制造业重大共性需求,采取政府与社会合作、政产学研用产业创新战略联盟等新机制新模式,形成一批制造业创新中心(工业技术研究基地),开展关键共性重大技术研究和产业化应用示范。建设一批促进制造业协同创新的公共服务平台,规范服务标准,开展技术研发、检验检测、技术评价、技术交易、质量认证、人才培训等专业化服务,促进科技成果转化和推广应用。建设重点领域制造业工程数据中心,为企业提供创新知识和工程数据的开放共享服务。面向制造业关键共性技术,建设一批重大科学研究和实验设施,提高核心企业系统集成能力,促进向价值链高端延伸。

> **专栏1 制造业创新中心(工业技术研究基地)建设工程**
>
> 围绕重点行业转型升级和新一代信息技术、智能制造、增材制造、新材料、生物医药等领域创新发展的重大共性需求,形成一批制造业创新中心(工业技术研究基地),重点开展行业基础和共性关键技术研发、成果产业化、人才培训等工作。制定完善制造业创新中心遴选、考核、管理的标准和程序。
>
> 到2020年,重点形成15家左右制造业创新中心(工业技术研究基地),力争到2025年形成40家左右制造业创新中心(工业技术研究基地)。

加强标准体系建设。改革标准体系和标准化管理体制,组织实施制造业标准化提升计划,在智能制造等重点领域开展综合标准化工作。发挥企业在标准制定中的重要作用,支持组建重点领域标准推进联盟,建设标准创新研究基地,协同推进产品研发与标准制定。制定满足市场和创新需要的团体标准,建立企业产品和服务标准自我声明公开和监督制度。鼓励和支持企业、科研院所、行业组织等参与国际标准制定,加快我国标准国际化进程。大力推动国防装备采用先进的民用标准,推动军用技术标准向民用领域的转化和应用。做好标准的宣传贯彻,大力推动标准实施。

强化知识产权运用。加强制造业重点领域关键核心技术知识产权储备,构建产业化导向的专利组合和战略布局。鼓励和支持企业运用知识产权参与市场竞争,培育一批具备知识产权综合实力的优势企业,支持组建知识产权联盟,推动市场主体开展知识产权协同运用。稳妥推进国防知识产权解密和市场化应用。建立健全知识产权评议机制,鼓励和支持行业骨干企业与专业机构在重点领域合作开展专利评估、收购、运营、风险预警与应对。构建知识产权综合运用公共服务平台。鼓励开展跨国知识产权许可。研究制定降低中小企业知识产权申请、保护及维权成本的政策措施。

(二)推进信息化与工业化深度融合

加快推动新一代信息技术与制造技术融合发展,把智能制造作为两化深度融合的主攻方向;着力发展智能装备和智能产品,推进生产过程智能化,培育新型生产方式,全面提升企业研发、生产、管理和服务的智能化水平。

研究制定智能制造发展战略。编制智能制造发展规划,明确发展目标、重点任务和重大布局。加快制定智能制造技术标准,建立完善智能制造和两化融合管理标准体系。强化应用牵引,建立智能制造产业联盟,协同推动智能装备和产品研发、系统集成创新与产业化。促进工业互联网、云计算、大数据在企业研发设计、生产制造、经营管理、销售服务等全流程和全产业链的综合集成应用。加强智能制造工业控制系统网络安全保障能力建设,健全综合保障体系。

加快发展智能制造装备和产品。组织研发具有深度感知、智慧决策、自动执行功能的高档数控机床、工业机器人、增材制造装备等智能制造装备以及智能化生产线,突破新型传感器、智能测量仪表、工业控制系统、伺服电机及驱动器和减速器等智能核心装置,推进工程化和产业化。加快机械、航空、船舶、汽车、轻工、纺织、食品、电子等行业生产设备的智能化改造,提高精准制造、敏捷制造能力。统筹布局和推动智能交通工具、智能工程机械、服务机器人、智能家电、智能照明电器、可穿戴设备等产品研发和产业化。

推进制造过程智能化。在重点领域试点建设智能工厂/数字化车间,加快人机智能交互、工业机器人、智能物流管理、增材制造等技术和装备在生产过程中的应用,促进制造工艺的仿真优化、数字化控制、状态信息实时监测和自适应控制。加快产品全生命周期管理、客户关系管理、供应链管理系统的推广应用,促进集团管控、设计与制造、产供销一体、业务和财务衔接等关键环节集成,实现智能管控。加快民用爆炸物品、危险化学品、食品、印染、稀土、农药等重点行业智能检测监管体系建设,提高智能化水平。

深化互联网在制造领域的应用。制定互联网与制造业融合发展的路线图,明确发展方向、目标和路径。发展基于互联网的个性化定制、众包设计、云制造等新型制造模式，推动形成基于消费需求动态感知的研发、制造和产业组织方式。建立优势互补、合作共赢的开放型产业生态体系。加快开展物联网技术研发和应用示范，培育智能监测、远程诊断管理、全产业链追溯等工业互联网新应用。实施工业云及工业大数据创新应用试点，建设一批高质量的工业云服务和工业大数据平台，推动软件与服务、设计与制造资源、关键技术与标准的开放共享。

加强互联网基础设施建设。加强工业互联网基础设施建设规划与布局，建设低时延、高可靠、广覆盖的工业互联网。加快制造业集聚区光纤网、移动通信网和无线局域网的部署和建设，实现信息网络宽带升级，提高企业宽带接入能力。针对信息物理系统网络研发及应用需求，组织开发智能控制系统、工业应用软件、故障诊断软件和相关工具、传感和通信系统协议，实现人、设备与产品的实时联通、精确识别、有效交互与智能控制。

专栏 2　智能制造工程

紧密围绕重点制造领域关键环节，开展新一代信息技术与制造装备融合的集成创新和工程应用。支持政产学研用联合攻关，开发智能产品和自主可控的智能装置并实现产业化。依托优势企业，紧扣关键工序智能化、关键岗位机器人替代、生产过程智能优化控制、供应链优化，建设重点领域智能工厂/数字化车间。在基础条件好、需求迫切的重点地区、行业和企业中，分类实施流程制造、离散制造、智能装备和产品、新业态新模式、智能化管理、智能化服务等试点示范及应用推广。建立智能制造标准体系和信息安全保障系统，搭建智能制造网络系统平台。

到 2020 年，制造业重点领域智能化水平显著提升，试点示范项目运营成本降低 30%，产品生产周期缩短 30%，不良品率降低 30%。到 2025 年，制造业重点领域全面实现智能化，试点示范项目运营成本降低 50%，产品生产周期缩短 50%，不良品率降低 50%。

（三）强化工业基础能力

核心基础零部件（元器件）、先进基础工艺、关键基础材料和产业技术基础（以下统称"四基"）等工业基础能力薄弱，是制约我国制造业创新发展和质量提升的症结所在。要坚持问题导向、产需结合、协同创新、重点突破的原则，着力破解制约重点产业发展的瓶颈。

统筹推进"四基"发展。制定工业强基实施方案，明确重点方向、主要目标和实施路径。制定工业"四基"发展指导目录，发布工业强基发展报告，组织实施工业强基工程。统筹军民两方面资源，开展军民两用技术联合攻关，支持军民技术相互有效利用，促进基础领域融合发展。强化基础领域标准、计量体系建设，加快实施对标达标，提升基础产品的质量、可靠性和寿命。建立多部门协调推进机制，引导各类要素向基础领域集聚。

加强"四基"创新能力建设。强化前瞻性基础研究，着力解决影响核心基础零部件（元器件）产品性能和稳定性的关键共性技术。建立基础工艺创新体系，利用现有资源建立关键共性基础工艺研究机构，开展先进成型、加工等关键制造工艺联合攻关；支持企业开展工艺创新，培养工艺专业人才。加大基础专用材料研发力度，提高专用材料自给保障能力和制备技术水平。建立国家工业基础数据库，加强企业试验检测数据和计量数据的采集、管理、应用和积累。加大对"四基"领域技术研发的支持力度，引导产业投资基金和创业投资基金投向"四基"领域重点项目。

推动整机企业和"四基"企业协同发展。注重需求侧激励，产用结合，协同攻关。依托国家科技计划（专项、基金等）和相关工程等，在数控机床、轨道交通装备、航空航天、发电设备等重点领域，引导整机企业和"四基"企业、高校、科研院所产需对接，建立产业联盟，形成协同创新、产用结合、以市场促基础产业发展的新模式，提升重大装备自主可控水平。开展工业强基示范应用，完善首台（套）、首批次政策，支持核心基础零部件（元器件）、先进基础工艺、关键基础材料推广应用。

专栏3　工业强基工程

开展示范应用，建立奖励和风险补偿机制，支持核心基础零部件（元器件）、先进基础工艺、关键基础材料的首批次或跨领域应用。组织重点突破，针对重大工程和重点装备的关键技术和产品急需，支持优势企业开展政产学研用联合攻关，突破关键基础材料、核心基础零部件的工程化、产业化瓶颈。强化平台支撑，布局和组建一批"四基"研究中心，创建一批公共服务平台，完善重点产业技术基础体系。

到2020年，40%的核心基础零部件、关键基础材料实现自主保障，受制于人的局面逐步缓解，航天装备、通信装备、发电与输变电设备、工程机械、轨道交通装备、家用电器等产业急需的核心基础零部件（元器件）和关键基础材料的先进制造工艺得到推广应用。到2025年，70%的核心基础零部件、关键基础材料实现自主保障，80种标志性先进工艺得到推广应用，部分达到国际领先水平，建成较为完善的产业技术基础服务体系，逐步形成整机牵引和基础支撑协调互动的产业创新发展格局。

（四）加强质量品牌建设

提升质量控制技术，完善质量管理机制，夯实质量发展基础，优化质量发展环境，努力实现制造业质量大幅提升。鼓励企业追求卓越品质，形成具有自主知识产权的名牌产品，不断提升企业品牌价值和中国制造整体形象。

推广先进质量管理技术和方法。建设重点产品标准符合性认定平台,推动重点产品技术、安全标准全面达到国际先进水平。开展质量标杆和领先企业示范活动,普及卓越绩效、六西格玛、精益生产、质量诊断、质量持续改进等先进生产管理模式和方法。支持企业提高质量在线监测、在线控制和产品全生命周期质量追溯能力。组织开展重点行业工艺优化行动,提升关键工艺过程控制水平。开展质量管理小组、现场改进等群众性质量管理活动示范推广。加强中小企业质量管理,开展质量安全培训、诊断和辅导活动。

加快提升产品质量。实施工业产品质量提升行动计划,针对汽车、高档数控机床、轨道交通装备、大型成套技术装备、工程机械、特种设备、关键原材料、基础零部件、电子元器件等重点行业,组织攻克一批长期困扰产品质量提升的关键共性质量技术,加强可靠性设计、试验与验证技术开发应用,推广采用先进成型和加工方法、在线检测装置、智能化生产和物流系统及检测设备等,使重点实物产品的性能稳定性、质量可靠性、环境适应性、使用寿命等指标达到国际同类产品先进水平。在食品、药品、婴童用品、家电等领域实施覆盖产品全生命周期的质量管理、质量自我声明和质量追溯制度,保障重点消费品质量安全。大力提高国防装备质量可靠性,增强国防装备实战能力。

完善质量监管体系。健全产品质量标准体系、政策规划体系和质量管理法律法规。加强关系民生和安全等重点领域的行业准入与市场退出管理。建立消费品生产经营企业产品事故强制报告制度,健全质量信用信息收集和发布制度,强化企业质量主体责任。将质量违法违规记录作为企业诚信评级的重要内容,建立质量黑名单制度,加大对质量违法和假冒品牌行为的打击和惩处力度。建立区域和行业质量安全预警制度,防范化解产品质量安全风险。严格实施产品"三包"、产品召回等制度,强化监管检查和责任追究,切实保护消费者权益。

夯实质量发展基础。制定和实施与国际先进水平接轨的制造业质量、安全、卫生、环保及节能标准。加强计量科技基础及前沿技术研究,建立一批制造业发展急需的高准确度、高稳定性计量基标准,提升与制造业相关的国家量传溯源能力。加强国家产业计量测试中心建设,构建国家计量科技创新体系。完善检验检测技术保障体系,建设一批高水平的工业产品质量控制和技术评价实验室、产品质量监督检验中心,鼓励建立专业检测技术联盟。完善认证认可管理模式,提高强制性产品认证的有效性,推动自愿性产品认证健康发展,提升管理体系认证水平,稳步推进国际互认。支持行业组织发布自律规范或公约,开展质量信誉承诺活动。

推进制造业品牌建设。引导企业制定品牌管理体系,围绕研发创新、生产制造、质量管理和营销服务全过程,提升内在素质,夯实品牌发展基础。扶持一批品牌培育和运营专业服务机构,开展品牌管理咨询、市场推广等服务。健全集体商标、证明商标注册管理制度。打造一批特色鲜明、竞争力强、市场信誉好的产业集群区域品牌。建设品牌文化,引导企业增强以质量和信誉为核心的品牌意识,树立品牌消费理念,提升品牌附加值和软实力。加速我国品牌价值评价国际化进程,充分发挥各类媒体作用,加大中国品牌宣传推广力度,树立中国制造品牌良好形象。

（五）全面推行绿色制造

加大先进节能环保技术、工艺和装备的研发力度,加快制造业绿色改造升级;积极推行低碳化、循环化和集约化,提高制造业资源利用效率;强化产品全生命周期绿色管理,努力构建高效、清洁、低碳、循环的绿色制造体系。

加快制造业绿色改造升级。全面推进钢铁、有色、化工、建材、轻工、印染等传统制造业绿色改造,大力研发推广余热余压回收、水循环利用、重金属污染减量化、有毒有害原料替代、废渣资源化、脱硫脱硝除尘等绿色工艺技术装备,加快应用清洁高效铸造、锻压、焊接、表面处理、切削等加工工艺,实现绿色生产。加强绿色产品研发应用,推广轻量化、低功耗、易回收等技术工艺,持续提升电机、锅炉、内燃机及电器等终端用能产品能效水平,加快淘汰落后机电产品和技术。积极引领新兴产业高起点绿色发展,大幅降低电子信息产品生产、使用能耗及限用物质含量,建设绿色数据中心和绿色基站,大力促进新材料、新能源、高端装备、生物产业绿色低碳发展。

推进资源高效循环利用。支持企业强化技术创新和管理,增强绿色精益制造能力,大幅降低能耗、物耗和水耗水平。持续提高绿色低碳能源使用比率,开展工业园区和企业分布式绿色智能微电网建设,控制和削减化石能源消费量。全面推行循环生产方式,促进企业、园区、行业间链接共生、原料互供、资源共享。推进资源再生利用产业规范化、规模化发展,强化技术装备支撑,提高大宗工业固体废弃物、废旧金属、废弃电器电子产品等综合利用水平。大力发展再制造产业,实施高端再制造、智能再制造、在役再制造,推进产品认定,促进再制造产业持续健康发展。

积极构建绿色制造体系。支持企业开发绿色产品,推行生态设计,显著提升产品节能环保低碳水平，引导绿色生产和绿色消费。建设绿色工厂，实现厂房集约化、原料无害化、生产洁净化、废物资源化、能源低碳化。发展绿色园区，推进工业园区产业耦合，实现近零排放。打造绿色供应链，加快建立以资源节约、环境友好为导向的采购、生产、营销、回收及物流体系，落实生产者责任延伸制度。壮大绿色企业，支持企业实施绿色战略、绿色标准、绿色管理和绿色生产。强化绿色监管，健全节能环保法规、标准体系，加强节能环保监察，推行企业社会责任报告制度，开展绿色评价。

专栏4　绿色制造工程

组织实施传统制造业能效提升、清洁生产、节水治污、循环利用等专项技术改造。开展重大节能环保、资源综合利用、再制造、低碳技术产业化示范。实施重点区域、流域、行业清洁生产水平提升计划，扎实推进大气、水、土壤污染源头防治专项。制定绿色产品、绿色工厂、绿色园区、绿色企业标准体系，开展绿色评价。

到2020年，建成千家绿色示范工厂和百家绿色示范园区，部分重化工行业能源资源消耗出现拐点，重点行业主要污染物排放强度下降20%。到2025年，制造业绿色发展和主要产品单耗达到世界先进水平，绿色制造体系基本建立。

（六）大力推动重点领域突破发展

瞄准新一代信息技术、高端装备、新材料、生物医药等战略重点，引导社会各类资源集聚，推动优势和战略产业快速发展。

1. 新一代信息技术产业

集成电路及专用装备。着力提升集成电路设计水平，不断丰富知识产权（IP）核和设计工具，突破关系国家信息与网络安全及电子整机产业发展的核心通用芯片，提升国产芯片的应用适配能力。掌握高密度封装及三维（3D）微组装技术，提升封装产业和测试的自主发展能力。形成关键制造装备供货能力。

信息通信设备。掌握新型计算、高速互联、先进存储、体系化安全保障等核心技术，全面突破第五代移动通信（5G）技术、核心路由交换技术、超高速大容量智能光传输技术、"未来网络"核心技术和体系架构，积极推动量子计算、神经网络等发展。研发高端服务器、大容量存储、新型路由交换、新型智能终端、新一代基站、网络安全等设备，推动核心信息通信设备体系化发展与规模化应用。

操作系统及工业软件。开发安全领域操作系统等工业基础软件。突破智能设计与仿真及其工具、制造物联与服务、工业大数据处理等高端工业软件核心技术，开发自主可控的高端工业平台软件和重点领域应用软件，建立完善工业软件集成标准与安全测评体系。推进自主工业软件体系化发展和产业化应用。

2. 高档数控机床和机器人

高档数控机床。开发一批精密、高速、高效、柔性数控机床与基础制造装备及集成制造系统。加快高档数控机床、增材制造等前沿技术和装备的研发。以提升可靠性、精度保持性为重点，开发高档数控系统、伺服电机、轴承、光栅等主要功能部件及关键应用软件，加快实现产业化。加强用户工艺验证能力建设。

机器人。围绕汽车、机械、电子、危险品制造、国防军工、化工、轻工等工业机器人、特种机器人，以及医疗健康、家庭服务、教育娱乐等服务机器人应用需求，积极研发新产品，促进机器人标准化、模块化发展，扩大市场应用。突破机器人本体、减速器、伺服电机、控制器、传感器与驱动器等关键零部件及系统集成设计制造等技术瓶颈。

3. 航空航天装备

航空装备。加快大型飞机研制，适时启动宽体客机研制，鼓励国际合作研制重型直升机；推进干支线飞机、直升机、无人机和通用飞机产业化。突破高推重比、先进涡桨（轴）发动机及大涵道比涡扇发动机技术，建立发动机自主发展工业体系。开发先进机载设备及系统，形成自主完整的航空产业链。

航天装备。发展新一代运载火箭、重型运载器，提升进入空间能力。加快推进国家民用空间基础设施建设，发展新型卫星等空间平台与有效载荷、空天地宽带互联网系统，形成长期持续稳定的卫星遥感、通信、导航等空间信息服务能力。推动载人航天、月球探测工程，适度发展深空探测。推进航天技术转化与空间技术应用。

4. 海洋工程装备及高技术船舶

大力发展深海探测、资源开发利用、海上作业保障装备及其关键系统和专用设备。推动深海空间站、大型浮式结构物的开发和工程化。形成海洋工程装备综合试验、检测与鉴定能力，提高海洋开发利用水平。突破豪华邮轮设计建造技术，全面提升液化天然气船等高技术船舶国际竞争力，掌握重点配套设备集成化、智能化、模块化设计制造核心技术。

5. 先进轨道交通装备

加快新材料、新技术和新工艺的应用，重点突破体系化安全保障、节能环保、数字化智能化网络化技术，研制先进可靠适用的产品和轻量化、模块化、谱系化产品。研发新一代绿色智能、高速重载轨道交通装备系统，围绕系统全寿命周期，向用户提供整体解决方案，建立世界领先的现代轨道交通产业体系。

6. 节能与新能源汽车

继续支持电动汽车、燃料电池汽车发展，掌握汽车低碳化、信息化、智能化核心技术，提升动力电池、驱动电机、高效内燃机、先进变速器、轻量化材料、智能控制等核心技术的工程化和产业化能力，形成从关键零部件到整车的完整工业体系和创新体系，推动自主品牌节能与新能源汽车同国际先进水平接轨。

7. 电力装备

推动大型高效超净排放煤电机组产业化和示范应用，进一步提高超大容量水电机组、核电机组、重型燃气轮机制造水平。推进新能源和可再生能源装备、先进储能装置、智能电网用输变电及用户端设备发展。突破大功率电力电子器件、高温超导材料等关键元器件和材料的制造及应用技术，形成产业化能力。

8. 农机装备

重点发展粮、棉、油、糖等大宗粮食和战略性经济作物育、耕、种、管、收、运、贮等主要生产过程使用的先进农机装备，加快发展大型拖拉机及其复式作业机具、大型高效联合收割机等高端农业装备及关键核心零部件。提高农机装备信息收集、智能决策和精准作业能力，推进形成面向农业生产的信息化整体解决方案。

9. 新材料

以特种金属功能材料、高性能结构材料、功能性高分子材料、特种无机非金属材料和先进复合材料为发展重点，加快研发先进熔炼、凝固成型、气相沉积、型材加工、高效合成等新材料制备关键技术和装备，加强基础研究和体系建设，突破产业化制备瓶颈。积极发展军民共用特种新材料，加快技术双向转移转化，促进新材料产业军民融合发展。高度关注颠覆性新材料对传统材料的影响，做好超导材料、纳米材料、石墨烯、生物基材料等战略前沿材料提前布局和研制。加快基础材料升级换代。

10. 生物医药及高性能医疗器械

发展针对重大疾病的化学药、中药、生物技术药物新产品，重点包括新机制和新靶点化学药、抗体药物、抗体偶联药物、全新结构蛋白及多肽药物、新型疫苗、临床优势突出的创新中药及个性化治疗药物。提高医疗器械的创新能力和产业化水平，重点发展影像设备、医用机器人等高性能诊疗设备，全降解血管支架等高值医用耗材，可穿戴、远程诊疗等移动医疗产品。实现生物3D打印、诱导多能干细胞等新技术的突破和应用。

> **专栏5　高端装备创新工程**
>
> 组织实施大型飞机、航空发动机及燃气轮机、民用航天、智能绿色列车、节能与新能源汽车、海洋工程装备及高技术船舶、智能电网成套装备、高档数控机床、核电装备、高端诊疗设备等一批创新和产业化专项、重大工程。开发一批标志性、带动性强的重点产品和重大装备，提升自主设计水平和系统集成能力，突破共性关键技术与工程化、产业化瓶颈，组织开展应用试点和示范，提高创新发展能力和国际竞争力，抢占竞争制高点。
>
> 到2020年，上述领域实现自主研制及应用。到2025年，自主知识产权高端装备市场占有率大幅提升，核心技术对外依存度明显下降，基础配套能力显著增强，重要领域装备达到国际领先水平。

（七）深入推进制造业结构调整

推动传统产业向中高端迈进，逐步化解过剩产能，促进大企业与中小企业协调发展，进一步优化制造业布局。

持续推进企业技术改造。明确支持战略性重大项目和高端装备实施技术改造的政策方向，稳定中央技术改造引导资金规模，通过贴息等方式，建立支持企业技术改造的长效机制。推动技术改造相关立法，强化激励约束机制，完善促进企业技术改造的政策体系。支持重点行业、高端产品、关键环节进行技术改造，引导企业采用先进适用技术，优化产品结构，全面提升设计、制造、工艺、管理水平，促进钢铁、石化、工程机械、轻工、纺织等产业向价值链高端发展。研究制定重点产业技术改造投资指南和重点项目导向计划，吸引社会资金参与，优化工业投资结构。围绕两化融合、节能降耗、质量提升、安全生产等传统领域改造，推广应用新技术、新工艺、新装备、新材料，提高企业生产技术水平和效益。

稳步化解产能过剩矛盾。加强和改善宏观调控，按照"消化一批、转移一批、整合一批、淘汰一批"的原则，分业分类施策，有效化解产能过剩矛盾。加强行业规范和准入管理，推动企业提升技术装备水平，优化存量产能。加强对产能严重过剩行业的动态监测分析，建立完善预警机制，引导企业主动退出过剩行业。切实发挥市场机制作用，综合运用法律、经济、技术及必要的行政手段，加快淘汰落后产能。

促进大中小企业协调发展。强化企业市场主体地位，支持企业间战略合作和跨行业、跨区域兼并重组，提高规模化、集约化经营水平，培育一批核心竞争力强的企业集团。激发中小企业创业创新活力，发展一批主营业务突出、竞争力强、成长性好、专注于细分市场的专业化"小巨人"企业。发挥中外中小企业合作园区示范作用，利用双边、多边中小企业合作机制，支持中小企业走出去和引进来。

引导大企业与中小企业通过专业分工、服务外包、订单生产等多种方式，建立协同创新、合作共赢的协作关系。推动建设一批高水平的中小企业集群。

优化制造业发展布局。落实国家区域发展总体战略和主体功能区规划，综合考虑资源能源、环境容量、市场空间等因素，制定和实施重点行业布局规划，调整优化重大生产力布局。完善产业转移指导目录，建设国家产业转移信息服务平台，创建一批承接产业转移示范园区，引导产业合理有序转移，推动东中西部制造业协调发展。积极推动京津冀和长江经济带产业协同发展。按照新型工业化的要求，改造提升现有制造业集聚区，推动产业集聚向产业集群转型升级。建设一批特色和优势突出、产业链协同高效、核心竞争力强、公共服务体系健全的新型工业化示范基地。

（八）积极发展服务型制造和生产性服务业

加快制造与服务的协同发展，推动商业模式创新和业态创新，促进生产型制造向服务型制造转变。大力发展与制造业紧密相关的生产性服务业，推动服务功能区和服务平台建设。

推动发展服务型制造。研究制定促进服务型制造发展的指导意见，实施服务型制造行动计划。开展试点示范，引导和支持制造业企业延伸服务链条，从主要提供产品制造向提供产品和服务转变。鼓励制造业企业增加服务环节投入，发展个性化定制服务、全生命周期管理、网络精准营销和在线支持服务等。支持有条件的企业由提供设备向提供系统集成总承包服务转变，由提供产品向提供整体解决方案转变。鼓励优势制造业企业"裂变"专业优势，通过业务流程再造，面向行业提供社会化、专业化服务。支持符合条件的制造业企业建立企业财务公司、金融租赁公司等金融机构，推广大型制造设备、生产线等融资租赁服务。

加快生产性服务业发展。大力发展面向制造业的信息技术服务，提高重点行业信息应用系统的方案设计、开发、综合集成能力。鼓励互联网等企业发展移动电子商务、在线定制、线上到线下等创新模式，积极发展对产品、市场的动态监控和预测预警等业务，实现与制造业企业的无缝对接，创新业务协作流程和价值创造模式。加快发展研发设计、技术转移、创业孵化、知识产权、科技咨询等科技服务业，发展壮大第三方物流、节能环保、检验检测认证、电子商务、服务外包、融资租赁、人力资源服务、售后服务、品牌建设等生产性服务业，提高对制造业转型升级的支撑能力。

强化服务功能区和公共服务平台建设。建设和提升生产性服务业功能区，重点发展研发设计、信息、物流、商务、金融等现代服务业,增强辐射能力。依托制造业集聚区,建设一批生产性服务业公共服务平台。鼓励东部地区企业加快制造业服务化转型,建立生产服务基地。支持中西部地区发展具有特色和竞争力的生产性服务业,加快产业转移承接地服务配套设施和能力建设,实现制造业和服务业协同发展。

(九)提高制造业国际化发展水平

统筹利用两种资源、两个市场,实行更加积极的开放战略,将引进来与走出去更好结合,拓展新的开放领域和空间,提升国际合作的水平和层次,推动重点产业国际化布局,引导企业提高国际竞争力。

提高利用外资与国际合作水平。进一步放开一般制造业,优化开放结构,提高开放水平。引导外资投向新一代信息技术、高端装备、新材料、生物医药等高端制造领域,鼓励境外企业和科研机构在我国设立全球研发机构。支持符合条件的企业在境外发行股票、债券,鼓励与境外企业开展多种形式的技术合作。

提升跨国经营能力和国际竞争力。支持发展一批跨国公司,通过全球资源利用、业务流程再造、产业链整合、资本市场运作等方式,加快提升核心竞争力。支持企业在境外开展并购和股权投资、创业投资,建立研发中心、实验基地和全球营销及服务体系;依托互联网开展网络协同设计、精准营销、增值服务创新、媒体品牌推广等,建立全球产业链体系,提高国际化经营能力和服务水平。鼓励优势企业加快发展国际总承包、总集成。引导企业融入当地文化,增强社会责任意识,加强投资和经营风险管理,提高企业境外本土化能力。

深化产业国际合作,加快企业走出去。加强顶层设计,制定制造业走出去发展总体战略,建立完善统筹协调机制。积极参与和推动国际产业合作,贯彻落实丝绸之路经济带和21世纪海上丝绸之路等重大战略部署,加快推进与周边国家互联互通基础设施建设,深化产业合作。发挥沿边开放优势,在有条件的国家和地区建设一批境外制造业合作园区。坚持政府推动、企业主导,创新商业模式,鼓励高端装备、先进技术、优势产能向境外转移。加强政策引导,推动产业合作由加工制造环节为主向合作研发、联合设计、市场营销、品牌培育等高端环节延伸,提高国际合作水平。创新加工贸易模式,延长加工贸易国内增值链条,推动加工贸易转型升级。

四、战略支撑与保障

建设制造强国,必须发挥制度优势,动员各方面力量,进一步深化改革,完善政策措施，建立灵活高效的实施机制，营造良好环境；必须培育创新文化和中国特色制造文化，推动制造业由大变强。

（一）深化体制机制改革

全面推进依法行政，加快转变政府职能，创新政府管理方式，加强制造业发展战略、规划、政策、标准等制定和实施，强化行业自律和公共服务能力建设，提高产业治理水平。简政放权，深化行政审批制度改革，规范审批事项，简化程序，明确时限；适时修订政府核准的投资项目目录，落实企业投资主体地位。完善政产学研用协同创新机制，改革技术创新管理体制机制和项目经费分配、成果评价和转化机制，促进科技成果资本化、产业化，激发制造业创新活力。加快生产要素价格市场化改革，完善主要由市场决定价格的机制，合理配置公共资源；推行节能量、碳排放权、排污权、水权交易制度改革，加快资源税从价计征，推动环境保护费改税。深化国有企业改革，完善公司治理结构，有序发展混合所有制经济，进一步破除各种形式的行业垄断，取消对非公有制经济的不合理限制。稳步推进国防科技工业改革，推动军民融合深度发展。健全产业安全审查机制和法规体系，加强关系国民经济命脉和国家安全的制造业重要领域投融资、并购重组、招标采购等方面的安全审查。

（二）营造公平竞争市场环境

深化市场准入制度改革，实施负面清单管理，加强事中事后监管，全面清理和废止不利于全国统一市场建设的政策措施。实施科学规范的行业准入制度，制定和完善制造业节能节地节水、环保、技术、安全等准入标准，加强对国家强制性标准实施的监督检查，统一执法，以市场化手段引导企业进行结构调整和转型升级。切实加强监管，打击制售假冒伪劣行为，严厉惩处市场垄断和不正当竞争行为，为企业创造良好生产经营环境。加快发展技术市场，健全知识产权创造、运用、管理、保护机制。完善淘汰落后产能工作涉及的职工安置、债务清偿、企业转产等政策措施，健全市场退出机制。进一步减轻企业负担，实施涉企收费清单制度，建立全国涉企收费项目库，取缔各种不合理收费和摊派，加强监督检查和问责。推进制造业企业信用体系建设，建设中国制造信用数据库，建立健全企业信用动态评价、守信激励和失信惩戒机制。强化企业社会责任建设，推行企业产品标准、质量、安全自我声明和监督制度。

（三）完善金融扶持政策

深化金融领域改革，拓宽制造业融资渠道，降低融资成本。积极发挥政策性金融、开发性金融和商业金融的优势，加大对新一代信息技术、高端装备、新材料等重点领域的支持力度。支持中国进出口银行在业务范围内加大对制造业走出去的服务力度，鼓励国家开发银行增加对制造业企业的贷款投放，引导金融机构创新符合制造业企业特点的产品和业务。健全多层次资本市场，推动区域性股权市场规范发展，支持符合条件的制造业企业在境内外上市融资、发行各类债务融资工具。引导风险投资、私募股权投资等支持制造业企业创新发展。鼓励符合条件的制造业贷款和租赁资产开展证券化试点。支持重点领域大型制造业企业集团开展产融结合试点，通过融资租赁方式促进制造业转型升级。探索开发适合制造业发展的保险产品和服务，鼓励发展贷款保证保险和信用保险业务。在风险可控和商业可持续的前提下，通过内保外贷、外汇及人民币贷款、债权融资、股权融资等方式，加大对制造业企业在境外开展资源勘探开发、设立研发中心和高技术企业以及收购兼并等的支持力度。

（四）加大财税政策支持力度

充分利用现有渠道，加强财政资金对制造业的支持，重点投向智能制造、"四基"发展、高端装备等制造业转型升级的关键领域，为制造业发展创造良好政策环境。运用政府和社会资本合作（PPP）模式，引导社会资本参与制造业重大项目建设、企业技术改造和关键基础设施建设。创新财政资金支持方式，逐步从"补建设"向"补运营"转变，提高财政资金使用效益。深化科技计划（专项、基金等）管理改革，支持制造业重点领域科技研发和示范应用，促进制造业技术创新、转型升级和结构布局调整。完善和落实支持创新的政府采购政策，推动制造业创新产品的研发和规模化应用。落实和完善使用首台（套）重大技术装备等鼓励政策，健全研制、使用单位在产品创新、增值服务和示范应用等环节的激励约束机制。实施有利于制造业转型升级的税收政策，推进增值税改革，完善企业研发费用计核方法，切实减轻制造业企业税收负担

（五）健全多层次人才培养体系

加强制造业人才发展统筹规划和分类指导，组织实施制造业人才培养计划，加大专业技术人才、经营管理人才和技能人才的培养力度，完善从研发、转化、生产到管理的人才培养体系。以提高现代经营管理水平和企业竞争力为核心，实施企业经营管理人才素质提升工程和国家中小企业银河培训工程，培养造就一批优秀企业家和高水平经营管理人才。以高层次、急需紧缺专业技术人才和创新型人才为重点，实施专业技术人才知识更新工程和先进制造卓越工程师培养计划，

在高等学校建设一批工程创新训练中心，打造高素质专业技术人才队伍。强化职业教育和技能培训，引导一批普通本科高等学校向应用技术类高等学校转型，建立一批实训基地，开展现代学徒制试点示范，形成一支门类齐全、技艺精湛的技术技能人才队伍。鼓励企业与学校合作，培养制造业急需的科研人员、技术技能人才与复合型人才，深化相关领域工程博士、硕士专业学位研究生招生和培养模式改革，积极推进产学研结合。加强产业人才需求预测，完善各类人才信息库，构建产业人才水平评价制度和信息发布平台。建立人才激励机制，加大对优秀人才的表彰和奖励力度。建立完善制造业人才服务机构，健全人才流动和使用的体制机制。采取多种形式选拔各类优秀人才重点是专业技术人才到国外学习培训，探索建立国际培训基地。加大制造业引智力度，引进领军人才和紧缺人才。

（六）完善中小微企业政策

落实和完善支持小微企业发展的财税优惠政策，优化中小企业发展专项资金使用重点和方式。发挥财政资金杠杆撬动作用，吸引社会资本，加快设立国家中小企业发展基金。支持符合条件的民营资本依法设立中小型银行等金融机构，鼓励商业银行加大小微企业金融服务专营机构建设力度，建立完善小微企业融资担保体系，创新产品和服务。加快构建中小微企业征信体系，积极发展面向小微企业的融资租赁、知识产权质押贷款、信用保险保单质押贷款等。建设完善中小企业创业基地，引导各类创业投资基金投资小微企业。鼓励大学、科研院所、工程中心等对中小企业开放共享各种实（试）验设施。加强中小微企业综合服务体系建设，完善中小微企业公共服务平台网络，建立信息互联互通机制，为中小微企业提供创业、创新、融资、咨询、培训、人才等专业化服务。

（七）进一步扩大制造业对外开放

深化外商投资管理体制改革，建立外商投资准入前国民待遇加负面清单管理机制，落实备案为主、核准为辅的管理模式，营造稳定、透明、可预期的营商环境。全面深化外汇管理、海关监管、检验检疫管理改革，提高贸易投资便利化水平。进一步放宽市场准入，修订钢铁、化工、船舶等产业政策，支持制造业企业通过委托开发、专利授权、众包众创等方式引进先进技术和高端人才，推动利用外资由重点引进技术、资金、设备向合资合作开发、对外并购及引进领军人才转变。加强对外投资立法，强化制造业企业走出去法律保障，规范企业境外经营行为，维护企业合法权益。探索利用产业基金、国有资本收益等渠道支持高铁、电力装备、汽车、工程施工等装备和优势产能走出去，实施海外投资并购。加快制造业走出去支撑服务机构建设和水平提升，建立制造业对外投资公共服务平台和出口产品技术性贸易服务平台，完善应对贸易摩擦和境外投资重大事项预警协调机制。

（八）健全组织实施机制

成立国家制造强国建设领导小组，由国务院领导同志担任组长，成员由国务院相关部门和单位负责同志担任。领导小组主要职责是：统筹协调制造强国建设全局性工作，审议重大规划、重大政策、重大工程专项、重大问题和重要工作安排，加强战略谋划，指导部门、地方开展工作。领导小组办公室设在工业和信息化部，承担领导小组日常工作。设立制造强国建设战略咨询委员会，研究制造业发展的前瞻性、战略性重大问题，对制造业重大决策提供咨询评估。支持包括社会智库、企业智库在内的多层次、多领域、多形态的中国特色新型智库建设，为制造强国建设提供强大智力支持。建立《中国制造2025》任务落实情况督促检查和第三方评价机制，完善统计监测、绩效评估、动态调整和监督考核机制。建立《中国制造2025》中期评估机制，适时对目标任务进行必要调整。

各地区、各部门要充分认识建设制造强国的重大意义，加强组织领导，健全工作机制，强化部门协同和上下联动。各地区要结合当地实际，研究制定具体实施方案，细化政策措施，确保各项任务落实到位。工业和信息化部要会同相关部门加强跟踪分析和督促指导，重大事项及时向国务院报告。

附录 D　国务院关于积极推进"互联网+"行动的指导意见

国发〔2015〕40号

各省、自治区、直辖市人民政府，国务院各部委、各直属机构：

"互联网+"是把互联网的创新成果与经济社会各领域深度融合，推动技术进步、效率提升和组织变革，提升实体经济创新力和生产力，形成更广泛的以互联网为基础设施和创新要素的经济社会发展新形态。在全球新一轮科技革命和产业变革中，互联网与各领域的融合发展具有广阔前景和无限潜力，已成为不可阻挡的时代潮流，正对各国经济社会发展产生着战略性和全局性的影响。积极发挥我国互联网已经形成的比较优势，把握机遇，增强信心，加快推进"互联网+"发展，有利于重塑创新体系、激发创新活力、培育新兴业态和创新公共服务模式，对打造大众创业、万众创新和增加公共产品、公共服务"双引擎"，主动适应和引领经济发展新常态，形成经济发展新动能，实现中国经济提质增效升级具有重要意义。

近年来，我国在互联网技术、产业、应用以及跨界融合等方面取得了积极进展，已具备加快推进"互联网+"发展的坚实基础，但也存在传统企业运用互联网的意识和能力不足、互联网企业对传统产业理解不够深入、新业态发展面临体制机制障碍、跨界融合型人才严重匮乏等问题，亟待加以解决。为加快推动互联网与各领域深入融合和创新发展，充分发挥"互联网+"对稳增长、促改革、调结构、惠民生、防风险的重要作用，现就积极推进"互联网+"行动提出以下意见。

一、行动要求

（一）总体思路

顺应世界"互联网+"发展趋势，充分发挥我国互联网的规模优势和应用优势，推动互联网由消费领域向生产领域拓展，加速提升产业发展水平，增强各行业创新能力，构筑经济社会发展新优势和新动能。坚持改革创新和市场需求导向，突出企业的主体作用，大力拓展互联网与经济社会各领域融合的广度和深度。着力深化体制机制改革，释放发展潜力和活力；着力做优存量，推动经济提质增效和转型升级；着力做大增量，培育新兴业态，打造新的增长点；着力创新政府服务模式，夯实网络发展基础，营造安全网络环境，提升公共服务水平。

（二）基本原则

坚持开放共享。营造开放包容的发展环境，将互联网作为生产生活要素共享的重要平台，最大限度优化资源配置，加快形成以开放、共享为特征的经济社会运行新模式。

坚持融合创新。鼓励传统产业树立互联网思维，积极与"互联网+"相结合。推动互联网向经济社会各领域加速渗透，以融合促创新，最大程度汇聚各类市场要素的创新力量，推动融合性新兴产业成为经济发展新动力和新支柱。

坚持变革转型。充分发挥互联网在促进产业升级以及信息化和工业化深度融合中的平台作用，引导要素资源向实体经济集聚，推动生产方式和发展模式变革。创新网络化公共服务模式，大幅提升公共服务能力。

坚持引领跨越。巩固提升我国互联网发展优势，加强重点领域前瞻性布局，以互联网融合创新为突破口，培育壮大新兴产业，引领新一轮科技革命和产业变革，实现跨越式发展。

坚持安全有序。完善互联网融合标准规范和法律法规，增强安全意识，强化安全管理和防护，保障网络安全。建立科学有效的市场监管方式，促进市场有序发展，保护公平竞争，防止形成行业垄断和市场壁垒。

（三）发展目标

到2018年，互联网与经济社会各领域的融合发展进一步深化，基于互联网的新业态成为新的经济增长动力，互联网支撑大众创业、万众创新的作用进一步增强，互联网成为提供公共服务的重要手段，网络经济与实体经济协同互动的发展格局基本形成。

——经济发展进一步提质增效。互联网在促进制造业、农业、能源、环保等产业转型升级方面取得积极成效，劳动生产率进一步提高。基于互联网的新兴业态不断涌现，电子商务、互联网金融快速发展，对经济提质增效的促进作用更加凸显。

——社会服务进一步便捷普惠。健康医疗、教育、交通等民生领域互联网应用更加丰富，公共服务更加多元，线上线下结合更加紧密。社会服务资源配置不断优化，公众享受到更加公平、高效、优质、便捷的服务。

——基础支撑进一步夯实提升。网络设施和产业基础得到有效巩固加强，应用支撑和安全保障能力明显增强。固定宽带网络、新一代移动通信网和下一代互联网加快发展，物联网、云计算等新型基础设施更加完备。人工智能等技术及其产业化能力显著增强。

——发展环境进一步开放包容。全社会对互联网融合创新的认识不断深入，互联网融合发展面临的体制机制障碍有效破除，公共数据资源开放取得实质性进展，相关标准规范、信用体系和法律法规逐步完善。

到2025年，网络化、智能化、服务化、协同化的"互联网+"产业生态体系基本完善，"互联网+"新经济形态初步形成，"互联网+"成为经济社会创新发展的重要驱动力量。

二、重点行动

（一）"互联网+"创业创新

充分发挥互联网的创新驱动作用，以促进创业创新为重点，推动各类要素资源聚集、开放和共享，大力发展众创空间、开放式创新等，引导和推动全社会形成大众创业、万众创新的浓厚氛围，打造经济发展新引擎。（发展改革委、科技部、工业和信息化部、人力资源社会保障部、商务部等负责，列第一位者为牵头部门，下同）

1. 强化创业创新支撑。鼓励大型互联网企业和基础电信企业利用技术优势和产业整合能力，向小微企业和创业团队开放平台入口、数据信息、计算能力等资源，提供研发工具、经营管理和市场营销等方面的支持和服务，提高小微企业信息化应用水平，培育和孵化具有良好商业模式的创业企业。充分利用互联网基础条件，完善小微企业公共服务平台网络，集聚创业创新资源，为小微企业提供找得着、用得起、有保障的服务。

2. 积极发展众创空间。充分发挥互联网开放创新优势，调动全社会力量，支持创新工场、创客空间、社会实验室、智慧小企业创业基地等新型众创空间发展。充分利用国家自主创新示范区、科技企业孵化器、大学科技园、商贸企业集聚区、小微企业创业示范基地等现有条件，通过市场化方式构建一批创新与创业相结合、线上与线下相结合、孵化与投资相结合的众创空间，为创业者提供低成本、便利化、全要素的工作空间、网络空间、社交空间和资源共享空间。实施新兴产业"双创"行动，建立一批新兴产业"双创"示范基地，加快发展"互联网+"创业网络体系。

3. 发展开放式创新。鼓励各类创新主体充分利用互联网，把握市场需求导向，加强创新资源共享与合作，促进前沿技术和创新成果及时转化，构建开放式创新体系。推动各类创业创新扶持政策与互联网开放平台联动协作，为创业团队和个人开发者提供绿色通道服务。加快发展创业服务业，积极推广众包、用户参与设计、云设计等新型研发组织模式，引导建立社会各界交流合作的平台，推动跨区域、跨领域的技术成果转移和协同创新。

（二）"互联网+"协同制造

推动互联网与制造业融合，提升制造业数字化、网络化、智能化水平，加强产业链协作，发展基于互联网的协同制造新模式。在重点领域推进智能制造、大规模个性化定制、网络化协同制造和服务型制造，打造一批网络化协同制造公共服务平台，加快形成制造业网络化产业生态体系。（工业和信息化部、发展改革委、科技部共同牵头）

1. 大力发展智能制造。以智能工厂为发展方向，开展智能制造试点示范，加快推动云计算、物联网、智能工业机器人、增材制造等技术在生产过程中的应用，推进生产装备智能化升级、工艺流程改造和基础数据共享。着力在工控系统、智能感知元器件、工业云平台、操作系统和工业软件等核心环节取得突破，加强工业大数据的开发与利用，有效支撑制造业智能化转型，构建开放、共享、协作的智能制造产业生态。

2. 发展大规模个性化定制。支持企业利用互联网采集并对接用户个性化需求，推进设计研发、生产制造和供应链管理等关键环节的柔性化改造，开展基于个性化产品的服务模式和商业模式创新。鼓励互联网企业整合市场信息，挖掘细分市场需求与发展趋势，为制造企业开展个性化定制提供决策支撑。

3. 提升网络化协同制造水平。鼓励制造业骨干企业通过互联网与产业链各环节紧密协同，促进生产、质量控制和运营管理系统全面互联，推行众包设计研发和网络化制造等新模式。鼓励有实力的互联网企业构建网络化协同制造公共服务平台，面向细分行业提供云制造服务，促进创新资源、生产能力、市场需求的集聚与对接，提升服务中小微企业能力，加快全社会多元化制造资源的有效协同，提高产业链资源整合能力。

4. 加速制造业服务化转型。鼓励制造企业利用物联网、云计算、大数据等技术，整合产品全生命周期数据，形成面向生产组织全过程的决策服务信息，为产品优化升级提供数据支撑。鼓励企业基于互联网开展故障预警、远程维护、质量诊断、远程过程优化等在线增值服务，拓展产品价值空间，实现从制造向"制造+服务"的转型升级。

（三）"互联网+"现代农业

利用互联网提升农业生产、经营、管理和服务水平，培育一批网络化、智能化、精细化的现代"种养加"生态农业新模式，形成示范带动效应，加快完善新型农业生产经营体系，培育多样化农业互联网管理服务模式，逐步建立农副产品、农资质量安全追溯体系，促进农业现代化水平明显提升。（农业部、发展改革委、科技部、商务部、质检总局、食品药品监管总局、林业局等负责）

1. 构建新型农业生产经营体系。鼓励互联网企业建立农业服务平台，支撑专业大户、家庭农场、农民合作社、农业产业化龙头企业等新型农业生产经营主体，加强产销衔接，实现农业生产由生产导向向消费导向转变。提高农业生产经营的科技化、组织化和精细化水平，推进农业生产流通销售方式变革和农业发展方式转变，提升农业生产效率和增值空间。规范用好农村土地流转公共服务平台，提升土地流转透明度，保障农民权益。

2. 发展精准化生产方式。推广成熟可复制的农业物联网应用模式。在基础较好的领域和地区，普及基于环境感知、实时监测、自动控制的网络化农业环境监测系统。在大宗农产品规模生产区域，构建天地一体的农业物联网测控体系，实施智能节水灌溉、测土配方施肥、农机定位耕种等精准化作业。在畜禽标准化规模养殖基地和水产健康养殖示范基地，推动饲料精准投放、疾病自动诊断、废弃物自动回收等智能设备的应用普及和互联互通。

3. 提升网络化服务水平。深入推进信息进村入户试点，鼓励通过移动互联网为农民提供政策、市场、科技、保险等生产生活信息服务。支持互联网企业与农业生产经营主体合作，综合利用大数据、云计算等技术，建立农业信息监测体系，为灾害预警、耕地质量监测、重大动植物疫情防控、市场波动预测、经营科学决策等提供服务。

4. 完善农副产品质量安全追溯体系。充分利用现有互联网资源，构建农副产品质量安全追溯公共服务平台，推进制度标准建设，建立产地准出与市场准入衔接机制。支持新型农业生产经营主体利用互联网技术，对生产经营过程进行精细化信息化管理，加快推动移动互联网、物联网、二维码、无线射频识别等信息技术在生产加工和流通销售各环节的推广应用，强化上下游追溯体系对接和信息互通共享，不断扩大追溯体系覆盖面，实现农副产品"从农田到餐桌"全过程可追溯，保障"舌尖上的安全"。

（四）"互联网+"智慧能源

通过互联网促进能源系统扁平化，推进能源生产与消费模式革命，提高能源利用效率，推动节能减排。加强分布式能源网络建设，提高可再生能源占比，促进能源利用结构优化。加快发电设施、用电设施和电网智能化改造,提高电力系统的安全性、稳定性和可靠性。(能源局、发展改革委、工业和信息化部等负责)

1. 推进能源生产智能化。建立能源生产运行的监测、管理和调度信息公共服务网络,加强能源产业链上下游企业的信息对接和生产消费智能化,支撑电厂和电网协调运行,促进非化石能源与化石能源协同发电。鼓励能源企业运用大数据技术对设备状态、电能负载等数据进行分析挖掘与预测,开展精准调度、故障判断和预测性维护,提高能源利用效率和安全稳定运行水平。

2. 建设分布式能源网络。建设以太阳能、风能等可再生能源为主体的多能源协调互补的能源互联网。突破分布式发电、储能、智能微网、主动配电网等关键技术,构建智能化电力运行监测、管理技术平台,使电力设备和用电终端基于互联网进行双向通信和智能调控,实现分布式电源的及时有效接入,逐步建成开放共享的能源网络。

3. 探索能源消费新模式。开展绿色电力交易服务区域试点,推进以智能电网为配送平台,以电子商务为交易平台,融合储能设施、物联网、智能用电设施等硬件以及碳交易、互联网金融等衍生服务于一体的绿色能源网络发展,实现绿色电力的点到点交易及实时配送和补贴结算。进一步加强能源生产和消费协调匹配,推进电动汽车、港口岸电等电能替代技术的应用,推广电力需求侧管理,提高能源利用效率。基于分布式能源网络,发展用户端智能化用能、能源共享经济和能源自由交易,促进能源消费生态体系建设。

4. 发展基于电网的通信设施和新型业务。推进电力光纤到户工程,完善能源互联网信息通信系统。统筹部署电网和通信网深度融合的网络基础设施,实现同缆传输、共建共享,避免重复建设。鼓励依托智能电网发展家庭能效管理等新型业务。

(五)"互联网+"普惠金融

促进互联网金融健康发展,全面提升互联网金融服务能力和普惠水平,鼓励互联网与银行、证券、保险、基金的融合创新,为大众提供丰富、安全、便捷的金融产品和服务,更好满足不同层次实体经济的投融资需求,培育一批具有行业影响力的互联网金融创新型企业。(人民银行、银监会、证监会、保监会、发展改革委、工业和信息化部、网信办等负责)

1. 探索推进互联网金融云服务平台建设。探索互联网企业构建互联网金融云服务平台。在保证技术成熟和业务安全的基础上,支持金融企业与云计算技术提供商合作开展金融公共云服务，提供多样化、个性化、精准化的金融产品。支持银行、证券、保险企业稳妥实施系统架构转型，鼓励探索利用云服务平台开展金融核心业务，提供基于金融云服务平台的信用、认证、接口等公共服务。

2.鼓励金融机构利用互联网拓宽服务覆盖面。鼓励各金融机构利用云计算、移动互联网、大数据等技术手段，加快金融产品和服务创新，在更广泛地区提供便利的存贷款、支付结算、信用中介平台等金融服务，拓宽普惠金融服务范围，为实体经济发展提供有效支撑。支持金融机构和互联网企业依法合规开展网络借贷、网络证券、网络保险、互联网基金销售等业务。扩大专业互联网保险公司试点，充分发挥保险业在防范互联网金融风险中的作用。推动金融集成电路卡（IC卡）全面应用，提升电子现金的使用率和便捷性。发挥移动金融安全可信公共服务平台（MTPS）的作用，积极推动商业银行开展移动金融创新应用，促进移动金融在电子商务、公共服务等领域的规模应用。支持银行业金融机构借助互联网技术发展消费信贷业务，支持金融租赁公司利用互联网技术开展金融租赁业务。

3.积极拓展互联网金融服务创新的深度和广度。鼓励互联网企业依法合规提供创新金融产品和服务，更好满足中小微企业、创新型企业和个人的投融资需求。规范发展网络借贷和互联网消费信贷业务，探索互联网金融服务创新。积极引导风险投资基金、私募股权投资基金和产业投资基金投资于互联网金融企业。利用大数据发展市场化个人征信业务，加快网络征信和信用评价体系建设。加强互联网金融消费权益保护和投资者保护，建立多元化金融消费纠纷解决机制。改进和完善互联网金融监管，提高金融服务安全性，有效防范互联网金融风险及其外溢效应。

（六）"互联网+"益民服务

充分发挥互联网的高效、便捷优势，提高资源利用效率，降低服务消费成本。大力发展以互联网为载体、线上线下互动的新兴消费，加快发展基于互联网的医疗、健康、养老、教育、旅游、社会保障等新兴服务，创新政府服务模式，提升政府科学决策能力和管理水平。（发展改革委、教育部、工业和信息化部、民政部、人力资源社会保障部、商务部、卫生计生委、质检总局、食品药品监管总局、林业局、旅游局、网信办、信访局等负责）

1.创新政府网络化管理和服务。加快互联网与政府公共服务体系的深度融合，推动公共数据资源开放，促进公共服务创新供给和服务资源整合，构建面向公众的一体化在线公共服务体系。积极探索公众参与的网络化社会管理服务新模式，充分利用互联网、移动互联网应用平台等，加快推进政务新媒体发展建设，加强政府与公众的沟通交流，提高政府公共管理、公共服务和公共政策制定的响应速度，提升政府科学决策能力和社会治理水平，促进政府职能转变和简政放权。深入推进网上信访，提高信访工作质量、效率和公信力。鼓励政府和互联网企业合作建立信用信息共享平台，探索开展一批社会治理互联网应用试点，打通政府部门、企事业单位之间的数据壁垒，利用大数据分析手段，提升各级政府的社会治理能力。加强对"互联网+"行动的宣传，提高公众参与度。

2. 发展便民服务新业态。发展体验经济，支持实体零售商综合利用网上商店、移动支付、智能试衣等新技术，打造体验式购物模式。发展社区经济，在餐饮、娱乐、家政等领域培育线上线下结合的社区服务新模式。发展共享经济，规范发展网络约租车，积极推广在线租房等新业态，着力破除准入门槛高、服务规范难、个人征信缺失等瓶颈制约。发展基于互联网的文化、媒体和旅游等服务，培育形式多样的新型业态。积极推广基于移动互联网入口的城市服务，开展网上社保办理、个人社保权益查询、跨地区医保结算等互联网应用，让老百姓足不出户享受便捷高效的服务。

3. 推广在线医疗卫生新模式。发展基于互联网的医疗卫生服务，支持第三方机构构建医学影像、健康档案、检验报告、电子病历等医疗信息共享服务平台，逐步建立跨医院的医疗数据共享交换标准体系。积极利用移动互联网提供在线预约诊疗、候诊提醒、划价缴费、诊疗报告查询、药品配送等便捷服务。引导医疗机构面向中小城市和农村地区开展基层检查、上级诊断等远程医疗服务。鼓励互联网企业与医疗机构合作建立医疗网络信息平台，加强区域医疗卫生服务资源整合，充分利用互联网、大数据等手段，提高重大疾病和突发公共卫生事件防控能力。积极探索互联网延伸医嘱、电子处方等网络医疗健康服务应用。鼓励有资质的医学检验机构、医疗服务机构联合互联网企业，发展基因检测、疾病预防等健康服务模式。

4. 促进智慧健康养老产业发展。支持智能健康产品创新和应用，推广全面量化健康生活新方式。鼓励健康服务机构利用云计算、大数据等技术搭建公共信息平台，提供长期跟踪、预测预警的个性化健康管理服务。发展第三方在线健康市场调查、咨询评价、预防管理等应用服务，提升规范化和专业化运营水平。依托现有互联网资源和社会力量，以社区为基础，搭建养老信息服务网络平台，提供护理看护、健康管理、康复照料等居家养老服务。鼓励养老服务机构应用基于移动互联网的便携式体检、紧急呼叫监控等设备，提高养老服务水平。

5.探索新型教育服务供给方式。鼓励互联网企业与社会教育机构根据市场需求开发数字教育资源，提供网络化教育服务。鼓励学校利用数字教育资源及教育服务平台，逐步探索网络化教育新模式，扩大优质教育资源覆盖面，促进教育公平。鼓励学校通过与互联网企业合作等方式，对接线上线下教育资源，探索基础教育、职业教育等教育公共服务提供新方式。推动开展学历教育在线课程资源共享，推广大规模在线开放课程等网络学习模式，探索建立网络学习学分认定与学分转换等制度，加快推动高等教育服务模式变革。

（七）"互联网+"高效物流

加快建设跨行业、跨区域的物流信息服务平台，提高物流供需信息对接和使用效率。鼓励大数据、云计算在物流领域的应用，建设智能仓储体系，优化物流运作流程，提升物流仓储的自动化、智能化水平和运转效率，降低物流成本。（发展改革委、商务部、交通运输部、网信办等负责）

1.构建物流信息共享互通体系。发挥互联网信息集聚优势，聚合各类物流信息资源，鼓励骨干物流企业和第三方机构搭建面向社会的物流信息服务平台，整合仓储、运输和配送信息，开展物流全程监测、预警，提高物流安全、环保和诚信水平，统筹优化社会物流资源配置。构建互通省际、下达市县、兼顾乡村的物流信息互联网络，建立各类可开放数据的对接机制，加快完善物流信息交换开放标准体系，在更广范围促进物流信息充分共享与互联互通。

2.建设深度感知智能仓储系统。在各级仓储单元积极推广应用二维码、无线射频识别等物联网感知技术和大数据技术，实现仓储设施与货物的实时跟踪、网络化管理以及库存信息的高度共享，提高货物调度效率。鼓励应用智能化物流装备提升仓储、运输、分拣、包装等作业效率，提高各类复杂订单的出货处理能力，缓解货物囤积停滞瓶颈制约，提升仓储运管水平和效率。

3.完善智能物流配送调配体系。加快推进货运车联网与物流园区、仓储设施、配送网点等信息互联，促进人员、货源、车源等信息高效匹配，有效降低货车空驶率，提高配送效率。鼓励发展社区自提柜、冷链储藏柜、代收服务点等新型社区化配送模式，结合构建物流信息互联网络，加快推进县到村的物流配送网络和村级配送网点建设，解决物流配送"最后一公里"问题。

（八）"互联网+"电子商务

巩固和增强我国电子商务发展领先优势，大力发展农村电商、行业电商和跨境电商，进一步扩大电子商务发展空间。电子商务与其他产业的融合不断深化，网络化生产、流通、消费更加普及，标准规范、公共服务等支撑环境基本完善。（发展改革委、商务部、工业和信息化部、交通运输部、农业部、海关总署、税务总局、质检总局、网信办等负责）

    1. 积极发展农村电子商务。开展电子商务进农村综合示范，支持新型农业经营主体和农产品、农资批发市场对接电商平台，积极发展以销定产模式。完善农村电子商务配送及综合服务网络，着力解决农副产品标准化、物流标准化、冷链仓储建设等关键问题，发展农产品个性化定制服务。开展生鲜农产品和农业生产资料电子商务试点，促进农业大宗商品电子商务发展。

    2. 大力发展行业电子商务。鼓励能源、化工、钢铁、电子、轻纺、医药等行业企业，积极利用电子商务平台优化采购、分销体系，提升企业经营效率。推动各类专业市场线上转型，引导传统商贸流通企业与电子商务企业整合资源，积极向供应链协同平台转型。鼓励生产制造企业面向个性化、定制化消费需求深化电子商务应用，支持设备制造企业利用电子商务平台开展融资租赁服务，鼓励中小微企业扩大电子商务应用。按照市场化、专业化方向，大力推广电子招标投标。

    3. 推动电子商务应用创新。鼓励企业利用电子商务平台的大数据资源，提升企业精准营销能力，激发市场消费需求。建立电子商务产品质量追溯机制，建设电子商务售后服务质量检测云平台，完善互联网质量信息公共服务体系，解决消费者维权难、退货难、产品责任追溯难等问题。加强互联网食品药品市场监测监管体系建设，积极探索处方药电子商务销售和监管模式创新。鼓励企业利用移动社交、新媒体等新渠道，发展社交电商、"粉丝"经济等网络营销新模式。

    4. 加强电子商务国际合作。鼓励各类跨境电子商务服务商发展，完善跨境物流体系，拓展全球经贸合作。推进跨境电子商务通关、检验检疫、结汇等关键环节单一窗口综合服务体系建设。创新跨境权益保障机制，利用合格评定手段，推进国际互认。创新跨境电子商务管理，促进信息网络畅通、跨境物流便捷、支付及结汇无障碍、税收规范便利、市场及贸易规则互认互通。

    （九）"互联网+"便捷交通

    加快互联网与交通运输领域的深度融合，通过基础设施、运输工具、运行信息等互联网化，推进基于互联网平台的便捷化交通运输服务发展，显著提高交通运输资源利用效率和管理精细化水平，全面提升交通运输行业服务品质和科学治理能力。（发展改革委、交通运输部共同牵头）

1. 提升交通运输服务品质。推动交通运输主管部门和企业将服务性数据资源向社会开放，鼓励互联网平台为社会公众提供实时交通运行状态查询、出行路线规划、网上购票、智能停车等服务，推进基于互联网平台的多种出行方式信息服务对接和一站式服务。加快完善汽车健康档案、维修诊断和服务质量信息服务平台建设。

2. 推进交通运输资源在线集成。利用物联网、移动互联网等技术，进一步加强对公路、铁路、民航、港口等交通运输网络关键设施运行状态与通行信息的采集。推动跨地域、跨类型交通运输信息互联互通，推广船联网、车联网等智能化技术应用，形成更加完善的交通运输感知体系，提高基础设施、运输工具、运行信息等要素资源的在线化水平，全面支撑故障预警、运行维护以及调度智能化。

3. 增强交通运输科学治理能力。强化交通运输信息共享，利用大数据平台挖掘分析人口迁徙规律、公众出行需求、枢纽客流规模、车辆船舶行驶特征等，为优化交通运输设施规划与建设、安全运行控制、交通运输管理决策提供支撑。利用互联网加强对交通运输违章违规行为的智能化监管，不断提高交通运输治理能力。

（十）"互联网+"绿色生态

推动互联网与生态文明建设深度融合，完善污染物监测及信息发布系统，形成覆盖主要生态要素的资源环境承载能力动态监测网络，实现生态环境数据互联互通和开放共享。充分发挥互联网在逆向物流回收体系中的平台作用，促进再生资源交易利用便捷化、互动化、透明化，促进生产生活方式绿色化（发展改革委、环境保护部、商务部、林业局等负责）

1. 加强资源环境动态监测。针对能源、矿产资源、水、大气、森林、草原、湿地、海洋等各类生态要素，充分利用多维地理信息系统、智慧地图等技术，结合互联网大数据分析，优化监测站点布局，扩大动态监控范围，构建资源环境承载能力立体监控系统。依托现有互联网、云计算平台，逐步实现各级政府资源环境动态监测信息互联共享。加强重点用能单位能耗在线监测和大数据分析。

2. 大力发展智慧环保。利用智能监测设备和移动互联网，完善污染物排放在线监测系统，增加监测污染物种类，扩大监测范围，形成全天候、多层次的智能多源感知体系。建立环境信息数据共享机制，统一数据交换标准，推进区域污染物排放、空气环境质量、水环境质量等信息公开，通过互联网实现面向公众的在线查询和定制推送。加强对企业环保信用数据的采集整理，将企业环保信用记录纳入全国统一的信用信息共享交换平台。完善环境预警和风险监测信息网络，提升重金属、危险废物、危险化学品等重点风险防范水平和应急处理能力。

3. 完善废旧资源回收利用体系。利用物联网、大数据开展信息采集、数据分析、流向监测，优化逆向物流网点布局。支持利用电子标签、二维码等物联网技术跟踪电子废物流向，鼓励互联网企业参与搭建城市废弃物回收平台，创新再生资源回收模式。加快推进汽车保险信息系统、"以旧换再"管理系统和报废车管理系统的标准化、规范化和互联互通，加强废旧汽车及零部件的回收利用信息管理，为互联网企业开展业务创新和便民服务提供数据支撑。

4. 建立废弃物在线交易系统。鼓励互联网企业积极参与各类产业园区废弃物信息平台建设，推动现有骨干再生资源交易市场向线上线下结合转型升级，逐步形成行业性、区域性、全国性的产业废弃物和再生资源在线交易系统，完善线上信用评价和供应链融资体系，开展在线竞价，发布价格交易指数，提高稳定供给能力，增强主要再生资源品种的定价权。

（十一）"互联网+"人工智能

依托互联网平台提供人工智能公共创新服务，加快人工智能核心技术突破，促进人工智能在智能家居、智能终端、智能汽车、机器人等领域的推广应用，培育若干引领全球人工智能发展的骨干企业和创新团队，形成创新活跃、开放合作、协同发展的产业生态。（发展改革委、科技部、工业和信息化部、网信办等负责）

1. 培育发展人工智能新兴产业。建设支撑超大规模深度学习的新型计算集群，构建包括语音、图像、视频、地图等数据的海量训练资源库，加强人工智能基础资源和公共服务等创新平台建设。进一步推进计算机视觉、智能语音处理、生物特征识别、自然语言理解、智能决策控制以及新型人机交互等关键技术的研发和产业化，推动人工智能在智能产品、工业制造等领域规模商用，为产业智能化升级夯实基础。

2. 推进重点领域智能产品创新。鼓励传统家居企业与互联网企业开展集成创新，不断提升家居产品的智能化水平和服务能力，创造新的消费市场空间。推动汽车企业与互联网企业设立跨界交叉的创新平台，加快智能辅助驾驶、复杂环境感知、车载智能设备等技术产品的研发与应用。支持安防企业与互联网企业开展合作，发展和推广图像精准识别等大数据分析技术，提升安防产品的智能化服务水平。

3.提升终端产品智能化水平。着力做大高端移动智能终端产品和服务的市场规模,提高移动智能终端核心技术研发及产业化能力。鼓励企业积极开展差异化细分市场需求分析,大力丰富可穿戴设备的应用服务,提升用户体验。推动互联网技术以及智能感知、模式识别、智能分析、智能控制等智能技术在机器人领域的深入应用,大力提升机器人产品在传感、交互、控制等方面的性能和智能化水平,提高核心竞争力。

三、保障支撑

(一)夯实发展基础

1.巩固网络基础。加快实施"宽带中国"战略,组织实施国家新一代信息基础设施建设工程,推进宽带网络光纤化改造,加快提升移动通信网络服务能力,促进网间互联互通,大幅提高网络访问速率,有效降低网络资费,完善电信普遍服务补偿机制,支持农村及偏远地区宽带建设和运行维护,使互联网下沉为各行业、各领域、各区域都能使用,人、机、物泛在互联的基础设施。增强北斗卫星全球服务能力,构建天地一体化互联网络。加快下一代互联网商用部署,加强互联网协议第6版(IPv6)地址管理、标识管理与解析,构建未来网络创新试验平台。研究工业互联网网络架构体系,构建开放式国家创新试验验证平台。(发展改革委、工业和信息化部、财政部、国资委、网信办等负责)

2.强化应用基础。适应重点行业融合创新发展需求,完善无线传感网、行业云及大数据平台等新型应用基础设施。实施云计算工程,大力提升公共云服务能力,引导行业信息化应用向云计算平台迁移,加快内容分发网络建设,优化数据中心布局。加强物联网网络架构研究,组织开展国家物联网重大应用示范,鼓励具备条件的企业建设跨行业物联网运营和支撑平台。(发展改革委、工业和信息化部等负责)

3.做实产业基础。着力突破核心芯片、高端服务器、高端存储设备、数据库和中间件等产业薄弱环节的技术瓶颈,加快推进云操作系统、工业控制实时操作系统、智能终端操作系统的研发和应用。大力发展云计算、大数据等解决方案以及高端传感器、工控系统、人机交互等软硬件基础产品。运用互联网理念,构建以骨干企业为核心、产学研用高效整合的技术产业集群,打造国际先进、自主可控的产业体系。(工业和信息化部、发展改革委、科技部、网信办等负责)

4.保障安全基础。制定国家信息领域核心技术设备发展时间表和路线图,提升互联网安全管理、态势感知和风险防范能力,加强信息网络基础设施安全防护和用户个人信息保护。实施国家信息安全专项，开展网络安全应用示范，提高"互联网+"安全核心技术和产品水平。按照信息安全等级保护等制度和网络安全国家标准的要求，加强"互联网+"关键领域重要信息系统的安全保障。建设完善网络安全监测评估、监督管理、标准认证和创新能力体系。重视融合带来的安全风险，完善网络数据共享、利用等的安全管理和技术措施，探索建立以行政评议和第三方评估为基础的数据安全流动认证体系，完善数据跨境流动管理制度，确保数据安全。（网信办、发展改革委、科技部、工业和信息化部、公安部、安全部、质检总局等负责）

（二）强化创新驱动

1. 加强创新能力建设。鼓励构建以企业为主导，产学研用合作的"互联网+"产业创新网络或产业技术创新联盟。支持以龙头企业为主体，建设跨界交叉领域的创新平台，并逐步形成创新网络。鼓励国家创新平台向企业特别是中小企业在线开放，加大国家重大科研基础设施和大型科研仪器等网络化开放力度。（发展改革委、科技部、工业和信息化部、网信办等负责）

2. 加快制定融合标准。按照共性先立、急用先行的原则，引导工业互联网、智能电网、智慧城市等领域基础共性标准、关键技术标准的研制及推广。加快与互联网融合应用的工控系统、智能专用装备、智能仪表、智能家居、车联网等细分领域的标准化工作。不断完善"互联网+"融合标准体系，同步推进国际国内标准化工作，增强在国际标准化组织（ISO）、国际电工委员会（IEC）和国际电信联盟（ITU）等国际组织中的话语权。（质检总局、工业和信息化部、网信办、能源局等负责）

3. 强化知识产权战略。加强融合领域关键环节专利导航，引导企业加强知识产权战略储备与布局。加快推进专利基础信息资源开放共享，支持在线知识产权服务平台建设，鼓励服务模式创新，提升知识产权服务附加值，支持中小微企业知识产权创造和运用。加强网络知识产权和专利执法维权工作，严厉打击各种网络侵权假冒行为。增强全社会对网络知识产权的保护意识，推动建立"互联网+"知识产权保护联盟，加大对新业态、新模式等创新成果的保护力度。（知识产权局牵头）

4. 大力发展开源社区。鼓励企业自主研发和国家科技计划（专项、基金等）支持形成的软件成果通过互联网向社会开源。引导教育机构、社会团体、企业或个人发起开源项目，积极参加国际开源项目，支持组建开源社区和开源基金会。

鼓励企业依托互联网开源模式构建新型生态，促进互联网开源社区与标准规范、知识产权等机构的对接与合作。（科技部、工业和信息化部、质检总局、知识产权局等负责）

（三）营造宽松环境

1.构建开放包容环境。贯彻落实《中共中央国务院关于深化体制机制改革加快实施创新驱动发展战略的若干意见》，放宽融合性产品和服务的市场准入限制，制定实施各行业互联网准入负面清单，允许各类主体依法平等进入未纳入负面清单管理的领域。破除行业壁垒，推动各行业、各领域在技术、标准、监管等方面充分对接，最大限度减少事前准入限制，加强事中事后监管。继续深化电信体制改革，有序开放电信市场，加快民营资本进入基础电信业务。加快深化商事制度改革，推进投资贸易便利化。（发展改革委、网信办、教育部、科技部、工业和信息化部、民政部、商务部、卫生计生委、工商总局、质检总局等负责）

2.完善信用支撑体系。加快社会征信体系建设，推进各类信用信息平台无缝对接，打破信息孤岛。加强信用记录、风险预警、违法失信行为等信息资源在线披露和共享，为经营者提供信用信息查询、企业网上身份认证等服务。充分利用互联网积累的信用数据，对现有征信体系和评测体系进行补充和完善，为经济调节、市场监管、社会管理和公共服务提供有力支撑。（发展改革委、人民银行、工商总局、质检总局、网信办等负责）

3.推动数据资源开放。研究出台国家大数据战略，显著提升国家大数据掌控能力。建立国家政府信息开放统一平台和基础数据资源库，开展公共数据开放利用改革试点，出台政府机构数据开放管理规定。按照重要性和敏感程度分级分类，推进政府和公共信息资源开放共享，支持公众和小微企业充分挖掘信息资源的商业价值，促进互联网应用创新。（发展改革委、工业和信息化部、国务院办公厅、网信办等负责）

4.加强法律法规建设。针对互联网与各行业融合发展的新特点，加快"互联网＋"相关立法工作，研究调整完善不适应"互联网＋"发展和管理的现行法规及政策规定。落实加强网络信息保护和信息公开有关规定，加快推动制定网络安全、电子商务、个人信息保护、互联网信息服务管理等法律法规。完善反垄断法配套规则，进一步加大反垄断法执行力度，严格查处信息领域企业垄断行为，营造互联网公平竞争环境。（法制办、网信办、发展改革委、工业和信息化部、公安部、安全部、商务部、工商总局等负责）

(四)拓展海外合作

1.鼓励企业抱团出海。结合"一带一路"等国家重大战略,支持和鼓励具有竞争优势的互联网企业联合制造、金融、信息通信等领域企业率先走出去,通过海外并购、联合经营、设立分支机构等方式,相互借力,共同开拓国际市场,推进国际产能合作,构建跨境产业链体系,增强全球竞争力。(发展改革委、外交部、工业和信息化部、商务部、网信办等负责)

2.发展全球市场应用。鼓励"互联网+"企业整合国内外资源,面向全球提供工业云、供应链管理、大数据分析等网络服务,培育具有全球影响力的"互联网+"应用平台。鼓励互联网企业积极拓展海外用户,推出适合不同市场文化的产品和服务。(商务部、发展改革委、工业和信息化部、网信办等负责)

3.增强走出去服务能力。充分发挥政府、产业联盟、行业协会及相关中介机构作用,形成支持"互联网+"企业走出去的合力。鼓励中介机构为企业拓展海外市场提供信息咨询、法律援助、税务中介等服务。支持行业协会、产业联盟与企业共同推广中国技术和中国标准,以技术标准走出去带动产品和服务在海外推广应用。(商务部、外交部、发展改革委、工业和信息化部、税务总局、质检总局、网信办等负责)

(五)加强智力建设

1.加强应用能力培训。鼓励地方各级政府采用购买服务的方式,向社会提供互联网知识技能培训,支持相关研究机构和专家开展"互联网+"基础知识和应用培训。鼓励传统企业与互联网企业建立信息咨询、人才交流等合作机制,促进双方深入交流合作。加强制造业、农业等领域人才特别是企业高层管理人员的互联网技能培训,鼓励互联网人才与传统行业人才双向流动。(科技部、工业和信息化部、人力资源社会保障部、网信办等负责)

2.加快复合型人才培养。面向"互联网+"融合发展需求,鼓励高校根据发展需要和学校办学能力设置相关专业,注重将国内外前沿研究成果尽快引入相关专业教学中。鼓励各类学校聘请互联网领域高级人才作为兼职教师,加强"互联网+"领域实验教学。(教育部、发展改革委、科技部、工业和信息化部、人力资源社会保障部、网信办等负责)

3.鼓励联合培养培训。实施产学合作专业综合改革项目,鼓励校企、院企合作办学,推进"互联网+"专业技术人才培训。深化互联网领域产教融合,依托高校、科研机构、企业的智力资源和研究平台,建立一批联合实训基地。建立企业技术中心和院校对接机制,鼓励企业在院校建立"互联网+"研发机构和实验中心。(教育部、发展改革委、科技部、工业和信息化部、人力资源社会保障部、网信办等负责)

4.利用全球智力资源。充分利用现有人才引进计划和鼓励企业设立海外研发中心等多种方式,引进和培养一批"互联网+"领域高端人才。完善移民、签证等制度,形成有利于吸引人才的分配、激励和保障机制,为引进海外人才提供有利条件。支持通过任务外包、产业合作、学术交流等方式,充分利用全球互联网人才资源。吸引互联网领域领军人才、特殊人才、紧缺人才在我国创业创新和从事教学科研等活动。(人力资源社会保障部、发展改革委、教育部、科技部、网信办等负责)

(六)加强引导支持

1.实施重大工程包。选择重点领域,加大中央预算内资金投入力度,引导更多社会资本进入,分步骤组织实施"互联网+"重大工程,重点促进以移动互联网、云计算、大数据、物联网为代表的新一代信息技术与制造、能源、服务、农业等领域的融合创新,发展壮大新兴业态,打造新的产业增长点。(发展改革委牵头)

2.加大财税支持。充分发挥国家科技计划作用,积极投向符合条件的"互联网+"融合创新关键技术研发及应用示范。统筹利用现有财政专项资金,支持"互联网+"相关平台建设和应用示范等。加大政府部门采购云计算服务的力度,探索基于云计算的政务信息化建设运营新机制。鼓励地方政府创新风险补偿机制,探索"互联网+"发展的新模式。(财政部、税务总局、发展改革委、科技部、网信办等负责)

3.完善融资服务。积极发挥天使投资、风险投资基金等对"互联网+"的投资引领作用。开展股权众筹等互联网金融创新试点,支持小微企业发展。支持国家出资设立的有关基金投向"互联网+",鼓励社会资本加大对相关创新型企业的投资。积极发展知识产权质押融资、信用保险保单融资增信等服务,鼓励通过债券融资方式支持"互联网+"发展,支持符合条件的"互联网+"企业发行公司债券。开展产融结合创新试点,探索股权和债权相结合的融资服务。降低创新型、成长型互联网企业的上市准入门槛,结合证券法修订和股票发行注册制改革,支持处于特定成长阶段、发展前景好但尚未盈利的互联网企业在创业板上市。推动银行业金融机构创新信贷产品与金融服务,加大贷款投放力度。鼓励开发性金融机构为"互联网+"重点项目建设提供有效融资支持。(人民银行、发展改革委、

银监会、证监会、保监会、网信办、开发银行等负责）

（七）做好组织实施

1.加强组织领导。建立"互联网+"行动实施部际联席会议制度，统筹协调解决重大问题，切实推动行动的贯彻落实。联席会议设办公室，负责具体工作的组织推进。建立跨领域、跨行业的"互联网+"行动专家咨询委员会，为政府决策提供重要支撑。（发展改革委牵头）

2.开展试点示范。鼓励开展"互联网+"试点示范，推进"互联网+"区域化、链条化发展。支持全面创新改革试验区、中关村等国家自主创新示范区、国家现代农业示范区先行先试，积极开展"互联网+"创新政策试点，破除新兴产业行业准入、数据开放、市场监管等方面政策障碍，研究适应新兴业态特点的税收、保险政策，打造"互联网+"生态体系。（各部门、各地方政府负责）

3.有序推进实施。各地区、各部门要主动作为，完善服务，加强引导，以动态发展的眼光看待"互联网+"，在实践中大胆探索拓展，相互借鉴"互联网+"融合应用成功经验，促进"互联网+"新业态、新经济发展。有关部门要加强统筹规划，提高服务和管理能力。各地区要结合实际，研究制定适合本地的"互联网+"行动落实方案，因地制宜，合理定位，科学组织实施，杜绝盲目建设和重复投资，务实有序推进"互联网+"行动。（各部门、各地方政府负责）

国务院
2015年7月1日

附录 E 国务院关于印发"十三五"国家战略性新兴产业发展规划的通知

国发〔2016〕67号

各省、自治区、直辖市人民政府，国务院各部委、各直属机构：

现将《"十三五"国家战略性新兴产业发展规划》印发给你们，请认真贯彻执行。

国务院
2016年11月29日

"十三五"国家战略性新兴产业发展规划

战略性新兴产业代表新一轮科技革命和产业变革的方向，是培育发展新动能、获取未来竞争新优势的关键领域。"十三五"时期，要把战略性新兴产业摆在经济社会发展更加突出的位置，大力构建现代产业新体系，推动经济社会持续健康发展。根据"十三五"规划纲要有关部署，特编制本规划，规划期为2016—2020年。

一、加快壮大战略性新兴产业，打造经济社会发展新引擎

（一）现状与形势

"十二五"期间，我国节能环保、新一代信息技术、生物、高端装备制造、新能源、新材料和新能源汽车等战略性新兴产业快速发展。2015年，战略性新兴产业增加值占国内生产总值比重达到8%左右，产业创新能力和盈利能力明显提升。新一代信息技术、生物、新能源等领域一批企业的竞争力进入国际市场第一方阵，高铁、通信、航天装备、核电设备等国际化发展实现突破，一批产值规模千亿元以上的新兴产业集群有力支撑了区域经济转型升级。大众创业、万众创新蓬勃兴起，战略性新兴产业广泛融合，加快推动了传统产业转型升级，涌现了大批新技术、新产品、新业态、新模式，创造了大量就业岗位，成为稳增长、促改革、调结构、惠民生的有力支撑。

未来5到10年，是全球新一轮科技革命和产业变革从蓄势待发到群体迸发的关键时期。信息革命进程持续快速演进，物联网、云计算、大数据、人工智能

等技术广泛渗透于经济社会各个领域，信息经济繁荣程度成为国家实力的重要标志。增材制造（3D打印）、机器人与智能制造、超材料与纳米材料等领域技术不断取得重大突破，推动传统工业体系分化变革，将重塑制造业国际分工格局。基因组学及其关联技术迅猛发展，精准医学、生物合成、工业化育种等新模式加快演进推广，生物新经济有望引领人类生产生活迈入新天地。应对全球气候变化助推绿色低碳发展大潮，清洁生产技术应用规模持续拓展，新能源革命正在改变现有国际资源能源版图。数字技术与文化创意、设计服务深度融合，数字创意产业逐渐成为促进优质产品和服务有效供给的智力密集型产业，创意经济作为一种新的发展模式正在兴起。创新驱动的新兴产业逐渐成为推动全球经济复苏和增长的主要动力，引发国际分工和国际贸易格局重构，全球创新经济发展进入新时代。

"十三五"时期是我国全面建成小康社会的决胜阶段，也是战略性新兴产业大有可为的战略机遇期。我国创新驱动所需的体制机制环境更加完善，人才、技术、资本等要素配置持续优化，新兴消费升级加快，新兴产业投资需求旺盛，部分领域国际化拓展加速，产业体系渐趋完备，市场空间日益广阔。但也要看到，我国战略性新兴产业整体创新水平还不高，一些领域核心技术受制于人的情况仍然存在，一些改革举措和政策措施落实不到位，新兴产业监管方式创新和法规体系建设相对滞后，还不适应经济发展新旧动能加快转换、产业结构加速升级的要求，迫切需要加强统筹规划和政策扶持，全面营造有利于新兴产业蓬勃发展的生态环境，创新发展思路，提升发展质量，加快发展壮大一批新兴支柱产业，推动战略性新兴产业成为促进经济社会发展的强大动力。

（二）指导思想

全面贯彻党的十八大和十八届三中、四中、五中、六中全会精神，深入学习贯彻习近平总书记系列重要讲话精神，认真落实党中央、国务院决策部署，按照"五位一体"总体布局和"四个全面"战略布局要求，积极适应把握引领经济发展新常态，牢固树立和贯彻落实创新、协调、绿色、开放、共享的发展理念，紧紧把握全球新一轮科技革命和产业变革重大机遇，培育发展新动能，推进供给侧结构性改革，构建现代产业体系，提升创新能力，深化国际合作，进一步发展壮大新一代信息技术、高端装备、新材料、生物、新能源汽车、新能源、节能环保、数字创意等战略性新兴产业，推动更广领域新技术、新产品、新业态、新模式蓬勃发展，建设制造强国，发展现代服务业，为全面建成小康社会提供有力支撑。

（三）主要原则

坚持供给创新。创新是战略性新兴产业发展的核心。要深入实施创新驱动发展战略，大力推进大众创业、万众创新，突出企业主体地位，全面提升技术、人才、资金的供给水平，营造创新要素互动融合的生态环境。聚焦突破核心关键技术，进一步提高自主创新能力，全面提升产品和服务的附加价值和国际竞争力。推进简政放权、放管结合、优化服务改革，破除旧管理方式对新兴产业发展的束缚，降低企业成本，激发企业活力，加快新兴企业成长壮大。

坚持需求引领。市场需求是拉动战略性新兴产业发展壮大的关键因素。要强化需求侧政策引导，加快推进新产品、新服务的应用示范，将潜在需求转化为现实供给，以消费升级带动产业升级。营造公平竞争的市场环境，激发市场活力。

坚持产业集聚。集约集聚是战略性新兴产业发展的基本模式。要以科技创新为源头，加快打造战略性新兴产业发展策源地，提升产业集群持续发展能力和国际竞争力。以产业链和创新链协同发展为途径，培育新业态、新模式，发展特色产业集群，带动区域经济转型，形成创新经济集聚发展新格局。

坚持人才兴业。人才是发展壮大战略性新兴产业的首要资源。要针对束缚人才创新活力的关键问题，加快推进人才发展政策和体制创新，保障人才以知识、技能、管理等创新要素参与利益分配，以市场价值回报人才价值，全面激发人才创业创新动力和活力。加大力度培养和吸引各类人才，弘扬工匠精神和企业家精神。

坚持开放融合。开放融合是加快战略性新兴产业发展的客观要求。要以更开放的理念、更包容的方式，搭建国际化创新合作平台，高效利用全球创新资源，大力推动我国优势技术和标准的国际化应用，加快推进产业链、创新链、价值链全球配置，全面提升战略性新兴产业发展能力。

（四）发展目标

到2020年，战略性新兴产业发展要实现以下目标：

产业规模持续壮大，成为经济社会发展的新动力。战略性新兴产业增加值占国内生产总值比重达到15%，形成新一代信息技术、高端制造、生物、绿色低碳、数字创意等5个产值规模10万亿元级的新支柱，并在更广领域形成大批跨界融合的新增长点，平均每年带动新增就业100万人以上。

创新能力和竞争力明显提高，形成全球产业发展新高地。攻克一批关键核心技术，发明专利拥有量年均增速达到15%以上，建成一批重大产业技术创新平台，产业创新能力跻身世界前列，在若干重要领域形成先发优势，产品质量明显提升。节能环保、新能源、生物等领域新产品和新服务的可及性大幅提升。知识产权保护更加严格，激励创新的政策法规更加健全。

产业结构进一步优化，形成产业新体系。发展一批原创能力强、具有国际影响力和品牌美誉度的行业排头兵企业，活力强劲、勇于开拓的中小企业持续涌现。中高端制造业、知识密集型服务业比重大幅提升，支撑产业迈向中高端水平。形成若干具有全球影响力的战略性新兴产业发展策源地和技术创新中心，打造百余个特色鲜明、创新能力强的新兴产业集群。

到2030年，战略性新兴产业发展成为推动我国经济持续健康发展的主导力量，我国成为世界战略性新兴产业重要的制造中心和创新中心，形成一批具有全球影响力和主导地位的创新型领军企业。

（五）总体部署

以创新、壮大、引领为核心，紧密结合"中国制造2025"战略实施，坚持走创新驱动发展道路，促进一批新兴领域发展壮大并成为支柱产业，持续引领产业中高端发展和经济社会高质量发展。立足发展需要和产业基础，大幅提升产业科技含量，加快发展壮大网络经济、高端制造、生物经济、绿色低碳和数字创意等五大领域，实现向创新经济的跨越。着眼全球新一轮科技革命和产业变革的新趋势、新方向，超前布局空天海洋、信息网络、生物技术和核技术领域一批战略性产业，打造未来发展新优势。遵循战略性新兴产业发展的基本规律，突出优势和特色，打造一批战略性新兴产业发展策源地、集聚区和特色产业集群，形成区域增长新格局。把握推进"一带一路"建设战略契机，以更开放的视野高效利用全球创新资源，提升战略性新兴产业国际化水平。加快推进重点领域和关键环节改革，持续完善有利于汇聚技术、资金、人才的政策措施，创造公平竞争的市场环境，全面营造适应新技术、新业态蓬勃涌现的生态环境，加快形成经济社会发展新动能。

二、推动信息技术产业跨越发展，拓展网络经济新空间

实施网络强国战略，加快建设"数字中国"，推动物联网、云计算和人工智能等技术向各行业全面融合渗透，构建万物互联、融合创新、智能协同、安全可控的新一代信息技术产业体系。到2020年，力争在新一代信息技术产业薄弱环节实现系统性突破，总产值规模超过12万亿元。

（一）构建网络强国基础设施。深入推进"宽带中国"战略，加快构建高速、移动、安全、泛在的新一代信息基础设施。

大力推进高速光纤网络建设。开展智能网络新技术规模应用试点，推动国家骨干网向高速传送、灵活调度、智能适配方向升级。全面实现向全光网络跨越，加快推进城镇地区光网覆盖，提供每秒1 000兆比特（1 000Mbit/s）以上接入服务，大中城市家庭用户实现带宽100Mbit/s以上灵活选择；多方协同推动提升农村光纤宽带覆盖率，98%以上的行政村实现光纤通达，有条件的地区提供100Mbit/s以上接入服务，半数以上农村家庭用户实现带宽50Mbit/s以上灵活选择。推动三网融合基础设施发展。推进互联网协议第六版（IPv6）演进升级和应用，推动骨干企业新增网络地址不再使用私有地址。

加快构建新一代无线宽带网。加快第四代移动通信（4G）网络建设，实现城镇及人口密集行政村深度覆盖和广域连续覆盖。在热点公共区域推广免费高速无线局域网。大力推进第五代移动通信（5G）联合研发、试验和预商用试点。优化国家频谱资源配置，提高频谱利用效率，保障频率资源供给。合理规划利用卫星频率和轨道资源，加快空间互联网部署，研制新型通信卫星和应用终端，探索建设天地一体化信息网络，研究平流层通信等高空覆盖新方式。

加快构建下一代广播电视网。推动有线无线卫星广播电视网智能协同覆盖，建设天地一体、互联互通、宽带交互、智能协同、可管可控的广播电视融合传输覆盖网。加速全国有线电视网络基础设施建设和双向化、智能化升级改造，推进全国有线电视网络整合和互联互通。推动下一代地面数字广播电视传输技术研发及产业化，加强地面无线广播电视与互联网的融合创新，创建移动、交互、便捷的地面无线广播电视新业态。

专栏1　宽带乡村示范工程
开展电信普遍服务试点工作，促进三网融合，加快光缆、卫星通信进行政村建设，按需实现光纤入户网络和第四代移动通信（4G）网络向自然村和住户延伸覆盖，利用卫星、移动通信等技术创新加强对海岛、边远地区、山区等覆盖，加快普及电子商务、远程教育、远程医疗、智慧农业、电子政务等信息化应用，支撑扶贫攻坚

统筹发展应用基础设施。充分利用现有设施，统筹规划大型、超大型数据中心在全国适宜地区布局，有序推进绿色数据中心建设。推动基于现有各类通信网络实现物联网集约部署。持续强化应急通信能力建设。

加强国际合作。加强信息网络基础设施国际互联互通合作。加强海外海缆、陆缆、业务节点、数据中心、卫星通信等设施建设，优化国际通信网络布局。加快建设中国—阿拉伯国家等网上丝绸之路、中国—东盟信息港。

（二）推进"互联网+"行动。促进新一代信息技术与经济社会各领域融合发展，培育"互联网+"生态体系。

深化互联网在生产领域的融合应用。深化制造业与互联网融合发展，推动"中国制造+互联网"取得实质性突破，发展面向制造业的信息技术服务，构筑核心工业软硬件、工业云、智能服务平台等制造新基础，大力推广智能制造、网络化协同、个性化定制、服务化延伸等新业态、新模式。加快发展工业互联网，构建工业互联网体系架构，开展工业互联网创新应用示范。推进移动互联网、云计算、物联网等技术与农业、能源、金融、商务、物流快递等深度融合，支持面向网络协同的行业应用软件研发与系统集成，推动制造业向生产服务型转变、生产性服务业向价值链高端延伸。

拓展生活及公共服务领域的"互联网+"应用。加快行业管理体制创新，促进医疗、教育、社保、就业、交通、旅游等服务智慧化。拓展新型智慧城市应用，推动基于互联网的公共服务模式创新，推进基于云计算的信息服务公共平台建设，增强公共产品供给能力。加快实施"互联网+政务服务"，逐步实现政务服务"一号申请、一窗受理、一网通办"。

促进"互联网+"新业态创新。鼓励运用信息网络技术推动生产、管理和营销模式变革，重塑产业链、供应链、价值链，加快形成新的生产和流通交换模式。以体制机制创新推动分享经济发展，建立适应分享经济发展的监管方式，促进交通、旅游、养老、人力资源、日用品消费等领域共享平台企业规范发展，营造分享经济文化氛围。

专栏2　"互联网+"工程
深入推进"互联网+"创业创新、协同制造、现代农业、智慧能源、普惠金融、益民服务、高效物流、电子商务、便捷交通、绿色生态、人工智能等11个重点行动，建设互联网跨领域融合创新支撑服务平台。促进基于云计算的业务模式和商业模式创新，推进公有云和行业云平台建设。加强物联网网络架构研究，组织开展物联网重大应用示范。加快下一代互联网商用部署，构建工业互联网技术试验验证和管理服务平台。创建国家信息经济示范区

（三）实施国家大数据战略。落实大数据发展行动纲要，全面推进重点领域大数据高效采集、有效整合、公开共享和应用拓展，完善监督管理制度，强化安全保障，推动相关产业创新发展。

加快数据资源开放共享。统筹布局建设国家大数据公共平台,制定出台数据资源开放共享管理办法,推动建立数据资源清单和开放目录,鼓励社会公众对开放数据进行增值性、公益性、创新性开发。加强大数据基础性制度建设,强化使用监管,建立健全数据资源交易机制和定价机制,保护数据资源权益。

发展大数据新应用新业态。加快推进政府大数据应用,建立国家宏观调控和社会治理数据体系,提高政府治理能力。发展大数据在工业、农业农村、创业创新、促进就业等领域的应用,促进数据服务业创新,推动数据探矿、数据化学、数据材料、数据制药等新业态、新模式发展。加强海量数据存储、数据清洗、数据分析挖掘、数据可视化等关键技术研发,形成一批具有国际竞争力的大数据处理、分析和可视化软硬件产品,培育大数据相关产业,完善产业链,促进相关产业集聚发展。推进大数据综合试验区建设。

强化大数据与网络信息安全保障。建立大数据安全管理制度,制定大数据安全管理办法和有关标准规范,建立数据跨境流动安全保障机制。加强数据安全、隐私保护等关键技术攻关,形成安全可靠的大数据技术体系。建立完善网络安全审查制度。采用安全可信产品和服务,提升基础设施关键设备安全可靠水平。建立关键信息基础设施保护制度,研究重要信息系统和基础设施网络安全整体解决方案。

专栏3 大数据发展工程

整合现有资源,构建政府数据共享交换平台和数据开放平台,健全大数据共享流通体系、大数据标准体系、大数据安全保障体系,推动实现信用、交通、医疗、教育、环境、安全监管等政府数据集向社会开放。支持大数据关键技术研发和产业化,在重点领域开展大数据示范应用,实施国家信息安全专项,促进大数据相关产业健康快速发展

(四)做强信息技术核心产业。顺应网络化、智能化、融合化等发展趋势,着力培育建立应用牵引、开放兼容的核心技术自主生态体系,全面梳理和加快推动信息技术关键领域新技术研发与产业化,推动电子信息产业转型升级取得突破性进展。

提升核心基础硬件供给能力。提升关键芯片设计水平,发展面向新应用的芯片。加快16nm/14nm工艺产业化和存储器生产线建设,提升封装测试业技术水平和产业集中度,加紧布局后摩尔定律时代芯片相关领域。实现主动矩阵有机发光二极管(AMOLED)、超高清(4K/8K)量子点液晶显示、柔性显示等技术国产化突破及规模应用。推动智能传感器、电力电子、印刷电子、半导体照明、惯

性导航等领域关键技术研发和产业化,提升新型片式元件、光通信器件、专用电子材料供给保障能力。

> **专栏4 集成电路发展工程**
>
> 启动集成电路重大生产力布局规划工程,实施一批带动作用强的项目,推动产业能力实现快速跃升。加快先进制造工艺、存储器、特色工艺等生产线建设,提升安全可靠CPU、数模/模数转换芯片、数字信号处理芯片等关键产品设计开发能力和应用水平,推动封装测试、关键装备和材料等产业快速发展。支持提高代工企业及第三方IP核企业的服务水平,支持设计企业与制造企业协同创新,推动重点环节提高产业集中度。推动半导体显示产业链协同创新

大力发展基础软件和高端信息技术服务。面向重点行业需求建立安全可靠的基础软件产品体系,支持开源社区发展,加强云计算、物联网、工业互联网、智能硬件等领域操作系统研发和应用,加快发展面向大数据应用的数据库系统和面向行业应用需求的中间件,支持发展面向网络协同优化的办公软件等通用软件。加强信息技术核心软硬件系统服务能力建设,推动国内企业在系统集成各环节向高端发展,规范服务交付,保证服务质量,鼓励探索前沿技术驱动的服务新业态,推动骨干企业在新兴领域加快行业解决方案研发和推广应用。大力发展基于新一代信息技术的高端软件外包业务。

加快发展高端整机产品。推进绿色计算、可信计算、数据和网络安全等信息技术产品的研发与产业化,加快高性能安全服务器、存储设备和工控产品、新型智能手机、下一代网络设备和数据中心成套装备、先进智能电视和智能家居系统、信息安全产品的创新与应用,发展面向金融、交通、医疗等行业应用的专业终端、设备和融合创新系统。大力提升产品品质,培育一批具有国际影响力的品牌。

(五)发展人工智能。培育人工智能产业生态,促进人工智能在经济社会重点领域推广应用,打造国际领先的技术体系。

加快人工智能支撑体系建设。推动类脑研究等基础理论和技术研究,加快基于人工智能的计算机视听觉、生物特征识别、新型人机交互、智能决策控制等应用技术研发和产业化,支持人工智能领域的基础软硬件开发。加快视频、地图及行业应用数据等人工智能海量训练资源库和基础资源服务公共平台建设,建设支撑大规模深度学习的新型计算集群。鼓励领先企业或机构提供人工智能研发工具以及检验评测、创业咨询、人才培养等创业创新服务。

推动人工智能技术在各领域应用。在制造、教育、环境保护、交通、商业、健康医疗、网络安全、社会治理等重要领域开展试点示范,推动人工智能规模化

应用。发展多元化、个性化、定制化智能硬件和智能化系统，重点推进智能家居、智能汽车、智慧农业、智能安防、智慧健康、智能机器人、智能可穿戴设备等研发和产业化发展。鼓励各行业加强与人工智能融合，逐步实现智能化升级。利用人工智能创新城市管理，建设新型智慧城市。推动专业服务机器人和家用服务机器人应用，培育新型高端服务产业。

专栏5　人工智能创新工程

推动基础理论研究和核心技术开发，实现类人神经计算芯片、智能机器人和智能应用系统的产业化，将人工智能新技术嵌入各领域。构建人工智能公共服务平台和向社会开放的骨干企业研发服务平台。建立健全人工智能"双创"支撑服务体系

（六）完善网络经济管理方式。

深化电信体制改革。全面推进三网融合，进一步放开基础电信领域竞争性业务，放宽融合性产品和服务的市场准入限制，推进国有电信企业混合所有制试点工作。破除行业壁垒，推动各行业、各领域在技术、标准、监管等方面充分对接，允许各类主体依法平等参与市场竞争。

加强相关法律法规建设。针对互联网与各行业融合发展的新特点，调整不适应发展要求的现行法规及政策规定。落实加强网络信息保护和信息公开有关规定，加快推动制定网络安全、电子商务等法律法规。

三、促进高端装备与新材料产业突破发展，引领中国制造新跨越

顺应制造业智能化、绿色化、服务化、国际化发展趋势，围绕"中国制造2025"战略实施，加快突破关键技术与核心部件，推进重大装备与系统的工程应用和产业化，促进产业链协调发展，塑造中国制造新形象，带动制造业水平全面提升。力争到2020年，高端装备与新材料产业产值规模超过12万亿元。

（一）打造智能制造高端品牌。着力提高智能制造核心装备与部件的性能和质量，打造智能制造体系，强化基础支撑，积极开展示范应用，形成若干国际知名品牌，推动智能制造装备迈上新台阶。

大力发展智能制造系统。加快推动新一代信息技术与制造技术的深度融合，开展集计算、通信与控制于一体的信息物理系统（CPS）顶层设计，探索构建贯穿生产制造全过程和产品全生命周期，具有信息深度自感知、智慧优化自决策、精准控制自执行等特征的智能制造系统，推动具有自主知识产权的机器人自动化生产线、数字化车间、智能工厂建设，提供重点行业整体解决方案，推进传统制造业智能化改造。建设测试验证平台，完善智能制造标准体系。

推动智能制造关键技术装备迈上新台阶。构建工业机器人产业体系，全面突破高精度减速器、高性能控制器、精密测量等关键技术与核心零部件，重点发展高精度、高可靠性中高端工业机器人。加快高档数控机床与智能加工中心研发与产业化，突破多轴、多通道、高精度高档数控系统、伺服电机等主要功能部件及关键应用软件，开发和推广应用精密、高速、高效、柔性并具有网络通信等功能的高档数控机床、基础制造装备及集成制造系统。突破智能传感与控制装备、智能检测与装配装备、智能物流与仓储装备、智能农业机械装备，开展首台套装备研究开发和推广应用，提高质量与可靠性。

打造增材制造产业链。突破钛合金、高强合金钢、高温合金、耐高温高强度工程塑料等增材制造专用材料。搭建增材制造工艺技术研发平台，提升工艺技术水平。研制推广使用激光、电子束、离子束及其他能源驱动的主流增材制造工艺装备。加快研制高功率光纤激光器、扫描振镜、动态聚焦镜及高性能电子枪等配套核心器件和嵌入式软件系统，提升软硬件协同创新能力，建立增材制造标准体系。在航空航天、医疗器械、交通设备、文化创意、个性化制造等领域大力推动增材制造技术应用，加快发展增材制造服务业。

专栏6　重点领域智能工厂应用示范工程

在机械、航空、航天、汽车、船舶、轻工、服装、电子信息等离散制造领域，开展智能车间/工厂的集成创新与应用示范，推进数字化设计、装备智能化升级、工艺流程优化、精益生产、可视化管理、质量控制与溯源、智能物流等试点应用，推动全业务流程智能化整合

在石化化工、钢铁、有色金属、建材、纺织、食品、医药等流程制造领域，开展智能工厂的集成创新与应用示范，提升企业在资源配置、工艺优化、过程控制、产业链管理、质量控制与溯源、节能减排及安全生产等方面的智能化水平

（二）实现航空产业新突破。加强自主创新，推进民用航空产品产业化、系列化发展，加强产业配套设施和安全运营保障能力建设，提高产品安全性、环保性、经济性和舒适性，全面构建覆盖航空发动机、飞机整机、产业配套和安全运营的航空产业体系。到2020年，民用大型客机、新型支线飞机完成取证交付，航空发动机研制实现重大突破，产业配套和示范运营体系基本建立。

加快航空发动机自主发展。依托航空发动机及燃气轮机重大专项，突破大涵道比大型涡扇发动机关键技术，支撑国产干线飞机发展。发展1 000kW级涡轴发动机和5 000kW级涡桨发动机，满足国产系列化直升机和中型运输机动力需求。发展使用重油的活塞式发动机和应用航空生物燃料的涡轮发动机，推进小型发动

机市场化应用。

推进民用飞机产业化。加快实施大型飞机重大专项,完成大型客机研制,启动宽体客机研发,突破核心技术。加快新型支线飞机工程研制和系列化改进改型,开展新机型国内外先锋用户示范运营和设计优化,提高飞机航线适应性和竞争力。大力开发市场需求大的民用直升机、多用途飞机、特种飞机和工业级无人机。

完善产业配套体系建设。提高航空材料和基础元器件自主制造水平,掌握铝锂合金、复合材料等加工制造核心技术。大力发展高可靠性、长寿命、环境适应性强、标准化、低成本的航空设备和系统,实现适航取证。加快航空科研试验重大基础设施建设,加大结构强度、飞行控制、电磁兼容、环境试验等计量测试和验证条件投入,加强试飞条件建设。突破一批适航关键技术,加强适航审定条件和能力建设,加快完善运输类飞机等各类航空产品的适航审定政策,建成具有完善组织机构、充足人力资源、健全规章体系、先进硬件设施和较强国际合作能力的适航审定体系。加快建设一批专业化数字化示范工厂,显著提高航空产品制造质量稳定性和生产效率。积极推进构建国际风险合作伙伴关系,建成功能完备的航空产业配套体系。

发展航空运营新服务。落实促进通用航空业发展的各项政策措施,大力培育通用航空市场,促进通用航空制造与运营服务协调发展。大力发展航空租赁。利用互联网技术建立先进航空运营体系,促进服务模式创新。加强飞行培训,培育航空文化。开发综合化、通用化、智能化的通信、导航和控制系统,发展面向全面风险管控和多类空域融合运用的技术体系和装备,形成安全运营支撑体系。

专栏7 新一代民用飞机创新工程
以重大专项和民用飞机科研为支撑,突破一批核心技术、系统、部件和材料,提高系统集成能力,重点发展系列化单通道窄体、双通道宽体大型飞机,系列化新型涡桨/涡扇支线飞机及先进通用航空器,着力开展新型民用飞机示范运营和市场推广,建立具有市场竞争力的产品保障和客户服务体系。C919、MA700完成适航取证并交付用户,ARJ21实现批量生产交付;一批重点通用航空器完成研制和市场应用

(三)做大做强卫星及应用产业。建设自主开放、安全可靠、长期稳定运行的国家民用空间基础设施,加速卫星应用与基础设施融合发展。到2020年,基本建成主体功能完备的国家民用空间基础设施,满足我国各领域主要业务需求,基本实现空间信息应用自主保障,形成较为完善的卫星及应用产业链。

加快卫星及应用基础设施建设。构建星座和专题卫星组成的遥感卫星系统，形成"高中低"分辨率合理配置、空天地一体多层观测的全球数据获取能力；加强地面系统建设，汇集高精度、全要素、体系化的地球观测信息，构建"大数据地球"。打造国产高分辨率商业遥感卫星运营服务平台。发展固定通信广播、移动通信广播和数据中继三个卫星系列，形成覆盖全球主要地区的卫星通信广播系统。实施第二代卫星导航系统国家科技重大专项，加快建设卫星导航空间系统和地面系统，建成北斗全球卫星导航系统，形成高精度全球服务能力。采用政府和社会资本合作（PPP）模式推进遥感卫星等建设。

提升卫星性能和技术水平。掌握长寿命、高稳定性、高定位精度、大承载量和强敏捷能力的卫星应用平台技术，突破高分辨率、高精度、高可靠性及综合探测等有效载荷技术。优先发展遥感卫星数据处理技术和业务应用技术。提升宽带通信卫星、移动多媒体广播卫星等技术性能。加强卫星平台型谱化建设，有序推进中小微卫星发展。

推进卫星全面应用。统筹军民空间基础设施，完善卫星数据共用共享机制，加强卫星大众化、区域化、国际化应用，加快卫星遥感、通信与导航融合化应用，利用物联网、移动互联网等新技术，创新"卫星+"应用模式。面向防灾减灾、应急、海洋等领域需求，开展典型区域综合应用示范。面向政府部门业务管理和社会服务需求，开展现代农业、新型城镇化、智慧城市、智慧海洋、边远地区等的卫星综合应用示范。围绕国家区域发展总体战略，推动"互联网+天基信息应用"深入发展，打造空间信息消费全新产业链和商业模式。推进商业卫星发展和卫星商业化应用。积极布局海外市场，建立"一带一路"空间信息走廊。

> **专栏 8　空间信息智能感知工程**
>
> 加快构建以遥感、通信、导航卫星为核心的国家空间基础设施，加强跨领域资源共享与信息综合服务能力建设，积极推进空间信息全面应用，为资源环境动态监测预警、防灾减灾与应急指挥等提供及时准确的空间信息服务，加强面向全球提供综合信息服务能力建设，大力拓展国际市场

（四）强化轨道交通装备领先地位。推进轨道交通装备产业智能化、绿色化、轻量化、系列化、标准化、平台化发展，加快新技术、新工艺、新材料的应用，研制先进可靠的系列产品，完善相关技术标准体系，构建现代轨道交通装备产业创新体系，打造覆盖干线铁路、城际铁路、市域（郊）铁路、城市轨道交通的全产业链布局。

打造具有国际竞争力的轨道交通装备产业链。形成中国标准新型高速动车组、节能型永磁电机驱动高速列车、30t 轴重重载电力机车和车辆、大型养路机械等产品系列，推进时速 500km 轮轨试验列车、时速 600km 磁悬浮系统等新型列车研发和产业化，构建完整产业链。加强产品质量检验检测认证综合能力建设。加快"走出去"步伐，提升国际竞争力。

推进新型城市轨道交通装备研发及产业化。面向大城市复杂市域交通需求，推动时速 120～160km、与城市轨道交通无缝衔接的市域（郊）铁路装备，适应不同技术路线的跨座式单轨，自动导轨快捷运输系统等研发与应用，构建时速 200km 及以下中低速磁悬浮系统的设计、制造、试验、检测技术平台，建立完善产品认证制度，建立新型城市轨道交通车辆技术标准和规范，领跑国际技术标准。

突破产业关键零部件及绿色智能化集成技术。进一步研发列车牵引制动系统、列车网络控制系统、通信信号系统、电传动系统、智能化系统、车钩缓冲系统、储能与节能系统、高速轮对、高性能转向架、齿轮箱、轴承、轻量化车体等关键系统和零部件，形成轨道交通装备完整产业链。加强永磁电机驱动、全自动运行、基于第四代移动通信的无线综合承载等技术研发和产业化。优化完善高速铁路列控系统和城际铁路列控技术标准体系。

（五）增强海洋工程装备国际竞争力。推动海洋工程装备向深远海、极地海域发展和多元化发展，实现主力装备结构升级，突破重点新型装备，提升设计能力和配套系统水平，形成覆盖科研开发、总装建造、设备供应、技术服务的完整产业体系。

重点发展主力海洋工程装备。加快推进物探船、深水半潜平台、钻井船、浮式生产储卸装置、海洋调查船、半潜运输船、起重铺管船、多功能海洋工程船等主力海工装备系列化研发，构建服务体系，设计建造能力居世界前列。

加快发展新型海洋工程装备。突破浮式钻井生产储卸装置、浮式液化天然气储存和再气化装置、深吃水立柱式平台、张力腿平台、极地钻井平台、海上试验场等研发设计和建造技术，建立规模化生产制造工艺体系，产品性能及可靠性达到国际先进水平。

加强关键配套系统和设备研发及产业化。产学研用相结合，提高升降锁紧系统、深水锚泊系统、动力定位系统、自动控制系统、水下钻井系统、柔性立管深海观测系统等关键配套设备设计制造水平，大力发展海洋工程用高性能发动机，提升专业化配套能力。

专栏9　海洋工程装备创新发展工程
推动大型浮式结构物等新型装备、3 600m 以上超深水钻井平台等深远海装备、海洋极地调查观测装备等研究开发，实现科研成果工程化和产业化，促进总装及配套产业协调发展。完善海洋工程装备标准体系

（六）提高新材料基础支撑能力。顺应新材料高性能化、多功能化、绿色化发展趋势，推动特色资源新材料可持续发展，加强前沿材料布局，以战略性新兴产业和重大工程建设需求为导向，优化新材料产业化及应用环境，加强新材料标准体系建设，提高新材料应用水平，推进新材料融入高端制造供应链。到2020年，力争使若干新材料品种进入全球供应链，重大关键材料自给率达到70%以上，初步实现我国从材料大国向材料强国的战略性转变。

推动新材料产业提质增效。面向航空航天、轨道交通、电力电子、新能源汽车等产业发展需求，扩大高强轻合金、高性能纤维、特种合金、先进无机非金属材料、高品质特殊钢、新型显示材料、动力电池材料、绿色印刷材料等规模化应用范围，逐步进入全球高端制造业采购体系。推动优势新材料企业"走出去"，加强与国内外知名高端制造企业的供应链协作，开展研发设计、生产贸易、标准制定等全方位合作。提高新材料附加值，打造新材料品牌，增强国际竞争力。建立新材料技术成熟度评价体系，研究建立新材料首批次应用保险补偿机制。组建新材料性能测试评价中心。细化完善新材料产品统计分类。

以应用为牵引构建新材料标准体系。围绕新一代信息技术、高端装备制造、节能环保等产业需求，加强新材料产品标准与下游行业设计规范的衔接配套，加快制定重点新材料标准，推动修订老旧标准，强化现有标准推广应用，加强前沿新材料标准预先研究，提前布局一批核心标准。加快新材料标准体系国际化进程，推动国内标准向国际标准转化。

促进特色资源新材料可持续发展。推动稀土、钨钼、钒钛、锂、石墨等特色资源高质化利用，加强专用工艺和技术研发，推进共伴生矿资源平衡利用，支持建立专业化的特色资源新材料回收利用基地、矿物功能材料制造基地。在特色资源新材料开采、冶炼分离、深加工各环节，推广应用智能化、绿色化生产设备与工艺。发展海洋生物来源的医学组织工程材料、生物环境材料等新材料。

前瞻布局前沿新材料研发。突破石墨烯产业化应用技术，拓展纳米材料在光电子、新能源、生物医药等领域应用范围，开发智能材料、仿生材料、超材料、低成本增材制造材料和新型超导材料，加大空天、深海、深地等极端环境所需材料研发力度，形成一批具有广泛带动性的创新成果。

专栏 10　新材料提质和协同应用工程
加强新型绿色建材标准与公共建筑节能标准的衔接，加快制定轨道交通装备用齿轮钢、航空航天用碳/碳复合结构材料、高温合金、特种玻璃、宽禁带半导体以及电子信息用化学品、光学功能薄膜、人工晶体材料等标准，完善节能环保用功能性膜材料、海洋防腐材料配套标准，做好增材制造材料、稀土功能材料、石墨烯材料标准布局，促进新材料产品品质提升。加强新材料产业上下游协作配套，在航空铝材、碳纤维复合材料、核电用钢等领域开展协同应用试点示范，搭建协同应用平台

四、加快生物产业创新发展步伐，培育生物经济新动力

把握生命科学纵深发展、生物新技术广泛应用和融合创新的新趋势，以基因技术快速发展为契机，推动医疗向精准医疗和个性化医疗发展，加快农业育种向高效精准育种升级转化，拓展海洋生物资源新领域、促进生物工艺和产品在更广泛领域替代应用，以新的发展模式助力生物能源大规模应用，培育高品质专业化生物服务新业态，将生物经济加速打造成为继信息经济后的重要新经济形态，为健康中国、美丽中国建设提供新支撑。到 2020 年，生物产业规模达到 8～10 万亿元，形成一批具有较强国际竞争力的新型生物技术企业和生物经济集群。

（一）构建生物医药新体系。加快开发具有重大临床需求的创新药物和生物制品，加快推广绿色化、智能化制药生产技术，强化科学高效监管和政策支持，推动产业国际化发展，加快建设生物医药强国。

推动生物医药行业跨越升级。加快基因测序、细胞规模化培养、靶向和长效释药、绿色智能生产等技术研发应用，支撑产业高端发展。开发新型抗体和疫苗、基因治疗、细胞治疗等生物制品和制剂，推动化学药物创新和高端制剂开发，加速特色创新中药研发，实现重大疾病防治药物原始创新。支持生物类似药规模化发展，开展专利到期药物大品种研发和生产，加快制药装备升级换代，提升制药自动化、数字化和智能化水平，进一步推动中药产品标准化发展，促进产业标准体系与国际接轨，加速国际化步伐。发展海洋创新药物，开发具有民族特色的现代海洋中药产品，推动试剂原料和中间体产业化，形成一批海洋生物医药产业集群。

专栏 11　新药创制与产业化工程
围绕构建可持续发展的生物医药产业体系，以抗体药物、重组蛋白药物、新型疫苗等新兴药物为重点，推动临床紧缺的重大疾病、多发疾病、罕见病、儿童疾病等药物的新药研发、产业化和质量升级，整合各类要素形成一批先进产品标准和具有国际先进水平的产业技术体系，提升关键原辅料和装备配套能力，支撑生物技术药物持续创新发展

创新生物医药监管方式。建立更加科学高效的医药审评审批方式,加快推开药品上市许可持有人制度试点,加快仿制药质量和疗效一致性评价,探索开展医疗新技术临床实验研究认可制度试点。完善药品采购机制,全面推动医药价格和行业监管等领域体制机制改革。

(二)提升生物医学工程发展水平。深化生物医学工程技术与信息技术融合发展,加快行业规制改革,积极开发新型医疗器械,构建移动医疗、远程医疗等诊疗新模式,促进智慧医疗产业发展,推广应用高性能医疗器械,推进适应生命科学新技术发展的新仪器和试剂研发,提升我国生物医学工程产业整体竞争力。

发展智能化移动化新型医疗设备。开发智能医疗设备及其软件和配套试剂、全方位远程医疗服务平台和终端设备,发展移动医疗服务,制定相关数据标准,促进互联互通,初步建立信息技术与生物技术深度融合的现代智能医疗服务体系。

开发高性能医疗设备与核心部件。发展高品质医学影像设备、先进放射治疗设备、高通量低成本基因测序仪、基因编辑设备、康复类医疗器械等医学装备,大幅提升医疗设备稳定性、可靠性。利用增材制造等新技术,加快组织器官修复和替代材料及植介入医疗器械产品创新和产业化。加速发展体外诊断仪器、设备、试剂等新产品,推动高特异性分子诊断、生物芯片等新技术发展,支撑肿瘤、遗传疾病及罕见病等体外快速准确诊断筛查。

专栏12 生物技术惠民工程

推进网络化基因技术应用示范中心建设,开展出生缺陷基因筛查、肿瘤早期筛查及用药指导等应用示范。发展和应用新型生物治疗技术,推动新型个体化生物治疗标准化、规范化。开发智能化和高性能医疗设备,支持企业、医疗机构、研究机构等联合建设第三方影像中心,开展协同诊疗和培训,试点建立居民健康影像档案。开展区域性综合应用示范,实现区域生物基塑料制品、包装材料等替代50%以上的传统石化塑料制品。在城镇或企业周边建设生物质集中供气供热示范工程,探索多元协同共赢的市场化发展模式

(三)加速生物农业产业化发展。以产出高效、产品安全、资源节约、环境友好为目标,创制生物农业新品种,开发动植物营养和绿色植保新产品,构建现代农业新体系,形成一批具有国际竞争力的生物育种企业,为加快农业发展方式转变提供新途径、新支撑。

构建生物种业自主创新体系。开展基因编辑、分子设计、细胞诱变等关键核心技术创新与育种应用,研制推广一批优质、高产、营养、安全、资源高效利用、适应标准化生产的农业动植物新品种,积极推进生物技术培育新品种产业化,形

成一批以企业为主体的生物育种创新平台，打造具有核心竞争力的育繁推一体化现代生物种业企业，加快农业动植物新品种产业化和市场推广。发展动植物检疫新技术，加强国外优质动植物品种资源引进检疫平台建设。

开发一批新型农业生物制剂与重大产品。大力发展动植物病虫害防控新技术、新产品，建立基于病虫基因组信息的绿色农药、兽药创制技术体系，创制一批新型动物疫苗、生物兽药、植物新农药等重大产品，实现规模生产与应用，推动农业生产绿色转型。创制可替代抗生素的新型绿色生物饲料和高效生物肥料产品。深度挖掘海洋生物资源，开发绿色、安全、高效的新型海洋生物功能制品，开辟综合利用新途径。推动食品合成生物工程技术、食品生物高效转化技术、肠道微生物宏基因组学等关键技术创新与精准营养食品创制。

（四）推动生物制造规模化应用。加快发展微生物基因组工程、酶分子机器、细胞工厂等新技术，提升工业生物技术产品经济性，推进生物制造技术向化工、材料、能源等领域渗透应用，推动以清洁生物加工方式逐步替代传统化学加工方式，实现可再生资源逐步替代化石资源。

不断提升生物制造产品经济性和规模化发展水平。发展新生物工具创制与应用技术体系，实现一批有机酸、化工醇、烯烃、烷烃、有机胺等基础化工产品的生物法生产与应用，推动生物基聚酯、生物基聚氨酯、生物尼龙、生物橡胶、微生物多糖等生物基材料产业链条化、集聚化、规模化发展，提升氨基酸、维生素等大宗发酵产品自主创新能力和发展水平。

建立生态安全、绿色低碳、循环发展的生物法工艺体系。发展高效工业生物催化转化技术体系，提升绿色生物工艺应用水平。建立甾体药物、手性化合物、稀少糖醇等生物催化合成路线，实现医药化工等中间体绿色化、规模化生产。促进绿色生物工艺在农业、化工、食品、医药、轻纺、冶金、能源等领域全面进入和示范应用，显著降低物耗能耗和污染物排放。

（五）培育生物服务新业态。以专业化分工促进生物技术服务创新发展，构建新技术专业化服务模式，不断创造生物经济新增长点。

增强生物技术对消费者的专业化服务能力。发展专业化诊疗机构，培育符合规范的液体活检、基因诊断等新型技术诊疗服务机构。发展健康体检和咨询、移动医疗等健康管理服务，推动构建生物大数据、医疗健康大数据共享平台，试点建立居民健康影像档案，鼓励构建线上线下相结合的智能诊疗生态系统，推动医学检验检测、影像诊断等服务专业化发展。

> **专栏 13　生物产业创新发展平台建设工程**
>
> 依托并整合现有资源，建设一批创新基础平台，支持基因库、干细胞库、中药标准库、高级别生物安全实验室、蛋白元件库等建设。加快推动构建一批转化应用平台，推进抗体筛选平台、医学影像信息库、农作物分子育种平台等载体建设。积极发展一批检测服务平台，推进仿制药一致性评价技术平台、生物药质量及安全测试技术创新平台、农产品安全质量检测平台、生物质能检验检测及监测公共服务平台等建设，完善相关标准

提高生物技术服务对产业的支持水平。发展符合国际标准的药物研发与生产服务，鼓励医药企业加强与合同研发、委托制造企业的合作。推动基因检测和诊断等新兴技术在各领域应用转化，支持生物信息服务机构提升技术水平。为药品、医疗器械、种业、生物能源等生物产品提供检测、评价、认证等公共服务，加快产品上市进度，提升产品质量。鼓励生物技术在水污染控制、大气污染治理、有毒有害物质降解、废物资源化等领域拓展应用，积极引导生物环保技术企业跨地区、跨行业联合或兼并，实现做大做强。构建生物技术专业化双创平台，降低生物产业创新创业成本，支持各类人员开办虚拟研发企业，释放创新潜能。

（六）创新生物能源发展模式。着力发展新一代生物质液体和气体燃料，开发高性能生物质能源转化系统解决方案，拓展生物能源应用空间，力争在发电、供气、供热、燃油等领域实现全面规模化应用，生物能源利用技术和核心装备技术达到世界先进水平，形成较成熟的商业化市场。

促进生物质能源清洁应用。重点推进高寿命、低电耗生物质燃料成型设备、生物质供热锅炉、分布式生物质热电联产等关键技术和设备研发，促进生物质成型燃料替代燃煤集中供热、生物质热电联产。按照因地制宜、就近生产消纳原则，示范建设集中式规模化生物燃气应用工程，突破大型生物质集中供气原料处理、高效沼气厌氧发酵等关键技术瓶颈。探索建立多元、协同、共赢的市场化发展模式，鼓励多产品综合利用，为生产生活提供清洁优质能源。

推进先进生物液体燃料产业化。重点突破高效低成本的生物质液体燃料原料处理和制备技术瓶颈，建设万吨级生物质制备液体燃料及多产品联产综合利用示范工程。完善原料供应体系，有序发展生物柴油。推进油藻生物柴油、生物航空燃料等前沿技术研发与产业化。

五、推动新能源汽车、新能源和节能环保产业快速壮大，构建可持续发展新模式

把握全球能源变革发展趋势和我国产业绿色转型发展要求，着眼生态文明建

设和应对气候变化,以绿色低碳技术创新和应用为重点,引导绿色消费,推广绿色产品,大幅提升新能源汽车和新能源的应用比例,全面推进高效节能、先进环保和资源循环利用产业体系建设,推动新能源汽车、新能源和节能环保等绿色低碳产业成为支柱产业,到2020年,产值规模达到10万亿元以上。

(一)实现新能源汽车规模应用。强化技术创新,完善产业链,优化配套环境,落实和完善扶持政策,提升纯电动汽车和插电式混合动力汽车产业化水平,推进燃料电池汽车产业化。到2020年,实现当年产销200万辆以上,累计产销超过500万辆,整体技术水平保持与国际同步,形成一批具有国际竞争力的新能源汽车整车和关键零部件企业。

全面提升电动汽车整车品质与性能。加快推进电动汽车系统集成技术创新与应用,重点开展整车安全性、可靠性研究和结构轻量化设计。提升关键零部件技术水平、配套能力与整车性能。加快电动汽车安全标准制定和应用。加速电动汽车智能化技术应用创新,发展智能自动驾驶汽车。开展电动汽车电力系统储能应用技术研发,实施分布式新能源与电动汽车联合应用示范,推动电动汽车与智能电网、新能源、储能、智能驾驶等融合发展。建设电动汽车联合创新平台和跨行业、跨领域的技术创新战略联盟,促进电动汽车重大关键技术协同创新。完善电动汽车生产准入政策,研究实施新能源汽车积分管理制度。到2020年,电动汽车力争具备商业化推广的市场竞争力。

建设具有全球竞争力的动力电池产业链。大力推进动力电池技术研发,着力突破电池成组和系统集成技术,超前布局研发下一代动力电池和新体系动力电池,实现电池材料技术突破性发展。加快推进高性能、高可靠性动力电池生产、控制和检测设备创新,提升动力电池工程化和产业化能力。培育发展一批具有持续创新能力的动力电池企业和关键材料龙头企业。推进动力电池梯次利用,建立上下游企业联动的动力电池回收利用体系。到2020年,动力电池技术水平与国际水平同步,产能规模保持全球领先。

专栏14 新能源汽车动力电池提升工程

完善动力电池研发体系,加快动力电池创新中心建设,突破高安全性、长寿命、高能量密度锂离子电池等技术瓶颈。在关键电池材料、关键生产设备等领域构建若干技术创新中心,突破高容量正负极材料、高安全性隔膜和功能性电解液技术。加大生产、控制和检测设备创新,推进全产业链工程技术能力建设。开展燃料电池、全固态锂离子电池、金属空气电池、锂硫电池等领域新技术研究开发。

系统推进燃料电池汽车研发与产业化。加强燃料电池基础材料与过程机理研究，推动高性能低成本燃料电池材料和系统关键部件研发。加快提升燃料电池堆系统可靠性和工程化水平，完善相关技术标准。推动车载储氢系统以及氢制备、储运和加注技术发展，推进加氢站建设。到2020年，实现燃料电池汽车批量生产和规模化示范应用。

加速构建规范便捷的基础设施体系。按照"因地适宜、适度超前"原则，在城市发展中优先建设公共服务区域充电基础设施，积极推进居民区与单位停车位配建充电桩。完善充电设施标准规范，推进充电基础设施互联互通。加快推动高功率密度、高转换效率、高适用性、无线充电、移动充电等新型充换电技术及装备研发。加强检测认证、安全防护、与电网双向互动等关键技术研究。大力推动"互联网+充电基础设施"，提高充电服务智能化水平。鼓励充电服务企业创新商业模式，提升持续发展能力。到2020年，形成满足电动汽车需求的充电基础设施体系。

（二）推动新能源产业发展。加快发展先进核电、高效光电光热、大型风电、高效储能、分布式能源等，加速提升新能源产品经济性，加快构建适应新能源高比例发展的电力体制机制、新型电网和创新支撑体系，促进多能互补和协同优化，引领能源生产与消费革命。到2020年，核电、风电、太阳能、生物质能等占能源消费总量比重达到8%以上，产业产值规模超过1.5万亿元，打造世界领先的新能源产业。

推动核电安全高效发展。采用国际最高安全标准，坚持合作创新，重点发展大型先进压水堆、高温气冷堆、快堆及后处理技术装备，提升关键零部件配套能力，加快示范工程建设。提升核废料回收利用和安全处置能力。整合行业资源，形成系统服务能力，推动核电加快"走出去"。到2020年，核电装机规模达到5 800万kW，在建规模达到3 000万kW，形成国际先进的集技术开发、设计、装备制造、运营服务于一体的核电全产业链发展能力。

促进风电优质高效开发利用。大力发展智能电网技术，发展和挖掘系统调峰能力，大幅提升风电消纳能力。加快发展高塔长叶片、智能叶片、分散式和海上风电专用技术等，重点发展5兆瓦级以上风电机组、风电场智能化开发与运维、海上风电场施工、风热利用等领域关键技术与设备。建设风电技术测试与产业监测公共服务平台。到2020年，风电装机规模达到2.1亿kW以上，实现风电与煤电上网电价基本相当，风电装备技术创新能力达到国际先进水平。

推动太阳能多元化规模化发展。突破先进晶硅电池及关键设备技术瓶颈，提升薄膜太阳能电池效率，加强钙钛矿、染料敏化、有机等新型高效低成本太阳能电池技术研发，大力发展太阳能集成应用技术，推动高效低成本太阳能利用新技术和新材料产业化，建设太阳能光电光热产品测试与产业监测公共服务平台，大幅提升创新发展能力。统筹电力市场和外输通道，有序推进西部光伏光热发电开发，加快中东部分布式光伏发展，推动多种形式的太阳能综合开发利用。加快实施光伏领跑者计划，形成光热发电站系统集成和配套能力，促进先进太阳能技术产品应用和发电成本快速下降，引领全球太阳能产业发展。到2020年，太阳能发电装机规模达到1.1亿kW以上，力争实现用户侧平价上网。其中，分布式光伏发电、光伏电站、光热发电装机规模分别达到6 000万kW、4 500万kW、500万kW。

积极推动多种形式的新能源综合利用。突破风光互补、先进燃料电池、高效储能与海洋能发电等新能源电力技术瓶颈，加快发展生物质供气供热、生物质与燃煤耦合发电、地热能供热、空气能供热、生物液体燃料、海洋能供热制冷等，开展生物天然气多领域应用和区域示范，推进新能源多产品联产联供技术产业化。加速发展融合储能与微网应用的分布式能源，大力推动多能互补集成优化示范工程建设。建立健全新能源综合开发利用的技术创新、基础设施、运营模式及政策支撑体系。

大力发展"互联网+"智慧能源。加快研发分布式能源、储能、智能微网等关键技术，构建智能化电力运行监测管理技术平台，建设以可再生能源为主体的"源—网—荷—储—用"协调发展、集成互补的能源互联网，发展能源生产大数据预测、调度与运维技术，建立能源生产运行的监测、管理和调度信息公共服务网络，促进能源产业链上下游信息对接和生产消费智能化。推动融合储能设施、物联网、智能用电设施等硬件及碳交易、互联网金融等衍生服务于一体的绿色能源网络发展，促进用户端智能化用能、能源共享经济和能源自由交易发展，培育基于智慧能源的新业务、新业态，建设新型能源消费生态与产业体系。

加快形成适应新能源高比例发展的制度环境。围绕可再生能源比重大幅提高、弃风弃光率近零的目标，完善调度机制和运行管理方式，建立适应新能源电力大规模发展的电网运行管理体系。完善风电、太阳能、生物质能等新能源国家标准和清洁能源定价机制，建立新能源优先消纳机制。建立可再生能源发电补贴政策动态调整机制和配套管理体系。将分布式新能源纳入电力和供热规划以及国家新一轮配网改造计划，促进"源—网—用"协调发展，实现分布式新能源直供与无障碍入网。

> **专栏15 新能源高比例发展工程**
>
> 为实现新能源灵活友好并网和充分消纳，加快安全高效的输电网、可靠灵活的主动配电网以及多种分布式电源广泛接入互动的微电网建设，示范应用智能化大规模储能系统及柔性直流输电工程，建立适应分布式电源、电动汽车、储能等多元化负荷接入需求的智能化供需互动用电系统，建成适应新能源高比例发展的新型电网体系
>
> 选择适宜区域开展分布式光电、分散式风电、生物质能供气供热、地热能、海洋能等多能互补的新能源综合开发，融合应用大容量储能、微网技术，构建分布式能源综合利用系统，引领能源供应方式变革

（三）大力发展高效节能产业。适应建设资源节约型、环境友好型社会要求，树立节能为本理念，全面推进能源节约，提升高效节能装备技术及产品应用水平，推进节能技术系统集成和示范应用，支持节能服务产业做大做强，促进高效节能产业快速发展。到2020年，高效节能产业产值规模力争达到3万亿元。

大力提升高效节能装备技术及应用水平。鼓励研发高效节能设备（产品）及关键零部件，加大示范推广力度，加速推动降低综合成本。制修订强制性能效和能耗限额标准，加快节能科技成果转化应用。发布节能产品和技术推广目录，完善节能产品政府采购政策，推动提高节能产品市场占有率。完善能效标识制度和节能产品认证制度，在工业、建筑、交通和消费品等领域实施能效领跑者制度，推动用能企业和产品制造商跨越式提高能效。

大力推进节能技术系统集成及示范应用。在示范园区等重点区域和重点行业开展节能技术系统集成试点，整合高耗能企业的余热、余压、余气资源，鼓励利用余热采暖、利用余能和低温余热发电。鼓励重点用能单位及耗能设备配备智能能源计量和远程诊断设备，借助信息网络技术加强系统自动监控和智能分析能力，促进提高综合能效。深入推进流程工业系统优化工艺技术，推动工业企业能源管控中心建设，鼓励企业在低温加热段使用太阳能集热器，实现生产工艺和能源供应的综合优化。推进化石能源近零消耗建筑技术产业化，大力推广应用节能门窗、绿色节能建材等产品。鼓励风电、太阳能发电与企业能源供管系统综合集成，推动可再生能源就地消纳。

做大做强节能服务产业。支持合同能源管理、特许经营等业态快速发展，推动节能服务商业模式创新，推广节能服务整体解决方案。支持节能服务公司通过兼并、联合、重组等方式实现规模化、品牌化、网络化经营。搭建绿色融资平台，

推动发行绿色债券，支持节能服务公司融资。制定相关标准，提高节能服务规范化水平。制定节能服务机构管理办法，建立健全节能第三方评估机制。搭建节能服务公司、重点用能单位、第三方评估机构履约登记和服务平台，营造诚实守信的市场环境。

专栏16　节能技术装备发展工程

组织实施节能关键共性技术提升工程、节能装备制造工程。鼓励研发高性能建筑保温材料、光伏一体化建筑用玻璃幕墙、紧凑型户用空气源热泵装置、大功率半导体照明芯片与器件、先进高效燃气轮机发电设备、煤炭清洁高效利用技术装备、浅层地热能利用装置、蓄热式高温空气燃烧装置等一批高效节能设备（产品）及其关键零部件

实施燃煤锅炉节能环保综合提升工程、供热管网系统能效综合提升工程、电机拖动系统能效提升工程，推进燃煤电厂节能与超低排放改造、电机系统节能、能量系统优化、余热余压利用等重大关键节能技术与产品规模化应用示范。组织实施城市、园区和企业节能示范工程，推广高效节能技术集成示范应用

（四）加快发展先进环保产业。大力推进实施水、大气、土壤污染防治行动计划，推动区域与流域污染防治整体联动，海陆统筹深入推进主要污染物减排，促进环保装备产业发展，推动主要污染物监测防治技术装备能力提升，加强先进适用环保技术装备推广应用和集成创新，积极推广应用先进环保产品，促进环境服务业发展，全面提升环保产业发展水平。到2020年，先进环保产业产值规模力争超过2万亿元。

提升污染防治技术装备能力。围绕水、大气、土壤污染防治，集中突破工业废水、雾霾、土壤农药残留、水体及土壤重金属污染等一批关键治理技术，加快形成成套装备、核心零部件及配套材料生产能力。建设一批技术先进、配套齐全、发展规范的重大环保技术装备产业化示范基地，形成以骨干企业为核心、专精特新中小企业快速成长的产业良性发展格局。支持危险废弃物防治技术研发，提高危险废弃物处理处置水平。支持环保产业资源优化整合，积极拓展国际市场。

加强先进适用环保技术装备推广应用和集成创新。定期更新《国家鼓励发展的重大环保技术装备目录》，强化供需对接，加强先进适用环保装备在冶金、化工、建材、食品等重点领域应用。加快环保产业与新一代信息技术、先进制造技术深度融合，强化先进环保装备制造能力，提高综合集成水平。支持建立产学研用相结合的环保技术创新联盟，加快技术集成创新研究与应用。

积极推广应用先进环保产品。大力推广应用离子交换树脂、生物滤料及填料、高效活性炭、循环冷却水处理药剂、杀菌灭藻剂、水处理消毒剂、固体废弃物处

理固化剂和稳定剂等环保材料和环保药剂。扩大政府采购环保产品范围，不断提高环保产品采购比例。实施环保产品领跑者制度，提升环保产品标准，积极推广应用先进环保产品，组织实施先进环保装备技术进步与模式创新示范工程。

提升环境综合服务能力。基于各行业污染物大数据，推动建立环保装备与服务需求信息平台、技术创新转化交易平台、环保装备招投标信息平台，提高环保服务信息化水平。推动在环境监测中应用卫星和物联网技术，构建污染排放、环境质量基础数据与监控处置信息平台，提高环境监管智能化水平，深入推进环境服务业试点工作。发展环境修复服务，推广合同环境服务，促进环保服务整体解决方案推广应用。开展环境污染第三方治理试点和环境综合治理托管服务试点，在城镇污水垃圾处理、工业园区污染集中处理等重点领域深入探索第三方治理模式。推进产品绿色设计示范企业创建工作，支持企业开展绿色设计。

专栏17　绿色低碳技术综合创新示范工程

对接绿色低碳试点示范项目，在具备条件的区域，以绿色低碳技术综合应用为核心，以互联网为纽带，建设新能源、新能源汽车与智慧交通系统、低碳社区、碳捕集和富碳农业、绿色智能工厂等综合应用设施，先行先试相关改革措施，促进绿色低碳技术、新一代信息技术与城镇化建设、生产生活的融合创新，广泛开展国际合作，打造相关技术综合应用示范区域

（五）深入推进资源循环利用。树立节约集约循环利用的资源观，大力推动共伴生矿和尾矿综合利用、"城市矿产"开发、农林废弃物回收利用和新品种废弃物回收利用，发展再制造产业，完善资源循环利用基础设施，提高政策保障水平，推动资源循环利用产业发展壮大。到2020年，力争当年替代原生资源13亿t，资源循环利用产业产值规模达到3万亿元。

大力推动大宗固体废弃物和尾矿综合利用。推动冶金渣、化工渣、赤泥、磷石膏等产业废弃物综合利用，推广一批先进适用技术与装备，加强对工业固体废弃物中战略性稀贵金属的回收利用。研发尾矿深度加工和综合利用技术，促进尾矿中伴生有价元素回收和高技术含量尾矿产品开发，提高尾矿综合利用经济性。研发复杂多金属尾矿选冶联合关键技术与装备、清洁无害化综合利用关键技术，研发单套设备处理能力达到每年100万～500万t的尾矿高效浓缩及充填料制备、输送、充填成套工艺技术。开发低品位钛渣优化提质技术，提高钒钛磁铁矿资源综合利用率。

促进"城市矿产"开发和低值废弃物利用。提高废弃电器电子产品、报废汽车拆解利用技术装备水平，促进废有色金属、废塑料加工利用集聚化规模化发展。

加快建设城市餐厨废弃物、建筑垃圾和废旧纺织品等资源化、无害化处理系统，协同发挥各类固体废弃物处理设施作用，打造城市低值废弃物协同处理基地。落实土地、财税等相关优惠政策。完善再生资源回收利用基础设施，支持现有再生资源回收集散地升级改造。

加强农林废弃物回收利用。基本实现畜禽粪便、残膜、农作物秸秆、林业三剩物等农林废弃物资源化利用。推广秸秆腐熟还田技术，支持秸秆代木、纤维原料、清洁制浆、生物质能、商品有机肥等新技术产业化发展。鼓励利用畜禽粪便、秸秆等多种农林废弃物，因地制宜实施农村户用沼气和集中供沼气工程。推广应用标准地膜，引导回收废旧地膜和使用可降解地膜。鼓励利用林业废弃物建设热、电、油、药等生物质联产项目。积极开发农林废弃物超低排放焚烧技术。

积极开展新品种废弃物循环利用。开展新品种废弃物回收利用体系示范，推动废弃太阳能电池、废旧动力蓄电池、废碳纤维材料、废节能灯等新型废弃物回收利用，推广稀贵金属高效富集与清洁回收利用、电动汽车动力蓄电池梯级利用等。支持碳捕集、利用和封存技术研发与应用，发展碳循环产业。

大力推动海水资源综合利用。加快海水淡化及利用技术研发和产业化，提高核心材料和关键装备的可靠性、先进性和配套能力。推动建设集聚发展的海水淡化装备制造基地。开展海水资源化利用示范工程建设，推进大型海水淡化工程总包与服务。开展海水淡化试点示范，鼓励生产海水淡化桶装水，推进海水淡化水依法进入市政供水管网。推进海水冷却技术在沿海高用水行业规模化应用。加快从海水中提取钾、溴、镁等产品，实现高值化利用。

发展再制造产业。加强机械产品再制造无损检测、绿色高效清洗、自动化表面与体积修复等技术攻关和装备研发，加快产业化应用。组织实施再制造技术工艺应用示范，推进再制造纳米电刷镀技术装备、电弧喷涂等成熟表面工程装备示范应用。开展发动机、盾构机等高值零部件再制造。建立再制造旧件溯源及产品追踪信息系统，促进再制造产业规范发展。

健全资源循环利用产业体系。推动物联网电子监管技术在危险废弃物、电子废弃物利用处置等领域应用，支持再生资源企业建立线上线下融合的回收网络。统筹国内外再生资源利用，加强生活垃圾分类回收与再生资源回收的衔接。建设资源循环利用第三方服务体系，鼓励通过合同管理方式，提供废弃物管理、回收、再生加工、循环利用的整体解决方案。全面落实生产者责任延伸制度，鼓励使用再生产品和原料。建立健全覆盖固体废弃物、危险废弃物、再生产品、污染物控制等方面的标准体系。

> **专栏18　资源循环替代体系示范工程**
>
> 　　实施循环发展引领行动，推动太阳能光伏电池、废弃电子产品稀贵金属多组分分离提取和电动汽车动力蓄电池、废液晶等新品种废弃物的回收利用，开展基于"互联网+"的废弃物回收利用体系示范。推进城市低值废弃物协同处置和大宗固体废弃物综合利用加快发展。建立以售后维修体系为核心的旧件回收体系，在商贸物流、金融保险、维修销售等环节和煤炭、石油等采掘企业推广应用再制造产品。鼓励专业化再制造服务公司提供整体解决方案和专项服务

六、促进数字创意产业蓬勃发展，创造引领新消费

以数字技术和先进理念推动文化创意与创新设计等产业加快发展，促进文化科技深度融合、相关产业相互渗透。到2020年，形成文化引领、技术先进、链条完整的数字创意产业发展格局，相关行业产值规模达到8万亿元。

（一）创新数字文化创意技术和装备。适应沉浸式体验、智能互动等趋势，加强内容和技术装备协同创新，在内容生产技术领域紧跟世界潮流，在消费服务装备领域建立国际领先优势，鼓励深度应用相关领域最新创新成果。

提升创作生产技术装备水平。加大空间和情感感知等基础性技术研发力度，加快虚拟现实、增强现实、全息成像、裸眼三维图形显示（裸眼3D）、交互娱乐引擎开发、文化资源数字化处理、互动影视等核心技术创新发展，加强大数据、物联网、人工智能等技术在数字文化创意创作生产领域的应用，促进创新链和产业链紧密衔接。鼓励企业运用数字创作、网络协同等手段提升生产效率。

增强传播服务技术装备水平。研发具有自主知识产权的超感影院、混合现实娱乐、广播影视融合媒体制播等配套装备和平台，开拓消费新领域。大力研发数字艺术呈现技术，提升艺术展演展陈数字化、智能化、网络化应用水平，支持文物保护装备产业化及应用。研究制定数字文化创意技术装备关键标准，推动自主标准国际化，完善数字文化创意技术装备和相关服务的质量管理体系。

> **专栏19　数字文化创意技术装备创新提升工程**
>
> 　　以企业为主体、产学研用相结合，构建数字文化创意产业创新平台，加强基础技术研发，大力发展虚拟现实、增强现实、互动影视等新型软硬件产品，促进相关内容开发。完善数字文化创意产业技术与服务标准体系，推动手机（移动终端）动漫、影视传媒等领域标准体系广泛应用，建立文物数字化保护和传承利用、智慧博物馆、超高清内容制作传输等标准。完善数字创意"双创"服务体系

（二）丰富数字文化创意内容和形式。通过全民创意、创作联动等新方式，挖掘优秀文化资源，激发文化创意，适应互联网传播特点，创作优质、多样、个性化的数字创意内容产品。

促进优秀文化资源创造性转化。鼓励对艺术品、文物、非物质文化遗产等文化资源进行数字化转化和开发。依托地方特色文化，创造具有鲜明区域特点和民族特色的数字创意内容产品。加强现代设计与传统工艺对接，促进融合创新。提高图书馆、美术馆、文化馆、体验馆数字化、智能化水平，加强智慧博物馆和智慧文化遗产地建设，创新交互体验应用。

鼓励创作当代数字创意内容精品。强化高新技术支撑文化产品创作的力度，提高数字创意内容产品原创水平，加快出版发行、影视制作、演艺娱乐、艺术品、文化会展等行业数字化进程，提高动漫游戏、数字音乐、网络文学、网络视频、在线演出等文化品位和市场价值。鼓励多业态联动的创意开发模式，提高不同内容形式之间的融合程度和转换效率，努力形成具有世界影响力的数字创意品牌，支持中华文化"走出去"。

> **专栏20　数字内容创新发展工程**
>
> 依托先进数字技术，推动实施文化创意产品扶持计划和"互联网+"中华文明行动计划，支持推广一批数字文化遗产精品，打造一批优秀数字文化创意产品，建设数字文化资源平台，实现文化创意资源的智能检索、开发利用和推广普及，拓展传播渠道，引导形成产业链

（三）提升创新设计水平。挖掘创新设计产业发展内生动力，推动设计创新成为制造业、服务业、城乡建设等领域的核心能力。

强化工业设计引领作用。积极发展第三方设计服务，支持设计成果转化。鼓励企业加大工业设计投入，推动工业设计与企业战略、品牌深度融合，促进创新设计在产品设计、系统设计、工艺流程设计、商业模式和服务设计中的应用。支持企业通过创新设计提升传统工艺装备，推进工艺装备由单机向互联、机械化向自动化持续升级。以创意和设计引领商贸流通业创新，加强广告服务，健全品牌价值体系。制定推广行业标准，推动产业转型升级。支持建设工业设计公共服务平台。通过工业设计推动中国制造向中国创造、中国速度向中国质量转变。

提升人居环境设计水平。创新城市规划设计，促进测绘地理信息技术与城市规划相融合，利用大数据、虚拟现实等技术，建立覆盖区域、城乡、地上地下的规划信息平台，引导创新城市规划。从宏观、中观、微观等多层面加强城市设计，

塑造地域特色鲜明的风貌。鼓励建筑设计创作，完善招投标制度和专家评标制度，扩展建筑师执业服务范围，引导建筑师参与项目策划、建筑设计、项目管理，形成激励建筑师创作的政策环境。加大建筑师培养力度，培育既有国际视野又有文化自信的建筑师队伍。倡导新型景观设计，改善人居环境。进一步提高装饰设计水平。

专栏21　创新设计发展工程
制定实施制造业创新设计行动纲要，建设一批国家级工业设计中心，建设一批具有国际影响力的工业设计集聚区。建设增材制造等领域设计大数据平台与知识库，促进数据共享和供需对接。通过发展创业投资、政府购买服务、众筹试点等多种模式促进创新设计成果转化

（四）推进相关产业融合发展。推动数字文化创意和创新设计在各领域应用，培育更多新产品、新服务以及多向交互融合的新业态，形成创意经济无边界渗透格局。

加快重点领域融合发展。推动数字创意在电子商务、社交网络中的应用，发展虚拟现实购物、社交电商、"粉丝经济"等营销新模式。推动数字创意在教育领域的应用，提升学习内容创意水平，加强数字文化教育产品开发和公共信息资源深度利用，推动教育服务创意化。提升旅游产品开发和旅游服务设计的文化内涵和数字化水平，促进虚拟旅游展示等新模式创新发展。挖掘创意"三农"发展潜力，提高休闲农业创意水平，促进地理标志农产品、乡村文化开发，以创意民宿推动乡村旅游发展和新农村建设。推动数字创意在医疗、展览展示、地理信息、公共管理等领域应用。构建数字创意相关项目资源库和对接服务平台，创新使用多种形式的线上线下推广手段，广泛开展会展活动，鼓励行业协会、研究机构积极开展跨领域交流合作。

推进数字创意生态体系建设。建立涵盖法律法规、行政手段、技术标准的数字创意知识产权保护体系，加大打击数字创意领域盗版侵权行为力度，保障权利人合法权益。积极研究解决虚拟现实、网络游戏等推广应用中存在的风险问题，切实保护用户生理和心理健康。改善数字创意相关行业管理规制，进一步放宽准入条件，简化审批程序，加强事中事后监管，促进融合发展。

七、超前布局战略性产业，培育未来发展新优势

以全球视野前瞻布局前沿技术研发，不断催生新产业，重点在空天海洋、信息网络、生命科学、核技术等核心领域取得突破，高度关注颠覆性技术和商业模式创新，在若干战略必争领域形成独特优势，掌握未来产业发展主动权，为经济

社会持续发展提供战略储备、拓展战略空间。

（一）空天海洋领域。

显著提升空间进入能力。突破大推力发动机、大直径箭体设计、制造与先进控制等关键技术，发展重型运载火箭，保障未来重大航天任务实施。发展快速、廉价、可重复使用的小载荷天地往返运输系统。超前部署具有高空间定位精度的空间飞行器自主导航和飞行技术。

加快发展新型航天器。加强超高分辨率、超高精度时空基准、超高速安全通信、高性能星上处理、大功率电源、新型材料等关键技术研发，研制新型应用卫星。建立先进的载人空间科学实验平台和生命支持系统。发展空间飞行器轻量化小型化技术，推进应用型微、纳、皮卫星规范有序发展。部署和发射新型试验卫星。加快发展临近空间飞行器、可重复使用航天器等面向未来任务的新型航天器。

加快航空领域关键技术突破和重大产品研发。超前部署氢燃料、全电、组合动力等新型发动机关键技术研究，提升未来航空产业自主发展能力。加快发展多用途无人机、新构型飞机等战略性航空装备。前瞻布局超音速商务机、新概念新构型总体气动技术、先进高可靠性机电技术、新一代航空电子系统、航空新材料及新型复合材料加工技术。

发展新一代深海远海极地技术装备及系统。建立深海区域研究基地，发展海洋遥感与导航、水声探测、深海传感器、无人和载人深潜、深海空间站、深海观测系统、"空—海—底"一体化通信定位、新型海洋观测卫星等关键技术和装备。大力研发深远海油气矿产资源、可再生能源、生物资源等资源开发利用装备和系统，研究发展海上大型浮式结构物，支持海洋资源利用关键技术研究和产业化应用，培育海洋经济新增长点。大力研发极地资源开发利用装备和系统，发展极地机器人、核动力破冰船等装备。

（二）信息网络领域。

构建未来网络新体系。着眼于提升当前网络体系架构可扩展性、安全性、可管控性、移动性和内容分发能力，系统布局新型网络架构、技术体系和安全保障体系研究，开展实验网络建设，研究构建泛在融合、绿色带宽、智能安全的新型网络。

加强关键技术和产品研发。面向万物互联需求，发展物联网搜索引擎、E级高性能计算、面向物端的边缘计算等技术和产品。开展深度学习、认知计算、虚拟现实、自然人机交互等领域前沿技术研发，提升信息服务智能化、个性化水平。布局太赫兹通信、可见光通信等技术研发，持续推动量子密钥技术应用。

推动电子器件变革性升级换代。加强低功耗高性能新原理硅基器件、硅基光电子、混合光电子、微波光电子等领域前沿技术和器件研发，形成一批专用关键制造设备，提升光网络通信元器件支撑能力。统筹布局量子芯片、量子编程、量子软件以及相关材料和装置制备关键技术研发，推动量子计算机的物理实现和量子仿真的应用。加强类脑芯片、超导芯片、石墨烯存储、非易失存储、忆阻器等新原理组件研发，推进后摩尔定律时代微电子技术开发与应用，实现产业跨越式发展。

（三）生物技术领域。

构建基于干细胞与再生技术的医学新模式。加快布局体细胞重编程科学技术研发，开发功能细胞获取新技术。完善细胞、组织与器官的体内外生产技术平台与基地。规范干细胞与再生领域法律法规和标准体系，完善知识产权评估与转化机制，持续深化干细胞与再生技术临床应用。发展肿瘤免疫治疗技术。

推进基因编辑技术研发与应用。建立具有自主知识产权的基因编辑技术体系，开发针对重大遗传性疾病、感染性疾病、恶性肿瘤等的基因治疗新技术。建立相关动物资源平台、临床研究及转化应用基地，促进基于基因编辑研究的临床转化和产业化发展。

加强合成生物技术研发与应用。突破基因组化学合成、生物体系设计再造、人工生物调控等关键技术，研究推进人工生物及人工生物器件临床应用和产业化。推动生物育种、生态保护、能源生产等领域颠覆性技术创新，构建基础原料供给、物质转化合成、民生服务新模式，培育合成生物产业链。

（四）核技术领域。

加快开发新一代核能装备系统。加快推动铅冷快堆、钍基熔盐堆等新核能系统试验验证和实验堆建设。支持小型和微型核动力堆研发设计和关键设备研制，开展实验堆建设和重点领域示范应用。积极参与国际热核聚变实验堆计划，不断完善全超导托卡马克核聚变实验装置等国家重大科技基础设施，开展实验堆概念设计、关键技术和重要部件研发。

发展非动力核技术。支持发展离子、中子等新型射线源，研究开发高分辨率辐射探测器和多维动态成像装置，发展精准治疗设备、医用放射性同位素、中子探伤、辐射改性等新技术和新产品，持续推动核技术在工业、农业、医疗健康、环境保护、资源勘探、公共安全等领域应用。

八、促进战略性新兴产业集聚发展，构建协调发展新格局

立足区域发展总体战略，围绕推进"一带一路"建设、京津冀协同发展、长江经济带发展，根据各地产业基础和特色优势，坚持因地制宜、因业布局、因时施策，加快形成点面结合、优势互补、错位发展、协调共享的战略性新兴产业发展格局。

（一）打造战略性新兴产业策源地。支持创新资源富集的中心城市形成以扩散知识技术为主要特征的战略性新兴产业策源地。发挥策源地城市科研人才密集、学科齐全、国际交流频繁等优势，支持建设一批国际一流的大学和科研机构，强化重点领域基础研究，大力促进新兴学科、交叉学科发展，支持建设新兴交叉学科研究中心，推进信息、生命、医疗、能源等领域原创性、颠覆性、支撑性技术开发，推动产学研用联动融合，形成引领战略性新兴产业发展的"辐射源"。以推进全面创新改革试验为契机，加快改革攻坚，完善科研项目经费管理和科技成果转移转化机制，最大限度减少不利于创新人才发展的制度障碍，探索建立适应创新要素跨境流动的体制机制。发挥策源地城市改革创新示范带动作用，在全国范围内推广一批有力度、有特色、有影响的重大改革举措。大力推动科技中介新业态发展，支持海外人才、科研人员、高校师生在策源地城市创业创新，支持海外知名大学、科研机构、企业在策源地城市建设产业创新平台和孵化器，打造战略性新兴产业创业创新高地。鼓励策源地城市开展"知识产权强市"建设，加大知识产权保护力度，强化知识产权运用和管理，加快发展知识产权服务业，更好利用全球创新成果，加速科技成果向全国转移扩散。

（二）壮大一批世界级战略性新兴产业发展集聚区。依托城市群建设，以全面创新改革试验区为重点，发展知识密集型战略性新兴产业集群，打造10个左右具有全球影响力、引领我国战略性新兴产业发展的标志性产业集聚区，推动形成战略性新兴产业发展的体制机制创新区、产业链创新链融合区、国际合作承载区。在东部地区打造国际一流的战略性新兴产业城市群，围绕京津冀协同发展，加强京津冀经济与科技人才联动，形成辐射带动环渤海地区和北方腹地发展的战略性新兴产业发展共同体；发挥长三角城市群对长江经济带的引领作用，以上海、南京、杭州、合肥、苏锡常等都市圈为支点，构筑点面结合、链群交融的产业发展格局；以广州、深圳为核心，全面提升珠三角城市群战略性新兴产业的国际竞争力，延伸布局产业链和服务链，带动区域经济转型发展；推动山东半岛城市群重点发展生物医药、高端装备制造、新一代信息技术、新材料等产业和海洋经济；围绕福州、厦门等重点城市，推动海峡西岸地区生物、海洋、集成电路等产业发展。依托中西部地区产业基础，大力推进成渝地区、武汉都市圈、长株潭城市群、中原城市群、关中平原城市群等重点区域战略性新兴产业发展，积极创造条件承接东部地区产业转移；支持昆明、贵阳等城市发展具有比较优势的产业，促进长江经济带上中下游地区产业协同发展。对接丝绸之路经济带建设，促进天山北坡、兰州—西宁等西北地区城市群发展特色产业。推动东北地区大力发展机器人及智能装备、光电子、生物医药及医疗器械、信息服务等产业，以沈阳、大连、哈尔滨、长春为支点，支持东北地区城市群打造国内领先的战略性新兴产业集群，带动区域经济转型升级。

（三）培育战略性新兴产业特色集群。充分发挥现有产业集聚区作用，通过体制机制创新激发市场活力，采用市场化方式促进产业集聚，完善扶持政策，加大扶持力度，培育百余个特色鲜明、大中小企业协同发展的优势产业集群和特色产业链。完善政府引导产业集聚方式，由招商引资向引资、引智、引技并举转变，打造以人才和科技投入为主的新经济；由"引进来"向"引进来""走出去"并重转变，充分整合利用全球创新资源和市场资源；由注重产业链发展向产业链、创新链协同转变，聚焦重点产业领域，依托科研机构和企业研发基础，提升产业创新能力；由产城分离向产城融合转变，推动研究机构、创新人才与企业相对集中，促进不同创新主体良性互动。避免对市场行为的过度干预，防止园区重复建设。鼓励战略性新兴产业向国家级新区等重点功能平台集聚。

九、推进战略性新兴产业开放发展，拓展合作新路径

贯彻国家开放发展战略部署，构建战略性新兴产业国际合作新机制，建设全球创新发展网络，推动产业链全球布局，拓展发展新路径。

（一）积极引入全球资源。抓住"一带一路"建设契机，推进国际产能合作，构建开放型创新体系，鼓励技术引进与合作研发，促进引进消化吸收与再创新。积极引导外商投资方向，鼓励外商投资战略性新兴产业，推动跨国公司、国际知名研究机构在国内设立研发中心。加大海外高端人才引进力度，畅通吸纳海外高端人才的绿色通道，为海外人才来华工作和创业提供更多便利。

（二）打造国际合作新平台。积极建立国际合作机制，推动签署落实政府间新兴产业和创新领域合作协议。推动双边互认人员资质、产品标准、认证认可结果，参与国际多边合作互认机制。以发达国家和"一带一路"沿线国家为重点，建设双边特色产业国际合作园区，引导龙头企业到海外建设境外合作园区。创新合作方式，提升重点领域开放合作水平。加强国际科技成果转化和孵化、人才培训等公共服务体系建设。

（三）构建全球创新发展网络。建立健全国际化创新发展协调推进和服务机制，加强驻外机构服务能力，利用二十国集团（G20）、夏季达沃斯等平台开展新经济交流，充分发挥有关行业协会和商会作用，搭建各类国际经济技术交流与合作平台。引导社会资本设立一批战略性新兴产业跨国并购和投资基金，支持一批城市对接战略性新兴产业国际合作，建设一批国际合作创新中心，发展一批高水平国际化中介服务机构，建立一批海外研发中心，构建全球研发体系，形成政府、企业、投资机构、科研机构、法律机构、中介机构高效协同的国际化合作网络。支持企业和科研机构参与国际科技合作计划、国际大科学计划和大科学工程，承担和组织国际重大科技合作项目。鼓励企业积极参与国际技术标准制定。

（四）深度融入全球产业链。推动产业链全球布局，在高端装备、新一代信息技术、新能源等重点领域，针对重点国家和地区确定不同推进方式和实施路径，推动产业链资源优化整合。支持企业、行业协会和商会、地方政府和部门创新方式开展战略性新兴产业国际产能合作，推动国内企业、中外企业组团共同开拓国际市场，支持产业链"走出去"，将"走出去"获得的优质资产、技术、管理经验反哺国内，形成综合竞争优势。推动高端装备、新一代信息技术等领域龙头企业海外拓展，与国际大企业开展更高层次合作，实现优势互补、共赢发展。

十、完善体制机制和政策体系，营造发展新生态

加快落实创新驱动发展战略，深入推进政府职能转变，持续深化重点领域和关键环节改革，强化制度建设，汇聚知识、技术、资金、人才等创新要素，全面营造有利于战略性新兴产业发展壮大的生态环境。

（一）完善管理方式。

推进简政放权、放管结合、优化服务改革。在电信、新药和医疗器械、新能源汽车生产准入等领域，进一步完善审批方式，最大限度减少事前准入限制，修改和废止有碍发展的行政法规和规范性文件，激发市场主体活力。坚持放管结合，区分不同情况，积极探索和创新适合新技术、新产品、新业态、新模式发展的监管方式，既激发创新创造活力，又防范可能引发的风险。对发展前景和潜在风险看得准的"互联网+"、分享经济等新业态，量身定制监管模式；对看不准的领域，加强监测分析，鼓励包容发展，避免管得过严过死；对潜在风险大、有可能造成严重不良社会后果的，切实加强监管；对以创新之名行非法经营之实的，坚决予以取缔。严格执行降低实体经济企业成本各项政策措施，落实中央财政科研项目资金管理相关政策措施，推进科技成果产权制度改革。全面落实深化国有企业改革各项部署，在战略性新兴产业领域国有企业中率先进行混合所有制改革试点示范，开展混合所有制企业员工持股试点。发布战略性新兴产业重点产品和服务指导目录。

营造公平竞争市场环境。完善反垄断法配套规则，进一步加大反垄断和反不正当竞争执法力度，严肃查处信息服务、医疗服务等领域企业违法行为。建立健全工作机制，保障公平竞争审查制度有序实施，打破可再生能源发电、医疗器械、药品招标等领域的地区封锁和行业垄断，加大对地方保护和行业垄断行为的查处力度。完善信用体系，充分发挥全国信用信息共享平台和国家企业信用信息公示系统等作用，推进各类信用信息平台建设、对接和服务创新，加强信用记录在线披露和共享，为经营者提供信用信息查询、企业身份网上认证等服务。

加强政策协调。充分发挥战略性新兴产业发展部际联席会议制度作用，推动改革措施落地，加强工作沟通，避免相关政策碎片化。持续开展产业发展状况评估和前瞻性课题研究，准确定位改革发展方向。建立高层次政企对话咨询机制，在研究制订相关政策措施时积极听取企业意见。定期发布发展新经济培育新动能、壮大战略性新兴产业有关重点工作安排，统筹推进相关改革发展工作。

（二）构建产业创新体系。

深入开展大众创业万众创新。打造众创、众包、众扶、众筹平台，依托"双创"资源集聚的区域、科研院所和创新型企业等载体，支持建设"双创"示范基地，发展专业化众创空间。依托互联网打造开放共享的创新机制和创新平台，推动企业、科研机构、高校、创客等创新主体协同创新。着力完善促进"双创"的法律和政策体系。持续强化"双创"宣传，办好全国"双创"活动周，营造全社会关注"双创"、理解"双创"、支持"双创"的良好氛围。

强化公共创新体系建设。实施一批重大科技项目和重大工程，加强颠覆性技术研发和产业化。创新重大项目组织实施方式，探索实行项目决策、执行、评价、监督相对分开的组织管理机制。构建企业主导、政产学研用相结合的产业技术创新联盟，支持建设关键技术研发平台，在重点产业领域采取新机制建立一批产业创新中心。围绕重点领域创新发展需求，统筹部署国家重大科技基础设施等创新平台建设，加强设施和平台开放共享。按照科研基地优化布局统筹部署，建设一批国家技术创新中心，支撑引领战略性新兴产业发展。加强相关计量测试、检验检测、认证认可、知识和数据中心等公共服务平台建设。成立战略性新兴产业计量科技创新联盟，加强认证认可创新。落实和完善战略性新兴产业标准化发展规划，完善标准体系，支持关键领域新技术标准应用。

支持企业创新能力建设。实施国家技术创新工程，加强企业技术中心能力建设，推进创新企业百强工程，培育一批具有国际影响力的创新型领导企业，引领带动上下游产业创新能力提升。加大对科技型中小企业创新支持力度，落实研发费用加计扣除等税收优惠政策，引导企业加大研发投入。

完善科技成果转移转化制度。落实相关法律法规政策，组织实施促进科技成果转移转化行动。落实科技成果转化有关改革措施，提高科研人员成果转化收益分享比例，加快建立科技成果转移转化绩效评价和年度报告制度。引导有条件的高校和科研院所建立专业化、市场化的技术转移机构，加强战略性新兴产业科技成果发布，探索在战略性新兴产业相关领域率先建立利用财政资金形成的科技成果限时转化制度。

（三）强化知识产权保护和运用。

强化知识产权保护维权。积极推进专利法、著作权法修订工作。跟踪新技术、新业态、新模式发展创新，加强互联网、电子商务、大数据等领域知识产权保护规则研究，完善商业模式知识产权保护、商业秘密保护、实用艺术品外观设计专利保护等相关法律法规。完善知识产权快速维权机制，新建一批快速维权中心。将故意侵犯知识产权行为纳入社会信用记录，健全知识产权行政侵权查处机制，依法严厉打击侵犯知识产权犯罪行为，加大海关知识产权执法保护力度，推动提高知识产权侵权法定赔偿上限额度。

加强知识产权布局运用。大力推行知识产权标准化管理，提升创新主体知识产权管理能力。实施知识产权行业布局和区域布局工程，在战略性新兴产业集聚区和龙头企业引导设立知识产权布局设计中心。构建知识产权运营服务体系，推进全国知识产权运营公共服务平台建设，培育一批专业化、品牌化知识产权服务机构，鼓励高端检索分析工具等开发应用，引导知识产权联盟建设。聚焦战略性新兴产业，鼓励创新知识产权金融产品，开发知识产权投贷、投保、投债联动等新产品，探索知识产权股权化、证券化。鼓励企业综合运用专利、版权、商标等知识产权手段打造自有品牌。

完善知识产权发展机制。实施战略性新兴产业知识产权战略推进计划，围绕战略性新兴产业集聚区部署知识产权服务链，建立知识产权集群管理制度，推动形成一批知识产权优势集聚区。加强战略性新兴产业专利分析及动向监测。建立重大经济科技活动知识产权分析评议制度，鼓励企业建立知识产权分析评议机制。完善海外知识产权服务体系，研究发布海外知识产权环境信息，跟踪研究重点产业领域国际知识产权动向，引导建立海外知识产权案件信息提交机制，加强对重大知识产权案件的研究，建立海外知识产权风险预警机制，支持企业开展知识产权海外并购和维权行动。

（四）深入推进军民融合。

构建军民融合的战略性新兴产业体系。促进军民科技创新体系相互兼容、协同发展，推进军民融合产业发展。依托国家军民融合创新示范区，促进军民两用技术产业化发展。建设一批军民融合创新平台。在军工单位集中、产业基础较好的地区，推进军民技术双向转移和转化应用。支持军工企业发挥优势向新能源、民用航空航天、物联网等新兴领域拓展业务，引导优势民营企业进入国防科研生产和维修领域，构建各类企业公平竞争的政策环境。

加强军民融合重大项目建设。面向建设航天强国，统筹规划军民卫星研发和使用，加强地面站网整合建设与信息共享，积极发展军民通用化程度高的动力系统、关键部件和基础材料。适应空域改革进程，加强空域管制系统技术和装备研发，推进航空产业军民深度融合发展。面向建设网络强国，加强新一代信息基础设施和系统军民合建共用，组织实施安全可靠信息网络产品和服务相关应用示范工程。面向建设海洋强国，适应军地海洋资源调查、海域使用、海洋观测预报、海洋环境保护和岛礁建设需求，发展军民两用高性能装备和材料技术。开展军民通用标准化工程，促进军民技术双向转移。

（五）加大金融财税支持。

提高企业直接融资比重。积极支持符合条件的战略性新兴产业企业上市或挂牌融资，研究推出全国股份转让系统挂牌公司向创业板转板试点，建立全国股份转让系统与区域性股权市场合作对接机制。探索推进场外证券交易市场以及机构间私募产品报价与服务系统建设，支持战略性新兴产业创业企业发展。大力发展创业投资和天使投资，完善鼓励创业投资企业和天使投资人投资种子期、初创期科技型企业的税收支持政策，丰富并购融资和创业投资方式。积极支持符合条件的战略性新兴产业企业发行债券融资，扩大小微企业增信集合债券和中小企业集合票据发行规模，鼓励探索开发高收益债券和可转换债券等金融产品，稳步推进非金融企业债务融资工具发展。鼓励保险公司、社会保险基金和其他机构投资者合法合规参与战略性新兴产业创业投资和股权投资基金。推进投贷联动试点工作。

加强金融产品和服务创新。引导金融机构积极完善适应战略性新兴产业特点的信贷管理和贷款评审制度。探索建立战略性新兴产业投融资信息服务平台，促进银企对接。鼓励建设数字创意、软件等领域无形资产确权、评估、质押、流转体系，积极推进知识产权质押融资、股权质押融资、供应链融资、科技保险等金融产品创新。引导政策性、开发性金融机构加大对战略性新兴产业支持力度。推动发展一批为飞机、海洋工程装备、机器人等产业服务的融资租赁和金融租赁公司。加快设立国家融资担保基金，支持战略性新兴产业项目融资担保工作。

创新财税政策支持方式。发挥财政资金引导作用，创新方式吸引社会投资，大力支持战略性新兴产业发展。充分发挥国家新兴产业创业投资引导基金服务创业创新的作用，完善管理规则，做好风险防控，高效开展投资运作，带动社会资本设立一批创业投资基金，加大对战略性新兴产业的投入。鼓励有条件的地区设立战略性新兴产业发展基金，引导社会资金设立一批战略性新兴产业投资基金和国际化投资基金。积极运用政府和社会资本合作（PPP）等模式，引导社会资本参与重大项目建设。完善政府采购政策，加大对"双创"以及云计算、大数据、循环经济等支持力度，推进智慧城市、信息惠民、"城市矿山"、智能装备等示范应用。进一步完善光伏、风电、生物质等可再生能源发电补贴政策。调整完善新能源汽车推广补贴政策。完善战略性新兴产业企业股权激励个人所得税政策。

（六）加强人才培养与激励。

培养产业紧缺人才。实施战略性新兴产业创新领军人才行动，聚焦重点领域，依托重大项目和重大工程建设一批创新人才培养示范基地，重点扶持一批科技创新创业人才。分行业制定战略性新兴产业紧缺人才目录，在国家相关人才计划中予以重点支持。根据产业发展需求，动态调整高校教学内容和课程设置，合理扩大战略性新兴产业相关专业招生比例。加强战略性新兴产业技术技能人才培养，推行企业新型学徒制，建立国家基本职业培训包制度，推动相关企业为职业学校战略性新兴产业相关专业学生实习和教师实践提供岗位。依托专业技术人才知识更新工程，培养一大批高层次急需紧缺人才和骨干专业技术人才，建设一批国家级继续教育基地。支持在线培训发展。

鼓励科技人才向企业流动。探索事业单位科研人员在职创业和离岗创业有关政策，引导和支持事业单位科研人员按照国家有关规定到企业开展创新工作或创办企业。在战略性新兴产业企业设立一批博士后科研工作站，鼓励开展产业关键核心技术研发。落实国家对科研人员的各项激励措施，鼓励企业通过股权、分红等激励方式，调动科研人员创新积极性。建立健全符合行业特点的人才使用、流动、评价、激励体系。

充分利用全球人才。在充分发挥现有人才作用的基础上引进培养一批高端人才。研究优化外国人永久居留制度，简化外籍高层次人才申请永久居留资格程序，为其配偶和未成年子女提供居留与出入境便利。

各地区、各有关部门要高度重视战略性新兴产业发展工作，加强组织领导，加快工作进度，切实抓好本规划实施工作，加强各专项规划、地方规划与本规划的衔接。地方各级人民政府要建立健全工作机制，细化实化政策措施，推动本规划各项任务落实到位。鼓励相关省（区、市）联合编制区域性发展规划，推进战略性新兴产业差别化、特色化协同发展。国家发展改革委要会同科技部、工业和信息化部、财政部，发挥好战略性新兴产业发展部际联席会议的牵头作用，加强宏观指导、统筹协调和督促推动，密切跟踪产业发展情况，及时研究协调产业发展中的重大问题；联席会议各成员单位和相关部门要积极配合，按照职责分工抓紧任务落实，加快制定配套政策，形成工作合力，共同推动战略性新兴产业发展壮大。

附录：重点任务分工方案

重点任务分工方案

序号	重点工作	负责部门
1	构建网络强国基础设施，组织实施宽带乡村示范工程	工业和信息化部、国家发展改革委牵头，国家网信办、商务部、农业部、财政部、新闻出版广电总局等按职责分工负责
2	推动三网融合基础设施发展，推进全国有线电视网络整合和互联互通，加快构建下一代广播电视网	工业和信息化部、新闻出版广电总局按职责分工负责
3	推进"互联网+"行动，组织实施"互联网+"工程	国家发展改革委牵头，工业和信息化部、科技部、人力资源社会保障部、国家网信办、农业部、国家能源局、人民银行、商务部、交通运输部、环境保护部、工商总局等按职责分工负责
4	实施国家大数据战略，组织实施大数据发展工程	国家发展改革委牵头，工业和信息化部、国家网信办、科技部等按职责分工负责

（续）

序号	重点工作	负责部门
5	做强信息技术核心产业，组织实施集成电路发展工程	国家发展改革委、工业和信息化部、科技部、财政部、国家网信办、质检总局等按职责分工负责
6	发展人工智能，组织实施人工智能创新工程	国家发展改革委、科技部、工业和信息化部、财政部、国家网信办等按职责分工负责
7	完善网络经济管理方式，深化电信体制改革，加强相关法律法规建设	国家发展改革委、工业和信息化部、国务院国资委、国家网信办、国务院法制办、新闻出版广电总局、工商总局等按职责分工负责
8	打造智能制造高端品牌，组织实施重点领域智能工厂应用示范工程	工业和信息化部牵头，国家发展改革委、科技部、财政部、质检总局等按职责分工负责
9	实现航空产业新突破，组织实施新一代民用飞机创新工程	工业和信息化部、国家发展改革委牵头，科技部、财政部、质检总局、中国民航局等按职责分工负责
10	做大做强卫星及应用产业，组织实施空间信息智能感知工程	国家发展改革委、国家国防科工局、财政部、科技部、工业和信息化部、国家网信办、质检总局、中科院等按职责分工负责
11	强化轨道交通装备领先地位	国家发展改革委、交通运输部、国家铁路局、中国铁路总公司、住房城乡建设部、科技部、工业和信息化部、国务院国资委、质检总局等按职责分工负责
12	增强海洋工程装备国际竞争力，组织实施海洋工程装备创新发展工程	国家发展改革委、工业和信息化部、科技部、财政部、质检总局、国家国防科工局、国家海洋局等按职责分工负责
13	提高新材料基础支撑能力，组织实施新材料提质和协同应用工程	工业和信息化部、国家发展改革委牵头，科技部、财政部、质检总局、国家国防科工局、国家海洋局等按职责分工负责
14	构建生物医药新体系，组织实施新药创制与产业化工程	国家发展改革委、工业和信息化部、科技部、国家卫生计生委、财政部、食品药品监管总局、国家中医药局等按职责分工负责
15	提升生物医学工程发展水平，组织实施生物技术惠民工程	国家发展改革委、工业和信息化部、国家卫生计生委、食品药品监管总局、财政部、国家中医药局、国家海洋局等按职责分工负责

(续)

序号	重点工作	负责部门
16	加速生物农业产业化发展	农业部、国家发展改革委、科技部等按职责分工负责
17	推进生物制造技术向化工、材料、能源等领域渗透应用	国家发展改革委、工业和信息化部、科技部等按职责分工负责
18	培育生物服务新业态	国家发展改革委、工业和信息化部、国家卫生计生委等按职责分工负责
19	组织实施生物产业创新发展平台建设工程	国家发展改革委牵头,科技部、工业和信息化部、财政部、国家卫生计生委、食品药品监管总局、质检总局、国家海洋局等按职责分工负责
20	创新生物能源发展模式	国家能源局、国家发展改革委、科技部、财政部、农业部、国家海洋局等按职责分工负责
21	实现新能源汽车规模应用,组织实施新能源汽车动力电池提升工程	工业和信息化部、国家发展改革委、科技部牵头,财政部、质检总局、国家能源局等按职责分工负责
22	推动新能源产业发展,组织实施新能源高比例发展工程	国家能源局牵头,国家发展改革委、科技部、工业和信息化部、财政部等按职责分工负责
23	大力发展高效节能产业,组织实施节能技术装备发展工程	国家发展改革委牵头,工业和信息化部、财政部、商务部、质检总局等按职责分工负责
24	加快发展先进环保产业	国家发展改革委、环境保护部、科技部、工业和信息化部、农业部、国家海洋局等按职责分工负责
25	组织实施绿色低碳技术综合创新示范工程	国家发展改革委牵头,科技部、工业和信息化部、国家能源局、财政部、环境保护部、住房城乡建设部、农业部、质检总局等按职责分工负责
26	深入推进资源循环利用,组织实施资源循环替代体系示范工程	国家发展改革委牵头,环境保护部、工业和信息化部、财政部、住房城乡建设部、农业部、商务部等按职责分工负责
27	创新数字文化创意技术和装备,组织实施数字文化创意技术装备创新提升工程	工业和信息化部、文化部、国家发展改革委、科技部、财政部、新闻出版广电总局、国家网信办等按职责分工负责
28	丰富数字文化创意内容和形式,组织实施数字内容创新发展工程	文化部、工业和信息化部、新闻出版广电总局、国家网信办、科技部、国家发展改革委、财政部等按职责分工负责

（续）

序号	重点工作	负责部门
29	提升创新设计水平，组织实施创新设计发展工程	工业和信息化部、国家发展改革委、科技部、文化部、住房城乡建设部、财政部等按职责分工负责
30	超前布局战略性产业，重点在空天海洋、信息网络、生命科学、核技术等核心领域取得突破	科技部、国家发展改革委、工业和信息化部、国家国防科工局、财政部、工程院、中科院、国家能源局、国家海洋局等按职责分工负责
31	促进战略性新兴产业集聚发展	国家发展改革委、科技部、工业和信息化部、财政部、商务部等按职责分工负责
32	积极建立国际合作机制，推动签署落实政府间新兴产业和创新领域合作协议。推动双边互认人员资质、产品标准、认证认可结果，参与国际多边合作互认机制	商务部、国家发展改革委、外交部、科技部、工业和信息化部、质检总局、国家国防科工局、国家海洋局等按职责分工负责
33	以发达国家和"一带一路"沿线国家为重点，建设双边特色产业国际合作园区，提升重点领域开放合作水平	商务部牵头，国家发展改革委、工业和信息化部等按职责分工负责
34	构建全球创新发展网络	国家发展改革委、外交部、商务部、科技部、工业和信息化部等按职责分工负责
35	推进简政放权、放管结合、优化服务改革，区分不同情况，积极探索和创新适合新技术、新产品、新业态、新模式发展的监管方式	国家发展改革委、工业和信息化部、民政部、交通运输部、文化部、人民银行、海关总署、工商总局、质检总局、新闻出版广电总局、银监会、证监会、保监会等按职责分工负责
36	在战略性新兴产业领域国有企业中率先进行混合所有制改革试点示范，开展混合所有制企业员工持股试点	国家发展改革委牵头，国务院国资委、财政部、工业和信息化部等按职责分工负责
37	发布战略性新兴产业重点产品和服务指导目录	国家发展改革委牵头，工业和信息化部、商务部、文化部等按职责分工负责
38	完善反垄断法配套规则，进一步加大反垄断和反不正当竞争执法力度，严肃查处信息服务、医疗服务等领域企业违法行为	国家发展改革委、商务部、工商总局、工业和信息化部、国家卫生计生委等按职责分工负责
39	建立健全工作机制，保障公平竞争审查制度有序实施，打破可再生能源发电、医疗器械、药品招标等领域地区封锁和行业垄断，加大对地方保护和行业垄断行为的查处力度	国家发展改革委、国务院法制办、商务部、工商总局、财政部、国家卫生计生委、国家能源局等按职责分工负责

附录 E 国务院关于印发"十三五"国家战略性新兴产业发展规划的通知

257

（续）

序号	重点工作	负责部门
40	建立高层次政企对话咨询机制，在研究制订相关政策措施时积极听取企业意见	国家发展改革委、工业和信息化部、科技部、财政部、商务部等按职责分工负责
41	深入开展大众创业万众创新，打造众创、众包、众扶、众筹平台，支持建设"双创"示范基地，发展专业化众创空间。依托互联网打造开放共享的创新机制和创新平台，推动企业、科研机构、高校、创客等创新主体协同创新	国家发展改革委、科技部、人力资源社会保障部、财政部、工业和信息化部、中科院等按职责分工负责
42	实施一批重大科技项目和重大工程，加强颠覆性技术研发和产业化	科技部、国家发展改革委、工业和信息化部、国家网信办、国家国防科工局、财政部、工程院、中科院等按职责分工负责
43	加强相关计量测试、检验检测、认证认可、知识和数据中心等公共服务平台建设	质检总局、国家发展改革委、科技部、工业和信息化部等按职责分工负责
44	落实和完善战略性新兴产业标准化发展规划，完善标准体系，支持关键领域新技术标准应用	质检总局、科技部、国家发展改革委、工业和信息化部、国家网信办等按职责分工负责
45	加强企业技术中心能力建设，推进创新企业百强工程	国家发展改革委、科技部、工业和信息化部等按职责分工负责
46	落实研发费用加计扣除等税收优惠政策，引导企业加大研发投入	财政部、税务总局、科技部等按职责分工负责
47	完善科技成果转移转化制度，组织实施促进科技成果转移转化行动。加快建立科技成果转移转化绩效评价和年度报告制度	科技部、财政部、教育部、国家发展改革委、工业和信息化部、中科院等按职责分工负责
48	探索在战略性新兴产业相关领域率先建立利用财政资金形成的科技成果限时转化制度	科技部、财政部、国家发展改革委牵头，教育部、工业和信息化部等按职责分工负责
49	积极推进专利法、著作权法修订工作。跟踪新技术、新业态、新模式发展创新，完善商业模式知识产权保护、商业秘密保护、实用艺术品外观设计专利保护等相关法律法规。推动提高知识产权侵权法定赔偿上限额度	国家知识产权局、新闻出版广电总局、国务院法制办、科技部、工商总局等按职责分工负责
50	强化知识产权保护维权。新建一批快速维权中心。将故意侵犯知识产权行为纳入社会信用记录，健全知识产权行政侵权查处机制，依法严厉打击侵犯知识产权犯罪行为，加大海关知识产权执法保护力度	国家知识产权局牵头，工业和信息化部、国家发展改革委、公安部、工商总局、海关总署等按职责分工负责

(续)

序号	重点工作	负责部门
51	实施战略性新兴产业知识产权战略推进计划，围绕战略性新兴产业集聚区部署知识产权服务链，建立知识产权集群管理制度，培育一批专业化、品牌化知识产权服务机构，推动形成一批知识产权优势集聚区	国家知识产权局、国家发展改革委、科技部、工商总局、工业和信息化部等按职责分工负责
52	完善海外知识产权服务体系，建立海外知识产权风险预警机制，支持企业开展知识产权海外并购和维权行动	商务部、国家知识产权局、外交部、国家发展改革委、工业和信息化部、工商总局等按职责分工负责
53	积极支持符合条件的战略性新兴产业企业上市或挂牌融资，研究推出全国股份转让系统挂牌公司向创业板转板试点，建立全国股份转让系统与区域性股权市场合作对接机制	证监会、国家发展改革委、工业和信息化部等按职责分工负责
54	积极支持符合条件的战略性新兴产业企业发行债券融资，扩大小微企业增信集合债券和中小企业集合票据发行规模，鼓励探索开发高收益债券和可转换债券等金融产品，稳步推进非金融企业债务融资工具发展	人民银行、国家发展改革委、证监会等按职责分工负责
55	引导金融机构积极完善适应战略性新兴产业特点的信贷管理和贷款评审制度。鼓励建设数字创意、软件等领域无形资产确权、评估、质押、流转体系，推进知识产权质押融资、股权质押融资、供应链融资、科技保险等金融产品创新	人民银行、银监会牵头，证监会、保监会、国家发展改革委、科技部、工业和信息化部、文化部、工商总局、国家知识产权局等按职责分工负责
56	探索建立战略性新兴产业投融资信息服务平台，促进银企对接	国家发展改革委、工业和信息化部、银监会、人民银行等按职责分工负责
57	引导政策性、开发性金融机构加大对战略性新兴产业支持力度	人民银行、银监会、国家发展改革委、财政部、工业和信息化部等按职责分工负责
58	推动发展一批为飞机、海洋工程装备、机器人等产业服务的融资租赁和金融租赁公司	商务部、银监会、国家发展改革委、工业和信息化部、国家海洋局、中国民航局等按职责分工负责
59	加快设立国家融资担保基金，支持战略性新兴产业项目融资担保工作	财政部、国家发展改革委、工业和信息化部等按职责分工负责

（续）

序号	重点工作	负责部门
60	鼓励有条件的地区设立战略性新兴产业发展基金，引导社会资金设立一批战略性新兴产业投资基金和国际化投资基金	国家发展改革委、财政部、证监会、工业和信息化部等按职责分工负责
61	完善政府采购政策，加大对"双创"以及云计算、大数据、循环经济等支持力度，推进智慧城市、信息惠民、"城市矿山"、智能装备等示范应用	财政部牵头，国家发展改革委、科技部、工业和信息化部等按职责分工负责
62	进一步完善光伏、风电、生物质等可再生能源发电补贴政策。调整完善新能源汽车推广补贴政策	国家发展改革委、财政部、国家能源局、工业和信息化部等按职责分工负责
63	实施战略性新兴产业创新领军人才行动，聚焦重点领域，依托重大项目和重大工程建设一批创新人才培养示范基地，重点扶持一批科技创新创业人才。在充分发挥现有人才作用的基础上引进培养一批高端人才	人力资源社会保障部、中央组织部、教育部、科技部、国家发展改革委等按职责分工负责
64	根据产业发展需求，动态调整高校教学内容和课程设置，合理扩大战略性新兴产业相关专业招生比例	教育部牵头，工业和信息化部等按职责分工负责
65	依托专业技术人才知识更新工程，培养一大批高层次急需紧缺人才和骨干专业技术人才，建设一批国家级继续教育基地	人力资源社会保障部、教育部、工业和信息化部等按职责分工负责
66	引导和支持事业单位科研人员按照国家有关规定到企业开展创新工作或创办企业	人力资源社会保障部、科技部、教育部牵头，国家发展改革委、工业和信息化部等按职责分工负责
67	在战略性新兴产业企业设立一批博士后科研工作站，鼓励开展产业关键核心技术研发	人力资源社会保障部牵头，教育部、科技部等按职责分工负责
68	研究优化外国人永久居留制度，简化外籍高层次人才申请永久居留资格程序，为其配偶和未成年子女提供居留与出入境便利	公安部、人力资源社会保障部等按职责分工负责
69	开展战略性新兴产业统计监测调查	国家统计局牵头，国家发展改革委、工业和信息化部等按职责分工负责

附录 F 信息通信行业发展规划（2016—2020 年）

信息通信业是构建国家信息基础设施，提供网络和信息服务，全面支撑经济社会发展的战略性、基础性和先导性行业。随着互联网、物联网、云计算、大数据等技术加快发展，信息通信业内涵不断丰富，从传统电信服务、互联网服务延伸到物联网服务等新业态。

信息通信业是目前发展最快、最具创新活力的领域之一。"十二五"期间，信息通信业在支撑引领经济社会转型发展、提升政府治理能力和公共服务方面做出了巨大贡献，在国际上也产生较大影响。"十三五"时期，我国面对更加错综复杂的国内外发展环境，着力推进供给侧结构性改革，切实转变发展方式，确保实现全面建成小康社会的宏伟目标，信息通信业也将面临新的发展机遇和挑战。

根据《国民经济和社会发展第十三个五年规划纲要》和国务院相关文件要求，工业和信息化部编制了《信息通信行业发展规划（2016—2020 年）》。本规划是指导信息通信业未来五年发展、加快建设网络强国、推动"四化"同步发展、引导市场主体行为、配置政府公共资源的重要依据。

一、发展回顾及面临形势

（一）"十二五"发展回顾

"十二五"期间，信息通信业总体保持良好发展势头。行业收入规模稳定增长，转型升级不断推进。2015 年，信息通信服务收入达到 1.7 万亿元，超额完成"十二五"规划目标，其中基础电信企业收入达到 1.17 万亿元，年均增长 5.4%；增值电信企业收入达到 5 444 亿元，年均增长 34.8%。转型升级稳步推进，2015 年，互联网服务业务收入超过 1 万亿元，占整体业务收入 57.7%。用户普及程度不断提高，消费结构不断升级。2015 年，电话总数达到 15.4 亿户，其中移动电话达到 13 亿户、普及率达到 95.5 部 / 百人，3G 和 4G 用户占比达到 60%；网民总数达到 6.88 亿人；移动宽带用户普及率达到 57%，固定宽带家庭普及率达到 40%。信息通信基础设施不断完善，自主创新能力大幅提升。城市地区 90% 以上家庭具备光纤接入能力，行政村通光缆比例超过 75%。建成全球最大 4G 网络，4G 基站规模达到 177 万个，基本实现城市和县城连续覆盖。新增 7 个国家级互联网骨干直联点，互联网架构得到显著优化。"十二五"期末，跨境陆地光缆连通 11 个陆上邻国和地区，国际海缆直接延伸到 30 多个国家和地区，建成 8 个区域性国际通信业务出入口局，国际出入口业务带宽接近 3.8Tbit/s。基础设施技术水平不断提升。光纤接入成为固定宽带主流接入技术。TD-LTE 成为国际 4G 主流标准，形成完整产业链，国际化水平全面提升。IPv6 改造不断推进。节能技术普遍应用，新建大型数据中心 PUE 值普遍低于 1.5，单位电信业务总量综合能耗下降 39.7%。云计算与大数据关键技术和应用实现突破，物联网技术取得局部突破，在物联网架构、智能传感器、超高频 RFID 以及 M2M 增强技术方面取得积极进展。**行业改革取得实质进展，市场活力进一步激发。**市场开放力度进一步加大。三网融合、移动转售、宽带接入网业务开放试点稳步推进，IPTV 用户数达到 4 589 万，42 家民营企业获得移动通信转售业务批文、发展用户 2 059 万，61 个试点城市 138 家（次）民营企业获得宽带接入网业务试点批文。中国铁塔公司成立，电信基础设施共建共享迈向新高度，通过共建共享减少新建铁塔数量 19.8 万个。电信普遍服务补偿机制取得实质性进展。多项改革举措给行业发展注入新的发展动力。**互联网企业国际影响力迅速增强，网络经济蓬勃发展。**我国已成为全球互联网第二大力量，10 家企业进入全球互联网企业市值前 30 名，4 家企业进入前 10 名。互联网和信息技术在各经济领域进一步深化应用，成为两化深度融合和传统产业转型升级的重要推动力。2015 年，电子商务交易额达 20.8 万亿元。大型企业纷纷建立开放平台，成为带动大众创业、万众创新的新渠道。物联网在经济社会各个领域及智慧城市建设中的应用创新空前活跃，我国已成为全球最大机器通信（M2M）市场，通过公众网络实现的 M2M 连接数突破 1 亿。**行业管理不断完善，安全和应急保障能力不断提升。**行业管理重心逐步向互联网转移。部省及跨省协调机制逐步完善。电信服务质量进一步提升，网络环境治理工作体系逐步形成。用户权益得到切实保障，个人信息保护力度进一步加大。网络和信息安全监管体系建设成效明显，网络和信息安全技术保障体系基本建立，网络安全防护和应急处置能力显著提升，完成多项突发事件和重大活动的保障工作。出台通信设施保护标准及相关法规，安全生产态势稳中向好。

我国信息通信业"十二五"期间取得了显著成就，但还存在一些突出问题。一是城乡信息通信基础设施和应用等方面的"数字鸿沟"依然存在，部分人均网络资源和应用水平指标与发达国家仍有较大差距。二是行业法制法规体系及监管机制体制不能完全适应新技术新业务快速发展的要求。三是信息通信领域部分核心技术较为薄弱，关键产品的安全可控性尚待提升。四是信息通信技术与传统产业的融合程度不够，互联网在应用水平方面的价值还有待进一步挖掘。这些不足和困难都需要在"十三五"期间补齐短板，努力突破。

（二）"十三五"面临形势

"十三五"时期是全面建成小康社会的决胜阶段，也是建设网络强国的重要战略机遇期。行业快速创新发展的基本态势没有改变，发展前景依然广阔，但拓展服务范围和领域、推动转型升级的要求更加紧迫，发展、管理、安全问题交织，面临更为复杂的挑战。

国际竞争面临新局面。"十三五"期间，信息通信领域成为全球竞争的焦点，并从技术竞争逐步演进到以互联网产业体系为核心，以网络治理、标准制订、规则主导、产业影响为重点的体系化竞争，表现形式更加复杂，随着移动互联网、物联网、云计算、大数据等技术与应用的发展，国际规则、标准体系、资源分配面临调整变化。"十三五"期间，信息通信业应抓住重要技术迭代期和新兴业态启动窗口期的机遇，超前布局信息通信前沿技术，打造完备的产业链，培育具有全球影响力的企业，积极参与国际规则博弈，增强国际话语权。

网络经济拓展行业发展新空间。"十三五"期间，国内经济向形态更高级、分工更优化、结构更合理阶段演进的趋势更加明显。中央全面深化改革的系统性部署将激发出新的发展活力。"中国制造2025"、"互联网+"等一系列战略、规划的提出为信息通信业拓展新领域、支撑传统产业改造升级提供了广阔的发展空间。"十三五"期间，信息通信业应以更加开放务实的姿态主动加强与相关产业的互动，发展壮大现代互联网产业体系，加快推动信息经济发展壮大，着力在发挥基础性作用、挖掘基础设施应用潜力、补齐行业短板等方面取得突破，切实提高发展质量和效益，支撑信息社会发展。

行业管理进入新阶段。"十三五"期间，基于互联网的跨界融合发展趋势将给行业管理带来新挑战。融合监管、协同共治成为新的管理趋势，引导市场良性竞争、促进融合创新业务健康发展、保护用户合法权益、保障网络信息安全、建立规范包容的管理环境成为行业管理重要内容。"十三五"期间，行业管理要主动纳入国家宏观政策框架中，把握行业技术、业务发展规律，创新管理方法，主动适应新技术新业务快速发展的要求。

行业"走出去"迎来新契机。"走出去"是信息通信业参与国际竞争的重要表现形式，我国信息通信业已经拥有具备国际竞争力的企业集群，成长潜力巨大，"走出去"的诉求日益迫切。"十三五"期间，围绕"一带一路"倡议实施，国家将推动建设多个合作平台，信息通信业应该把握有利契机，充分利用多种合作机制，在国家战略引导和行业发展需求的推动下，拓展合作领域和层次，由通信设备出口和建设施工为主向电信运营等全产业链拓展。

网络安全面临新挑战。随着新技术新业务发展，互联网与经济社会各领域深度融合，网络安全威胁和风险日益突出，并日益向政治、经济、文化、社会、生态、国防等领域传导渗透。特别是国家关键信息基础设施面临较大风险隐患，网络安全防控能力薄弱，难以有效应对国家级、有组织的高强度网络攻击，网络安全形势日趋严峻。"十三五"期间，信息通信业要站在更高层次、更广领域落实网络安全观，进一步加强网络安全管理工作，完善行业网络和信息安全监管体系，创新理念方法，健全机制手段，提升全行业的安全风险防控和保障能力。

二、指导思想、基本原则和发展目标

（一）指导思想

全面贯彻党的十八大和十八届三中、四中、五中、六中全会精神，深入贯彻习近平总书记系列重要讲话精神，紧紧围绕"四个全面"战略布局，坚持以人民为中心的发展思想，坚持创新、协调、绿色、开放、共享的发展理念，坚持推动供给侧结构性改革，以推动网络强国建设为中心，以深入推进信息通信业与经济社会各行业各领域的融合发展为主线，全面构建新一代国家信息通信基础设施，有效推动宽带网络提速降费，深入推进转型发展，持续完善行业监管体系，不断提升信息通信业技术和服务水平及安全保障能力，努力增强企业国际竞争力，加快构建现代互联网产业体系，拓展网络经济空间和网络民生服务新模式，支撑"四化"同步发展和全面建成小康社会奋斗目标如期实现。

（二）基本原则

创新驱动。坚持把创新作为引领发展的第一动力。提供支撑国家创新发展战略的信息网络环境和资源开放平台，支持大众创业万众创新。加快构建以企业为主体、产学研用相结合的创新体系，在信息通信核心技术研发与应用上，推动强强联合、协同攻关。创新监管思路和手段，提升行业监管效能。形成以创新为主要引领和支撑的行业发展模式。

均衡协调。坚持系统推进行业全面协调发展。保持区域、城乡协调发展，逐步缩小东西部差距、城乡"数字鸿沟"，促进公共服务均等化，促进基础设施建设与信息化应用协调发展，促进信息通信业与经济社会协调发展。

开放合作。坚持以开放的姿态与相关行业深度融合发展，主动适应新技术新业务新业态发展需求，充分利用民资和外资等资源，加强国际合作，开拓国际市场，积极拓展行业服务空间。

惠民共享。坚持发展为了人民、发展依靠人民、发展成果由人民共享，保障妇女、未成年人和残疾人基本通信权利，为老百姓提供用得上、用得起、用得好的信息服务，让亿万人民在共享行业发展成果上有更多获得感。

绿色环保。坚持绿色发展，加快信息技术在经济社会各领域应用，助力传统产业绿色化转型。加强行业生态文明制度建设，深入推进基础设施共建共享，支持采用绿色节能技术和设备。

安全可控。坚持正确的网络安全观，安全是发展的前提，发展是安全的保障，安全与发展要同步推进，大力提升网络与信息安全保障能力，突破网络与信息安全核心技术并加强安全管理，全天候全方位感知网络安全态势，为维护国家安全与社会稳定提供强有力的保障。

（三）发展目标

到2020年，信息通信业整体规模进一步壮大，综合发展水平大幅提升，"宽带中国"战略各项目标全面实现，基本建成高速、移动、安全、泛在的新一代信息基础设施，初步形成网络化、智能化、服务化、协同化的现代互联网产业体系，自主创新能力显著增强，新兴业态和融合应用蓬勃发展，提速降费取得实效，信息通信业支撑经济社会发展的能力全面提升，在推动经济提质增效和社会进步中的作用更为突出，为建设网络强国奠定坚实基础。

具体到"十三五"期末：

——覆盖陆海空天的国家信息通信网络基础设施进一步完善。光网和4G网络全面覆盖城乡，宽带接入能力大幅提升，5G启动商用服务。形成容量大、网速高、管理灵活的新一代骨干传输网。建成较为完善的商业卫星通信服务体系。国际海、陆缆路由进一步丰富，网络通达性显著增强。

——互联网设施与资源能力大幅提升。形成技术先进、结构合理、规模适度、协调发展、绿色集约的数据中心新格局。网络架构进一步优化，CDN网络延伸到所有地级市。国内主要商业网站、教育科研网站和政府网站支持IPv6。国际互联网布局更加完善。

——现代互联网产业体系初步形成。培育形成一批具有国际影响力和产业引领能力的企业。技术研发、基础设施建设和部署、新业态培育实现良性互动，一批新业务新应用发展壮大，互联网普及和应用水平大幅提升，信息服务层次和水平不断提升，网络经济与实体经济良性协同的发展格局基本形成，公共服务和公共管理水平显著提高。以互联网为核心的行业管理体系进一步完善。

——信息通信技术掌控力显著增强。成为5G标准和技术的全球引领者之一。未来网络、互联网新兴技术自主研发能力显著提升，实现软件定义网络（SDN）、网络功能虚拟化（NFV）、面向车联网的无线接入技术、操作系统、智能感知、智能认知等关键技术突破。突破物联网、大数据、云计算技术瓶颈，关键技术基本实现安全可控。信息通信技术研发和应用在军民融合多领域、多方向实现深度发展。我国主导的国际标准领域和影响力不断扩大。

——网络与信息安全综合保障能力全面提升。网络与信息安全保障体系进一步健全，网络与信息安全责任体系基本建立，关键信息基础设施安全防护能力持续增强，网络数据保护体系构建完善，新技术新业务安全管理机制创新和实践进一步加强，有力带动网络与信息安全相关产业发展。

——达到与生态文明建设相适应的行业绿色发展水平。节能技术广泛应用，高耗能网络设备大规模减少，形成完善的绿色评价体系和机制，能耗持续下降。

——服务质量整体水平明显提高。行业服务质量稳步提升，用户权益得到切实保障，互联互通服务水平显著提高。实名制深入推进，用户信息安全得到有效保障，信息通信业服务质量监督管理体系进一步完善。

专栏1 "十三五"时期信息通信业发展主要指标			2015年基数	2020年目标	年均增速[累计变化]
指标			2015年基数	2020年目标	年均增速[累计变化]
行业规模					
（1）信息通信业收入（万亿元）			1.7	3.5	15.5%
（2）其中：互联网服务业务收入（万亿元）			1.0	3.0	24.6%
（3）信息通信基础设施累计投资（万亿元）			1.9（十二五）	2（十三五）	[0.1]
发展水平					
（4）ICT发展指数（IDI）全球排名			82	72	[10]
（5）互联网普及率	移动宽带用户普及率（%）		57	85	[28]
	固定宽带家庭普及率（%）		40	70	[30]

(续)

指标	2015年基数	2020年目标	年均增速[累计变化]
（6）域名数（万个）	3 102	5 300	11.3%
（7）国际出入口业务带宽（Tbit/s）	3.8	20	39.4%
（8）国内市场活跃APP应用规模（万个）	600	900	[300]
（9）网站数（万个）	423	620	[197]
（10）月户均移动互联网流量（兆）	389	3 100	51.5%
（11）IPv6流量占比（%）	<1	5	[>4]
（12）M2M连接数（亿）	1	17	75.9%
（13）互联网行业发展景气指数	104.8	>115	[>10.2]
服务能力			
（14）大中城市家庭宽带接入服务能力（Mbit/s）	20	>100	[>80]
（15）半数以上农村家庭宽带接入服务能力（Mbit/s）	4	>50	[>46]
（16）行政村光纤通达率（%）	75	98	[23]
绿色发展			
（17）单位电信业务总量综合能耗下降幅度（%）	39.7（十二五）	10（十三五）	—
（18）新建大型云计算数据中心的PUE值	1.5	<1.4	[>0.1]
服务质量			
（19）用户申诉率（人次/百万用户）	<70	<70	—

注：1.[ ] 内数值为5年累计变化数。

2.IDI指标由国际电信联盟（ITU）计算并定期发布。

三、发展重点

（一）完善基础设施

1. 构建新一代信息通信基础设施

推动高速光纤宽带网络跨越发展。基本完成老旧小区光网改造，实现城镇地区光网覆盖，提供1 000 Mbit/s以上接入服务能力，大中城市家庭用户带宽实现100Mbit/s以上灵活选择。基本实现行政村光纤通达，有条件地区提供100Mbit/s以上接入服务能力，半数以上农村家庭用户带宽实现50Mbit/s以上灵活选择。推进超高速、大容量光传输技术应用，升级骨干传输网，提升高速传送、灵活调度和智能适配能力。

加快建设先进泛在的无线宽带网。促进城市和农村地区无线宽带网络的协调发展,实现 4G 网络深度和广度覆盖。完善城镇热点公共区域 WLAN 覆盖。加强城市通信基础设施专项规划与城市总体规划的衔接,满足通信管线、机房、基站等通信基础设施的建设需求。统筹卫星通信系统建设,与地面信息通信基础设施实现优势互补融合发展。以需求为导向,灵活选取无线宽带接入技术,加快边远山区、牧区及岛礁等网络覆盖。

优化网络结构布局。以数据中心为核心,打破传统地域和行政区划组网模式,推动传统网络的转型升级,构建支撑互联网业务发展的新型网络。扩容骨干网互联带宽,提升网间互通质量。推动新型互联网交换中心建设,与骨干直联点协同发展。推进国际通信网络节点建设,合理设置海外 IDC、CDN 和 POP 点。推进互联网国际访问性能监测平台建设,提升国际网络服务质量保障能力。夯实 IPv6 网络基础设施,完成国内互联网的 IPv6 升级改造和 IPv6 国际出入口建设。

> **专栏 2　网络架构升级优化工程**
>
> 工程目标:升级优化网络结构,满足互联网业务发展需要
> 工程内容:加快 NFV、SDN 等新技术应用。推进传统电信业务向云计算平台迁移。加大集群路由器部署,扩容骨干互联网带宽。提升数据中心节点层级,推进数据承载网络结构扁平化。大规模部署 CDN,缓解网络承载压力。加强顶层设计,合理布局骨干直联点,建设新型互联网交换中心。建设完善互联网网络运行及互联互通监测系统。将数据中心节点需求纳入骨干传输网络统一承载,流量疏导由环网向网状网为主演进。增加数据中心所在区域的光缆连通度

> **专栏 3　国际通信网络部署工程**
>
> 工程目标:完善国际海陆缆和海外 POP 点布局,实现与更多运营商的互联互通
> 工程内容:一是国际海陆缆建设。建设我国通达北美、亚太、欧洲、非洲、拉美等方向的国际海缆项目,重点考虑中俄、中国-东盟、中国-南亚、中国-中亚等方向的跨境陆缆建设,继续与周边国家开展跨境光缆建设,并根据业务发展情况与有条件的国家和地区建立直达跨境光缆,适时扩容、优化现有跨境系统,探索开展跨境转接。二是海外 POP 点建设。重点在周边国家和地区以及欧洲、非洲、拉美国家部署海外 POP 点

2. 夯实互联网和物联网应用基础设施

加强数据中心建设的统筹规划,引导大型和超大型数据中心优先在气候寒冷、能源充足、自然灾害较少的地区部署。引导中小型数据中心优先在靠近用户、能源获取便利地区,依市场需求灵活部署。鼓励已建数据中心企业利用云计算、绿色节能等先进技术进行整合、改造和升级。引导和支持企业开展 CDN 建设和运营,扩展网络容量、覆盖范围和服务能力,逐步建成技术先进、安全可靠的 CDN 网络。

统筹推进云计算和大数据平台发展，支持政务、行业信息系统向云平台迁移，鼓励骨干企业开放自有云平台资源，引导平台间互联互通。充分利用现有信息通信基础设施，增强窄带物联网（NB-IoT）接入支撑能力。选取能源电力、城管交通、工业制造、现代农业等重点应用领域，在电力传输线路节点、城市多功能信息杆柱、工业车间生产线、培植加工设施等关键部位，结合通信网络设施建设，同步部署视频采集终端、RFID 标签、多类条码、复合传感器节点等多种物联网感知设施。

专栏 4　窄带物联网工程

工程目标：建设完善窄带物联网基础设施，实现在城市运行管理和重点行业的规模应用

工程内容：一是完善支持窄带物联网的全国性网络，升级改造无线、核心网络及配套网管运维系统，在全国范围内形成有效覆盖。二是实现窄带物联网在智慧城市、重点行业等规模应用，研究设立窄带物联网应用示范工程，对典型应用与创新给予适当支持，探索业务模式，推动产业链成熟

---

3. 提升农村及偏远地区信息通信水平

落实国务院关于完善农村及偏远地区宽带电信普遍服务补偿机制的要求，注重与精准扶贫工作紧密衔接，加大政策扶持和资源倾斜力度，加快农村互联网基础设施建设步伐，扩大光纤网、宽带网在农村的有效覆盖，农村家庭宽带用户基本实现 12Mbit/s 以上接入服务能力。提升农村及偏远地区信息通信网络的易用性，重点解决中文域名、技术咨询、电商服务等问题。鼓励各类资本参与农村电商发展，支持第三方平台创新和拓展农村电子商务业务。持续推进农村电子商务等互联网应用的普及，加快手机电子商务平台、手机在线支付等基于移动互联网创新应用的发展，重点向农村和偏远地区延伸信息通信服务。发挥互联网在助推脱贫攻坚中的作用，推进精准扶贫、精准脱贫，创新信息扶贫工作机制和模式，让更多困难群众用上互联网。瞄准农业现代化主攻方向，提高农业生产智能化、经营网络化水平，让农产品通过互联网走出乡村，帮助广大农民增加收入。扩大信息进村入户覆盖面，力争到 2020 年实现宽带网络覆盖 90% 以上的建档立卡贫困村，助力打赢脱贫攻坚战。

专栏 5　电信普遍服务试点工程

工程目标：加强农村地区宽带网络建设，实现 98% 行政村通光纤，农村家庭宽带用户基本实现 12 兆比特每秒以上接入服务能力

工程内容：充分发挥中央财政资金引导作用，带动地方政府加强统筹和政策支持，引导企业承担市场主体责任，对未通宽带行政村进行光纤覆盖，对已通宽带但接入能力低于 12Mbit/s 的行政村进行光纤升级改造

4. 推动绿色低碳发展

以信息通信技术应用带动全社会节能。通过促进"互联网+"、共享经济发展推动传统行业转型升级，推动专业化能源管控系统在重点行业的应用，优化资源配置，提高资源利用率，降低社会总体能耗。积极推广安全可控的新能源和节能新技术在行业的应用。把低碳循环、绿色环保的理念贯穿于机房建设，设备购置、安装，网络运维等各环节。实现电路交换机全部退网，加快高耗能基站等网络设备和数据中心的绿色改造。探索建立移动基站基于能耗PUE的标杆，推动移动基站整体能耗的管控，建立节能环保评测机制，推动建设节能环保评测技术和平台。

5. 加大信息通信技术开发应用力度

推动核心技术的超前部署和集中攻关，实现从跟跑并跑到并跑领跑的转变。加强移动互联网、物联网、云计算、大数据、移动智能终端等技术研发和综合应用，提升安全可控水平，推进核心技术成果转化和产业化。支持5G标准研究和技术试验，推进5G频谱规划，启动5G商用。支持面向车联网的无线接入技术标准和试验验证环境建设，拓展在智能辅助和自动驾驶等领域的应用范围。强化面向服务的物联网传输体系架构、通信技术研究，加快窄带物联网技术应用。推动SDN、NFV技术商用化进程，基础网络中半数以上网络功能通过SDN、NFV实现。加强超低损耗大有效面积光纤、超高速超大容量超长距离光传输等关键技术研究与应用。支持IPv6应用服务建设，鼓励移动互联网应用基于IPv6进行开发和服务，实现国内主要网站均支持IPv6访问，手机应用排名前100的中文APP80%支持IPv6。推进未来网络试验床建设，强化国内外节点部署和互联互通，参与国际标准研究制定，增强未来网络自主创新能力。支持建立物联网专用测试服务平台，强化物联网与移动互联网、大数据、云计算等融合应用的相关测试设备和系统研发。推进信息技术的军民共同研发和使用，推动军民技术双向转化，促进科研基础平台军民共享。

专栏6　标准体系建设工程

工程目标： 建立健全我国信息通信业标准化工作管理与运行机制及标准体系，提升国际影响力和话语权

工程内容： 一是完善5G、下一代互联网、物联网、云计算、大数据、网络信息安全等重点创新领域标准体系建设。二是建立多方参与、分工协作的标准研制机制，协调各级标准之间、信息通信业与其他行业标准之间的关系。三是统筹管理国际标准化活动，重点扶持战略性新兴产业国际标准化工作，推动我国标准走出去。四是优化标准化人才队伍结构，加强人才储备，促进人才培养，提高标准化专业人员的素质和水平

专栏7　5G研发和产业推进工程

工程目标：突破5G关键技术和产品，成为5G标准和技术的全球引领者之一

工程内容：一是开展5G标准研究，积极参与国际标准制定，成为主导者之一。二是支持开展5G关键技术和产品研发，构建5G试商用网络，打造系统、芯片、终端、仪表等完整产业链。三是组织开展5G技术研发试验，搭建开放的研发试验平台，邀请国内外企业共同参与，促进5G技术研发与产业发展。四是开展5G业务和应用试验验证，提升5G业务体验，推动5G支撑移动互联网、物联网应用融合创新发展，为5G启动商用服务奠定基础

（二）创新服务应用

1. 发展现代互联网产业体系

构建基于互联网能力开放的研发、应用聚合中心，整合上下游产业要素，推动从研发到应用的产业链深层次互动和协作，拓展信息服务范围，提升信息服务层次和水平。加强通信网络、数据中心等基础设施规划与布局，提升互联网在信息汇聚、信息分析和处理等方面的支撑能力。发挥互联网企业创新主体地位和主导作用，以技术创新为突破，带动移动互联网、5G、云计算、大数据、物联网、虚拟现实、人工智能、3D打印、量子通信等领域核心技术的研发和产业化。积极推动产业协作，充分挖掘互联网在支撑智能制造、推动产业升级、服务社会民生等方面的潜力，推动互联网产业逐步实现自主发展、创新发展和均衡发展。培育以企业为主体、行业特色突出的产业集群，壮大一批具有国际影响力和产业引领能力的企业。进一步提升互联网管理水平，持续优化市场竞争结构，规范竞争秩序，积极营造创新活跃、规范高效、保障有力的市场发展环境。

2. 深入推进互联网新业态发展

加强政策支持和引导，积极培育和壮大互联网新业务新应用新业态新模式。大力推动电子商务、视频、泛娱乐、社交媒体、搜索等网站类和移动APP类互联网应用发展。鼓励企业进一步深化以客户为中心的产品开发理念及运营模式，挖掘新需求，支持积极健康向上的网络文字、视频、音频内容创新创造。加强对中小企业特别是创新型企业的知识产权保护和服务。全面深化对互联网数据资源的利用，提升数据资源整合与挖掘能力，培养和规范基于数据资源的新应用新市场。鼓励企业创新商业模式，加快互联网各细分领域横向整合，以信息流带动技术流、资金流、人才流、物资流等高效流动，实现企业盈利模式多样化。

3. 推动物联网应用纵深发展

进一步发挥信息通信企业在物联网产业链中的整合和牵引作用，推动物联网与移动互联网、云计算、大数据等新业态的融合发展，培育壮大物联网相关专业

服务新业态，提升运营及应用服务水平。支持各类物联网运营服务平台建设，强化物联网技术在工业、农业、交通、能源等行业领域的广泛覆盖和深度应用。深化工业信息物理系统在研发设计、生产制造等环节的创新应用。在农产品加工、储藏、保鲜、运销等主要环节，积极开展农业物联网应用，提高农业智能化和精准化水平。强化物联网在智慧城市中的应用，大力推广物联网在城市公共安全、基础设施管理、能源管理、内涝监控、危化品监管、环境监测等领域的成果经验。拓展物联网在智能家居、车联网等个人消费领域的应用。

4. 推动工业互联网加速发展

系统推进工业互联网发展，研究制定我国工业互联网发展总体方案，加快制定工业互联网标准体系，在现有工厂网络和公众互联网基础上改造升级，打造高速率、低时延、安全可靠的工厂内和工厂外网络。构建工业云和工业大数据平台，加快工业互联网关键软硬件设备与系统的研发与产业化。

支持企业在工厂内、外网络技术和互联互通、标识解析、IPv6 应用、工业云计算、工业大数据等领域开展创新应用示范。构建工业互联网实验验证平台，开展关键技术验证，建设工业互联网标识解析系统、工业互联网 IPv6 地址资源综合管理平台和网络数据流转管理平台。

专栏 8　工业互联网产业推进试点示范工程

工程目标：夯实工业互联技术产业基础，构建工业互联网生态体系

工程内容：一是支持企业在工厂内、外网络技术和互联互通、标识解析、IPv6 应用、工业云计算、工业大数据及互联网与工业融合应用等领域开展创新应用示范。二是在明确我国工业互联网关键技术路径的基础上，支持相关单位针对工业互联网关键技术构建实验验证平台，对关键技术进行测试、验证和评估。三是组织建设工业互联网标识解析系统。四是对 ICP/IP 地址/域名信息备案管理系统进行升级改造，构建面向工业互联网的 IPv6 地址资源综合管理平台。五是支持建设工业互联网网络流转数据管理平台，为工业互联网网络数据的开放、交易和管理提供公共支撑

---

5. 全面拓展"互联网+"服务

积极支持国家"互联网+"重大工程实施，促进互联网与经济社会各行业各领域深度融合，推进基于互联网的商业模式、服务模式、管理模式及供应链、物流链等的各类创新，培育"互联网+"生态体系，形成网络化协同分工新格局。鼓励业态创新，积极发展分享经济。推动以互联网为载体、线上线下互动的各类新兴消费。鼓励互联网企业积极参与民生发展类建设项目，促进基于互联网的医疗、健康、养老、教育、旅游、社会保障等新兴服务业快速发展。鼓励电信企业

和大型互联网企业向小微企业和创业团队开放各类设备资源、网络资源、数据资源和业务平台，引导基础电信企业、大型互联网企业和中小创新企业建立合作协同的机制。营造基于互联网的开放式创新条件和氛围，提升"双创"服务平台支撑能力，建立一批低成本、便利化、开放式众创空间和虚拟创新社区。充分发挥互联网优势，实施"互联网+教育""互联网+医疗""互联网+文化"等，促进基本公共服务均等化。

> **专栏9　"双创"服务平台支撑能力提升工程**
>
> 工程目标：推动行业企业开放各类资源，提升"双创"服务水平
> 工程内容：提升"双创"服务平台支撑能力。推动基础电信企业、互联网企业等大型企业主导的"双创"平台进一步开放资源、集成服务，实现对基础设施、数据资源和业务平台有效利用，并面向小型、微型、创新创业型企业提供综合数据、创业孵化、在线测试、创新共享、创业咨询等支撑服务，满足创业创新需求

6. 加速信息通信业"走出去"步伐

围绕"一带一路"倡议，统筹规划海底光缆和跨境陆缆的全球部署，建设网上丝绸之路，加强与欧洲、非洲、拉美及周边国家/地区的信息基础设施互联互通。鼓励研发、制造、咨询、施工和运营企业发挥各自优势，不断探索合资、并购、参股、控股等不同海外合作模式，培植优势品牌，提升国际竞争力。推动通信设备制造、施工建设、运营服务和技术标准全方位参与国际竞争。营造行业"走出去"环境，加强规划引导和分类指导，搭建资源共享平台，完善企业考核机制，积极争取各类专项资金支持，促进产业链整体走出去。完善行业国际交流合作机制，充分利用多边和双边机制，鼓励各方力量广泛积极参与联合国、区域和国际组织的互联网管理等相关活动，增强国际话语权。

（三）加强行业管理

1. 强化互联网为核心的行业管理

聚焦互联网业务应用，突出支持创新发展和强化基础管理。推动建立完善多部门联动管理机制，建立新业务备案和发展指引制度，进一步明确新业务分类和管理责任认定。完善互联网运行监测和统计分类体系，推动实现与国家统计分类标准的衔接。完善违法违规信息和网站处置联动管理机制，建立部省联动共享安全监管平台，实现信息共享、实时查询，提高违法违规信息和网站跨省联动处置效率，有效支撑国家互联网安全监管工作需求。建立互联网不正当竞争管理机制，健全行政和司法相衔接的长效监管机制，增强互联网企业使命感和责任感，积极

引导社会力量参与互联网行业治理，推进形成政府统筹下的多方治理格局，共同促进互联网持续健康发展。坚持放管结合，加快推进以信用体系为代表的覆盖全流程的监管支撑体系建设，强化事中事后监管。推动现有互联网监管系统的功能聚合，创新完善互联网服务质量管理体系，支持国内第三方在检测、评测、认证、取证等方面创建相关技术手段，加快互联网行业和移动互联网应用监测平台建设，完善技术支撑能力。进一步落实网络实名制要求，积极推进网站、域名、IP地址和电话实名制，加强移动转售企业相关管理，持续提升登记信息准确率，实现网络实名信息实时在线比对核验。

2. 提升行业服务质量

落实加强用户权益保护有关规定，完善面向用户权益的互联网服务质量监管体系，建立报告、通报、满意度测评等管理制度，规范企业经营、服务和收费行为，严厉查处侵权违法事件。加强个人数据保护，推动建立个人数据共享与保护协同机制，严厉打击非法泄露和出卖个人数据行为。推动出台即时通信、应用商店、电子商务等用户信息保护标准，督促企业落实用户信息分类、分级保护要求，规范采集、传输、存储、使用、销毁用户信息等行为。深化网络不良信息治理，推动建立垃圾短信、骚扰电话和不良APP治理工作的长效机制，强化技术手段建设，督促企业落实责任，畅通用户举报渠道。推动移动电话用户号码携带服务在全国范围内实施。引导企业围绕经济社会发展需求和用户关切，制定并落实提速降费措施，推动企业采取逐步取消手机漫游费等措施，并进一步优化资费结构，简化资费方案，增强资费透明度，有效提升用户"获得感"。

3. 加强重要基础资源管理

做好码号资源统筹规划和科学分配，适时开展新业务码号分配和码号回收，促进码号资源的规范使用和有效利用。优化国家频谱资源配置，加强无线电频谱管理，维护安全有序的电波秩序。科学规划和合理配置无线电频率资源，统筹中长期用频需求，保障重点领域发展。开展无线电频谱使用评估工作，促进频谱资源高效使用。加强卫星频率和轨道资源的集中统一管理，做好卫星网络的申报、协调、登记和维护等各项工作，加强卫星工程项目规划和立项工作中频率轨道资源的可用性论证。强化IP地址、域名等互联网基础资源管理及国际协调，推动IPv6地址申请，合理规划使用IPv6地址，探索建立域名从业机构信用记录制度，鼓励域名创新应用，推动".CN"".中国"等国家顶级域名和中文域名的推广和应用。

4. 加强大数据资源应用和管理

加强大数据标准顶层设计，建立并完善涵盖基础、技术、产品、平台、应用、交易和管理的大数据标准体系。建立大数据管理制度，明确数据采集、传输、存储、使用、开放等各环节的范围边界、责任主体和具体要求，保障高效可信应用。推动政府信息系统和公共数据互联开放共享，依法推进数据资源向社会开放。支持电信和互联网企业在保障数据安全和个人隐私的前提下，提供数据资源与分析能力，支撑公共安全、城市管理、市场监管等社会管理，以及交通、旅游、医疗等民生服务领域跨界应用。

5. 持续深化电信行业改革

探索和创新网络建设模式，加强顶层设计。推动信息通信和能源、交通等领域基础设施的共建共享。充分发挥铁塔公司在基础设施建设领域的重要作用，遵从市场规律，建立标准化、规范化流程和发展机制，提升共建共享水平。支持基础电信企业在资源共享、网络共建以及业务协同等领域深化合作和创新。积极推动广电、电信业务双向进入，推进三网融合进程。加大移动转售、宽带接入网等基础电信领域竞争性业务的开放力度，通过市场竞争促进企业提升宽带服务质量，进一步降低电信资费水平，提高电信业务性价比。积极推动电信领域混合所有制改革进程，有序引导电信市场协调发展，鼓励民间资本通过多种形式参与信息通信业投融资，激发非公有制经济和小微企业的活力与创造力。积极推动优化对企业的考核机制，综合考虑企业承担社会责任的考核指标和经营效益的考核指标。总结推广上海自贸区开放试点经验，探索完善外资准入"负面清单"管理模式。

（四）强化安全保障

1. 完善网络与信息安全监管体系

适应互联网业务创新发展趋势，把安全监管作为行业监管的重要内容加以落实，调整完善安全监管模式，强化安全责任考核、安全评估、监督检查、市场退出等事中事后管理，构建全周期安全管理链条。加强电信业务开放情况下的网络与信息安全风险控制，加强移动转售、宽带接入网等向民资开放领域的网络与信息安全管理。进一步理顺行业安全管理工作体制机制，不断完善跨部门、跨省协同机制，推动建立流程清晰、高效顺畅的联动机制。突出抓好网络与信息安全责任体系建设，进一步明确基础电信企业、互联网企业、设备厂商、安全企业等各类主体的安全责任，形成覆盖信息通信行业全产业链条的安全责任体系，推动建立重大网络与信息安全事件责任主体负责制。

2. 加强网络基础设施安全防护

建立健全分级保护、动态调整的网络基础设施安全保护体系。强化互联网企业的网络安全管理,加强针对云计算、物联网等新兴重点领域的网络安全防护。落实国家网络安全审查制度,稳妥组织开展行业网络安全审查工作。持续面向基础电信企业、互联网企业、安全企业等开展网络安全试点示范工作。依托安全保障能力提升工程,指导推动企业加强网络安全态势感知能力建设,强化政府、企业和行业力量安全监测数据共享联动,利用大数据技术加强关联分析,提升全局性、整体化态势感知能力。完善互联网安全监测与处置机制,加强日常网络安全事件的处置通报,建立健全钓鱼网站监测与处置机制,加强木马病毒样本库、移动恶意程序样本库、漏洞库等建设,提高及时发现和有效识别安全威胁的能力。构建政府、企业、用户等之间的安全威胁信息共享机制。深入推进移动恶意程序治理等网络威胁治理专项活动,构建可信网络环境。

专栏10　安全保障能力提升工程

工程目标:推动网络与信息安全技术保障能力建设,提升网络安全保障水平

工程内容:建设基于骨干网的网络安全威胁监测处置平台,实现网络安全威胁监测、态势感知、应急处置、追踪溯源等能力。实施域名系统安全保障工程,提升公共递归域名解析系统的安全防护和数据备份能力。建设互联网网络安全应急管理平台,提高对互联网网络安全威胁信息和监测数据的分析、研判和行业内应急指挥调度能力

---

3. 强化网络数据安全管理

制定出台信息通信业数据安全指导性文件,实行网络数据资源分类分级管理,保障安全高效可信应用。加强数据资源的安全保护,明确行业数据开放共享利用和跨境流动场景下的安全保护策略。制定数据安全评估相关标准,建立健全敏感数据操作审计等工作机制,构建国家和地方、政府和企业相互配合的新型数据保护管理体系。加强企业数据安全监管,推进企业数据保护技术手段建设,规范企业数据合作。强化大数据场景下的网络用户个人信息保护能力,通过安全管理和技术措施有效防止用户个人信息泄露、损毁和非法利用,督促电信和互联网企业切实落实用户个人信息保护责任。建立完善数据与个人信息泄露公告和报告机制,督促企业及时组织自查,排查安全隐患,公示处置情况,消除安全风险。

4. 强化网络与信息安全应急管理

完善网络与信息安全应急管理体系,推进应急机制、应急制度、应急标准建

设，提升网络与信息安全突发事件的制度化响应、规范化处置和程序化水平。强化公共互联网网络安全应急管理，修订完善应急预案，健全政府统一指挥、企业和支撑单位等广泛参与的网络安全应急响应协同处置机制。加强行业内和跨行业的网络安全应急演练。全力做好网络反恐和重大活动网络信息安全保障，坚决维护国家安全和社会稳定。

5. 加强应急通信保障能力建设

着力提升应急通信网络能力，统筹空间与地面、公网与共用应急通信专网的建设，加强新技术新业务在应急通信中的应用，满足公共安全体系中安全生产、防灾减灾、治安防控、突发事件应对等方面对信息通信服务和保障的要求。统筹各相关部门、各级政府、基础电信企业等各方的应急通信指挥手段和系统建设，鼓励互联网企业发挥资源优势提供灾害预警等应急通信服务，推动指挥系统间互联互通，统筹应急物资、卫星资源、空中平台等相关资源的动态管理和有效配置。加强灾害多发省份装备的差异化配置，构建国家与地方、政府与企业、实物与生产储备相结合的物资储备体系。加强应急通信保障队伍的人员配备和布局，加强培训演练和安全防护措施。加强应急通信科研支撑体系建设，加快标准制订，支持创新技术应用，推动应急通信产业发展。

专栏11　国家应急通信能力提升工程

工程目标：加强指挥调度、应急网络、装备储备等能力建设，推进试点支撑，全面提升国家应急通信保障能力

工程内容：一是提升指挥调度能力，实现地方指挥系统与通信网指挥平台联通，完成灾害多发地区县、乡基层政府部门自主卫星移动终端配置，建设"互联网＋应急通信"指挥调度及服务云平台。二是完善应急网络建设，依托公网建设公共信息快速手机预警短信发布系统，推进抗灾超级基站、基础设施设备与防灾应急相关的安全防护建设，依托国家空间基础设施和卫星移动通信系统构建应急专用卫星通信网络。三是加强装备储备建设，更新完善便携、车／船／机载各类应急通信装备、车辆，推进无人机等装备建设试点，构建层次化应急通信储备中心体系，实现重要物资装备的合理储备统一管理。四是推进试点支撑，开展应急宽带集群网络、机动便携装备和互联网应急信息通信技术建设试点，建设国家应急通信技术支撑基地

四、保障措施

（一）加快推进法治建设

加快信息通信业重点领域立法进程。推动《电信法》《网络安全法》等法律法规立法工作。建立健全信息通信业相关法律制度，进一步规范关键基础设施保护、网络安全、数据跨境流动、个人信息保护、新技术新业务开展、电信业务经

营许可和互联网基础资源管理。鼓励地方通信管理局结合各地实际加快推进地方性法规立法进程，并推动健全法制监管体系。提高依法行政意识，强化执法各环节的制度化、规范化、程序化，加强市场秩序监管执法与司法的衔接，提升信息通信业法制化水平。

（二）营造多方参与环境

加强政府引导，以企业为主体，调动全社会力量建设信息通信基础设施和发展信息通信技术应用。在政策、标准制定和规划编制中广泛吸取各方意见，提高透明度和社会参与度。鼓励各地加强互联网监测分析，加大对互联网发展的支持力度。鼓励组建产学研用联盟，加强战略、技术、标准、市场等沟通协作，协同创新攻关。引导行业协会等社会组织与企业共同制订互联网行规，鼓励企业积极履行社会责任，推动行业自律。充分发挥政府、企业、社会等各方力量，形成诚信、透明、开放、公正的行业发展环境。

（三）加大政策支持力度

加强财税、金融方面的行业支持力度，鼓励民间资本及创业与私募股权投资，培育中小型创新企业发展，鼓励具备实力的大企业实现全球范围内的资源优化配置，保障信息通信业转型升级发展。加大投入，完善面向宽带的普遍服务长效机制和普遍服务补偿机制。完善和落实支持创新的政府采购政策，推动行业创新产品和服务的研发应用。继续落实研发费用加计扣除和固定资产加速折旧政策，推动新技术应用，加快高耗能老旧设备有序退网。加强安全相关建设投资政策牵引，探索建立政府引导下的安全投入机制，引导社会加大在基础通信网络和重要信息系统方面的安全产品和服务投入。推动环评审批流程优化，多渠道宣传信息通信基础设施相关环保知识，形成社会各界广泛支持的良好发展局面。壮大信息通信行业管理队伍，争取管理机构向地市一级延伸，多途径扩充队伍力量。

（四）加强专业人才培养

鼓励引导政府部门、重点企业完善信息通信业人才培养机制，改革人才引进各项配套制度，优化人才使用和激励机制，提高专业技术人才自主创新和参与科研成果产业化的积极性和主动性，支持优秀人才创新创业。加强教育学科配置的优化，推动建立多方联合培养机制，鼓励企业、高校、科研院所、协会、学会等联合培养通信、互联网、物联网、网络与信息安全相关专业紧缺人才。充分利用学历教育、非学历教育、短期培训等多种途径和方式，加快培育跨领域、国际化、高层次、创新型、实用型信息技术人才和服务团队。利用各类引才引智计划，吸引海外留学人才和各国高精尖缺人才来中国发展，带动国内人才的培养，促进国内科研水平的提升和科研成果转化。

（五）做好规划落地实施

统筹实施网络强国战略、"宽带中国"专项行动和网络与信息安全、应急通信、无线电管理等专项规划。各地方通信管理局负责的规划及企业规划应与本规划充分衔接，细化落实本规划提出的主要目标和发展重点，组织编制实施信息基础设施专项规划，并与各地城市综合规划及各专项规划实现有效衔接。规划实施中出现的新情况和新问题要及时报送行业主管部门。行业主管部门加强对企业落实本规划中重点任务和重大工程的督导，负责组织对本规划实施情况进行中期评估，并根据评估结果调整目标和任务，优化政策保障措施。

附录 G 信息通信行业发展规划物联网分册（2016—2020年）

物联网是新一代信息技术的高度集成和综合运用，对新一轮产业变革和经济社会绿色、智能、可持续发展具有重要意义。"十二五"时期，我国物联网发展取得了显著成效，与发达国家保持同步，成为全球物联网发展最为活跃的地区之一。"十三五"时期，我国经济发展进入新常态，创新是引领发展的第一动力，促进物联网、大数据等新技术、新业态广泛应用，培育壮大新动能成为国家战略。当前，物联网正进入跨界融合、集成创新和规模化发展的新阶段，迎来重大的发展机遇。为推动物联网产业健康有序发展，制定信息通信业"十三五"规划物联网分册。

本规划依据《国民经济和社会发展第十三个五年规划纲要》及《国务院关于推进物联网有序健康发展的指导意见》等相关文件编制而成，是指导物联网产业未来五年发展的指导性文件。

一、发展回顾及面临形势

（一）"十二五"发展回顾

"十二五"期间我国在物联网关键技术研发、应用示范推广、产业协调发展和政策环境建设等方面取得了显著成效。

政策环境不断完善。加强顶层设计，发布《国务院关于推进物联网有序健康发展的指导意见》，成立物联网发展部际联席会议和专家咨询委员会，统筹协调和指导物联网产业发展。相关部门制定和实施10个物联网发展专项行动计划，加强技术研发、标准研制和应用示范等工作，积极组织实施重大应用示范工程，推进示范区和产业基地建设。中央财政连续四年安排物联网发展专项资金，物联网被纳入高新技术企业认定和支持范围。各地区加大政策支持力度，设立专项资金，多层次、全方位推进地方物联网发展。

产业体系初步建成。已形成包括芯片、元器件、设备、软件、系统集成、运营、应用服务在内的较为完整的物联网产业链。2015年物联网产业规模达到7500亿元，"十二五"年复合增长率为25%。公众网络机器到机器（M2M）连接数突破1亿，占全球总量31%，成为全球最大市场。物联网产业已形成环渤海、长三角、泛珠三角以及中西部地区四大区域聚集发展的格局，无锡、重庆、杭州、福州等新型工业化产业示范基地建设初见成效。涌现出一大批具备较强实力的物联网领军企业，互联网龙头企业成为物联网发展的重要新兴力量。物联网产业公共服务体系日渐完善，初步建成一批共性技术研发、检验检测、投融资、标识解析、成果转化、人才培训、信息服务等公共服务平台。

创新成果不断涌现。在芯片、传感器、智能终端、中间件、架构、标准制定等领域取得一大批研究成果。光纤传感器、红外传感器技术达到国际先进水平，超高频智能卡、微波无源无线射频识别（RFID）、北斗芯片技术水平大幅提升，微机电系统（MEMS）传感器实现批量生产，物联网中间件平台、多功能便捷式智能终端研发取得突破。一批实验室、工程中心和大学科技园等创新载体已经建成并发挥良好的支撑作用。物联网标准体系加快建立，已完成200多项物联网基础共性和重点应用国家标准立项。我国主导完成多项物联网国际标准，国际标准制定话语权明显提升。

应用示范持续深化。在工业、农业、能源、物流等行业的提质增效、转型升级中作用明显，物联网与移动互联网融合推动家居、健康、养老、娱乐等民生应用创新空前活跃，在公共安全、城市交通、设施管理、管网监测等智慧城市领域的应用显著提升了城市管理智能化水平。物联网应用规模与水平不断提升，在智能交通、车联网、物流追溯、安全生产、医疗健康、能源管理等领域已形成一批成熟的运营服务平台和商业模式，高速公路电子不停车收费系统（ETC）实现全国联网，部分物联网应用达到了千万级用户规模。

我国物联网产业已拥有一定规模，设备制造、网络和应用服务具备较高水平，技术研发和标准制定取得突破，物联网与行业融合发展成效显著。但仍要看到我国物联网产业发展面临的瓶颈和深层次问题依然突出。一是产业生态竞争力不强，芯片、传感器、操作系统等核心基础能力依然薄弱，高端产品研发能力不强，原始创新能力与发达国家差距较大；二是产业链协同性不强，缺少整合产业链上下游资源、引领产业协调发展的龙头企业；三是标准体系仍不完善，一些重要标准研制进度较慢，跨行业应用标准制定难度较大；四是物联网与行业融合发展有待进一步深化，成熟的商业模式仍然缺乏，部分行业存在管理分散、推动力度不够的问题，发展新技术新业态面临跨行业体制机制障碍；五是网络与信息安全形势依然严峻，设施安全、数据安全、个人信息安全等问题亟待解决。

（二）"十三五"面临形势

"十三五"时期是我国物联网加速进入"跨界融合、集成创新和规模化发展"的新阶段，与我国新型工业化、城镇化、信息化、农业现代化建设深度交汇，面临广阔的发展前景。另一方面，我国物联网发展又面临国际竞争的巨大压力，核心产品全球化、应用需求本地化的趋势更加凸显，机遇与挑战并存。

万物互联时代开启。物联网将进入万物互联发展新阶段，智能可穿戴设备、智能家电、智能网联汽车、智能机器人等数以万亿计的新设备将接入网络，形成海量数据，应用呈现爆发性增长，促进生产生活和社会管理方式进一步向智能化、精细化、网络化方向转变，经济社会发展更加智能、高效。第五代移动通信技术（5G）、窄带物联网（NB-IoT）等新技术为万物互联提供了强大的基础设施支撑能力。万物互联的泛在接入、高效传输、海量异构信息处理和设备智能控制，以及由此引发的安全问题等，都对发展物联网技术和应用提出了更高要求。

应用需求全面升级。物联网万亿级的垂直行业市场正在不断兴起。制造业成为物联网的重要应用领域，相关国家纷纷提出发展"工业互联网"和"工业4.0"，我国提出建设制造强国、网络强国，推进供给侧结构性改革，以信息物理系统（CPS）为代表的物联网智能信息技术将在制造业智能化、网络化、服务化等转型升级方面发挥重要作用。车联网、健康、家居、智能硬件、可穿戴设备等消费市场需求更加活跃，驱动物联网和其它前沿技术不断融合，人工智能、虚拟现实、自动驾驶、智能机器人等技术不断取得新突破。智慧城市建设成为全球热点，物联网是智慧城市构架中的基本要素和模块单元，已成为实现智慧城市"自动感知、快速反应、科学决策"的关键基础设施和重要支撑。

产业生态竞争日趋激烈。物联网成为互联网之后又一个产业竞争制高点，生态构建和产业布局正在全球加速展开。国际企业利用自身优势加快互联网服务、整机设备、核心芯片、操作系统、传感器件等产业链布局，操作系统与云平台一体化成为掌控生态主导权的重要手段，工业制造、车联网和智能家居成为产业竞争的重点领域。我国电信、互联网和制造企业也加大力度整合平台服务和产品制造等资源，积极构建产业生态体系。

二、发展思路和目标

"十三五"时期是经济新常态下创新驱动、形成发展新动能的关键时期，必须牢牢把握物联网新一轮生态布局的战略机遇，大力发展物联网技术和应用，加快构建具有国际竞争力的产业体系，深化物联网与经济社会融合发展，支撑制造强国和网络强国建设。

（一）发展思路

贯彻落实《国务院关于推进物联网有序健康发展的指导意见》《中国制造2025》《国务院关于积极推进"互联网+"行动的指导意见》和《关于深化制造业与互联网融合发展的指导意见》，以促进物联网规模化应用为主线，以创新为动力，以产业链开放协作为重点，以保障安全为前提，加快建设物联网泛在基础设施、应用服务平台和数据共享服务平台，持续优化发展环境，突破关键核心技术，健全标准体系，创新服务模式，构建有国际竞争力的物联网产业生态，为经济增长方式转变、人民生活质量提升以及经济社会可持续发展提供有力支撑。

坚持创新驱动。强化创新能力建设，完善公共服务体系，加快建立以企业为主体、政产学研用相结合的技术创新体系。加强面向智能信息服务的关键技术研发及产业化，大力发展新技术、新产品、新商业模式和新业态，加快打造智慧产业和智能化信息服务。

坚持应用牵引。面向经济社会发展的重大需求，以重大应用示范为先导，统筹部署，聚焦重点领域和关键环节，大力推进物联网规模应用，带动物联网关键技术突破和产业规模化发展，提升人民生活质量、增强社会管理能力、促进产业转型升级。

坚持协调发展。充分发挥物联网发展部际联席会议制度作用，加强政策措施的协同，促进物联网与相关行业之间的深度融合。加强资源整合，突出区域特色，完善产业布局，避免重复建设，形成协调发展的格局。

坚持安全可控。建立健全物联网安全保障体系，推进关键安全技术研发和产业化，增强物联网基础设施、重大系统、重要信息的安全保障能力，强化个人信息安全，构建泛在安全的物联网。

（二）发展目标

到 2020 年，具有国际竞争力的物联网产业体系基本形成，包含感知制造、网络传输、智能信息服务在内的总体产业规模突破 1.5 万亿元，智能信息服务的比重大幅提升。推进物联网感知设施规划布局，公众网络 M2M 连接数突破 17 亿。物联网技术研发水平和创新能力显著提高，适应产业发展的标准体系初步形成，物联网规模应用不断拓展，泛在安全的物联网体系基本成型。

——技术创新。产学研用结合的技术创新体系基本形成，企业研发投入不断加大，物联网架构、感知技术、操作系统和安全技术取得明显突破，网络通信领域与信息处理领域的关键技术达到国际先进水平,核心专利授权数量明显增加。

——标准完善。研究制定200项以上国家和行业标准,满足物联网规模应用和产业化需求的标准体系逐步完善,物联网基础共性标准、关键技术标准和重点应用标准基本确立,我国在物联网国际标准领域话语权逐步提升。

——应用推广。在工业制造和现代农业等行业领域、智能家居和健康服务等消费领域推广一批集成应用解决方案,形成一批规模化特色应用。在智慧城市建设和管理领域形成跨领域的数据开放和共享机制,发展物联网开环应用。

——产业升级。打造10个具有特色的产业集聚区,培育和发展200家左右产值超过10亿元的骨干企业,以及一批"专精特新"的中小企业和创新载体,建设一批覆盖面广、支撑力强的公共服务平台,构建具有国际竞争力的产业体系。

——安全保障。在物联网核心安全技术、专用安全产品研发方面取得重要突破,制定一批国家和行业标准。物联网安全测评、风险评估、安全防范、应急响应等机制基本建立,物联网基础设施、重大系统、重要信息的安保能力大大增强。

三、主要任务

（一）强化产业生态布局

加快构建具有核心竞争力的产业生态体系。以政府为引导、以企业为主体,集中力量,构建基础设施泛在安全、关键核心技术可控、产品服务先进、大中小企业梯次协同发展、物联网与移动互联网、云计算和大数据等新业态融合创新的生态体系,提升我国物联网产业的核心竞争力。推进物联网感知设施规划布局,加快升级通信网络基础设施,积极推进低功耗广域网技术的商用部署,支持5G技术研发和商用实验,促进5G与物联网垂直行业应用深度融合。建立安全可控的标识解析体系,构建泛在安全的物联网。突破操作系统、核心芯片、智能传感器、低功耗广域网、大数据等关键核心技术。在感知识别和网络通信设备制造、运营服务和信息处理等重要领域,发展先进产品和服务,打造一批优势品牌。鼓励企业开展商业模式探索,推广成熟的物联网商业模式,发展物联网、移动互联网、云计算和大数据等新业态融合创新。支持互联网、电信运营、芯片制造、设备制造等领域龙头企业以互联网平台化服务模式整合感知制造、应用服务等上下游产业链,形成完整解决方案并开展服务运营,推动相关技术、标准和产品加速迭代、解决方案不断成熟,成本不断下降,促进应用实现规模化发展。培育200家左右技术研发能力较强、产值超10亿元的骨干企业,大力扶持一批"专精特新"中小企业,构筑大中小企业协同发展产业生态体系,形成良性互动的发展格局。

加快物联网产业集聚。继续支持无锡国家传感网创新示范区的建设发展，提升示范区自主创新能力、产业发展水平和应用示范作用，充分发挥无锡作为国家示范区先行先试的引领带动作用，打造具有全球影响力的物联网示范区。加快推动重庆、杭州、福州等物联网新型工业化产业示范基地的建设提升和规范发展，增强产业实力和辐射带动作用。结合"一带一路"、长江经济带、京津冀协同发展等区域发展战略，加强统筹规划，支持各地区立足自身优势，推进差异化发展，加强物联网特色园区建设，加快形成物联网产业集群，打造一批具有鲜明特色的物联网产业集聚区。优化产业集聚区发展环境，完善对产业集聚区的科学、规范管理，推动产业集聚区向规模化、专业化、协作化方向发展，促进集聚区之间的资源共享、优势互补，推动物联网产业有序健康发展。

推动物联网创业创新。完善物联网创业创新体制机制，加强政策协同与模式创新结合，营造良好创业创新环境。总结复制推广优秀的物联网商业模式和解决方案，培育发展新业态新模式。加强创业创新服务平台建设，依托各类孵化器、创业创新基地、科技园区等建设物联网创客空间，提升物联网创业创新孵化、支撑服务能力。鼓励和支持有条件的大型企业发展第三方创业创新平台，建立基于开源软硬件的开发社区，设立产业创投基金，通过开放平台、共享资源和投融资等方式，推动各类线上、线下资源的聚集、开放和共享，提供创业指导、团队建设、技术交流、项目融资等服务，带动产业上下游中小企业进行协同创新。引导社会资金支持创业创新，推动各类金融机构与物联网企业进行对接和合作，搭建产业新型融资平台，不断加大对创业创新企业的融资支持，促进创新成果产业化。鼓励开展物联网创客大赛，激发创新活力，拓宽创业渠道。引导各创业主体在设计、制造、检测、集成、服务等环节开展创意和创新实践，促进形成创新成果并加强推广，培养一批创新活力型企业快速发展。

（二）完善技术创新体系

加快协同创新体系建设。以企业为主体，加快构建政产学研用结合的创新体系。统筹衔接物联网技术研发、成果转化、产品制造、应用部署等环节工作，充分调动各类创新资源，打造一批面向行业的创新中心、重点实验室等融合创新载体，加强研发布局和协同创新。继续支持各类物联网产业和技术联盟发展，引导联盟加强合作和资源共享，加强以技术转移和扩散为目的的知识产权管理处置，推进产需对接，有效整合产业链上下游协同创新。支持企业建设一批物联网研发机构和实验室，提升创新能力和水平。鼓励企业与高校、科技机构对接合作，畅通科研成果转化渠道。

整合利用国际创新资源，支持和鼓励企业开展跨国兼并重组，与国外企业成立合资公司进行联合开发，引进高端人才，实现高水平高起点上的创新。

突破关键核心技术。研究低功耗处理器技术和面向物联网应用的集成电路设计工艺，开展面向重点领域的高性能、低成本、集成化、微型化、低功耗智能传感器技术和产品研发，提升智能传感器设计、制造、封装与集成、多传感器集成与数据融合及可靠性领域技术水平。研究面向服务的物联网网络体系架构、通信技术及组网等智能传输技术，加快发展 NB-IoT 等低功耗广域网技术和网络虚拟化技术。研究物联网感知数据与知识表达、智能决策、跨平台和能力开放处理、开放式公共数据服务等智能信息处理技术，支持物联网操作系统、数据共享服务平台的研发和产业化，进一步完善基础功能组件、应用开发环境和外围模块。发展支持多应用、安全可控的标识管理体系。加强物联网与移动互联网、云计算、大数据等领域的集成创新，重点研发满足物联网服务需求的智能信息服务系统及其关键技术。强化各类知识产权的积累和布局。

专栏 1　关键技术突破工程

1. 传感器技术

核心敏感元件：试验生物材料、石墨烯、特种功能陶瓷等敏感材料，抢占前沿敏感材料领域先发优势；强化硅基类传感器敏感机理、结构、封装工艺的研究，加快各类敏感元器件的研发与产业化

传感器集成化、微型化、低功耗：开展同类和不同类传感器、配套电路和敏感元件集成等技术和工艺研究。支持基于 MEMS 工艺、薄膜工艺技术形成不同类型的敏感芯片，开展各种不同结构形式的封装和封装工艺创新。支持具有外部能量自收集、掉电休眠自启动等能量贮存与功率控制的模块化器件研发

重点应用领域：支持研发高性能惯性、压力、磁力、加速度、光线、图像、温湿度、距离等传感器产品和应用技术，积极攻关新型传感器产品

2. 体系架构共性技术

持续跟踪研究物联网体系架构演进趋势，积极推进现有不同物联网网络架构之间的互联互通和标准化，重点支持可信任体系架构、体系架构在网络通信、数据共享等方面的互操作技术研究，加强资源抽象、资源访问、语义技术以及物联网关键实体、接口协议、通用能力的组件技术研究

3. 操作系统

用户交互型操作系统：推进移动终端操作系统向物联网终端移植，重点支持面向智能家居、可穿戴设备等重点领域的物联网操作系统研发

实时操作系统：重点支持面向工业控制、航空航天等重点领域的物联网操作系统研发，开展各类适应物联网特点的文件系统、网络协议栈等外围模块以及各类开发接口和工具研发，支持企业推出开源操作系统并开放内核开发文档，鼓励用户对操作系统的二次开发

(续)

> **专栏 1　关键技术突破工程**
>
> 4.物联网与移动互联网、大数据融合关键技术
>
> 　　面向移动终端，重点支持适用于移动终端的人机交互、微型智能传感器、MEMS 传感器集成、超高频或微波 RFID、融合通信模组等技术研究。面向物联网融合应用，重点支持操作系统、数据共享服务平台等技术研究。突破数据采集交换关键技术，突破海量高频数据的压缩、索引、存储和多维查询关键技术，研发大数据流计算、实时内存计算等分布式基础软件平台。结合工业、智能交通、智慧城市等典型应用场景，突破物联网数据分析挖掘和可视化关键技术，形成专业化的应用软件产品和服务。

（三）构建完善标准体系

完善标准化顶层设计。建立健全物联网标准体系，发布物联网标准化建设指南。进一步促进物联网国家标准、行业标准、团体标准的协调发展，以企业为主体开展标准制定，积极将创新成果纳入国际标准，加快建设技术标准试验验证环境，完善标准化信息服务。

加强关键共性技术标准制定。加快制定传感器、仪器仪表、射频识别、多媒体采集、地理坐标定位等感知技术和设备标准。组织制定无线传感器网络、低功耗广域网、网络虚拟化和异构网络融合等网络技术标准。制定操作系统、中间件、数据管理与交换、数据分析与挖掘、服务支撑等信息处理标准。制定物联网标识与解析、网络与信息安全、参考模型与评估测试等基础共性标准。

推动行业应用标准研制。大力开展车联网、健康服务、智能家居等产业急需应用标准的制定，持续推进工业、农业、公共安全、交通、环保等应用领域的标准化工作。加强组织协调，建立标准制定、实验验证和应用推广联合工作机制，加强信息交流和共享，推动标准化组织联合制定跨行业标准，鼓励发展团体标准。支持联盟和龙头企业牵头制定行业应用标准。

（四）推动物联网规模应用

大力发展物联网与制造业融合应用。围绕重点行业制造单元、生产线、车间、工厂建设等关键环节进行数字化、网络化、智能化改造，推动生产制造全过程、全产业链、产品全生命周期的深度感知、动态监控、数据汇聚和智能决策。通过对现场级工业数据的实时感知与高级建模分析，形成智能决策与控制。完善工业云与智能服务平台，提升工业大数据开发利用水平，实现工业体系个性化定制、智能化生产、网络化协同和服务化转型，加快智能制造试点示范，开展信息物理

系统、工业互联网在离散与流程制造行业的广泛部署应用，初步形成跨界融合的制造业新生态。

加快物联网与行业领域的深度融合。面向农业、物流、能源、环保、医疗等重要领域，组织实施行业重大应用示范工程，推进物联网集成创新和规模化应用，支持物联网与行业深度融合。实施农业物联网区域试验工程，推进农业物联网应用，提高农业智能化和精准化水平。深化物联网在仓储、运输、配送、港口等物流领域的规模应用，支撑多式联运，构建智能高效的物流体系。加大物联网在污染源监控和生态环境监测等方面的推广应用，提高污染治理和环境保护水平。深化物联网在电力、油气、公共建筑节能等能源生产、传输、存储、消费等环节应用，提升能源管理智能化和精细化水平，提高能源利用效率。推动物联网技术在药品流通和使用、病患看护、电子病历管理等领域中的应用，积极推动远程医疗、临床数据应用示范等医疗应用。

推进物联网在消费领域的应用创新。鼓励物联网技术创新、业务创新和模式创新，积极培育新模式新业态，促进车联网、智能家居、健康服务等消费领域应用快速增长。加强车联网技术创新和应用示范，发展车联网自动驾驶、安全节能、地理位置服务等应用。推动家庭安防、家电智能控制、家居环境管理等智能家居应用的规模化发展，打造繁荣的智能家居生态系统。发展社区健康服务物联网应用，开展基于智能可穿戴设备远程健康管理、老人看护等健康服务，推动健康大数据创新应用和服务发展。

深化物联网在智慧城市领域的应用。推进物联网感知设施规划布局，结合市政设施、通信网络设施以及行业设施建设，同步部署视频采集终端、RFID标签、多类条码、复合传感器节点等多种物联网感知设施，深化物联网在地下管网监测、消防设施管理、城市用电平衡管理、水资源管理、城市交通管理、电子政务、危化品管理和节能环保等重点领域的应用。建立城市级物联网接入管理与数据汇聚平台，推动感知设备统一接入、集中管理和数据共享利用。建立数据开放机制，制定政府数据共享开放目录，推进数据资源向社会开放，鼓励和引导企业、行业协会等开放和交易数据资源，深化政府数据和社会数据融合利用。支持建立数据共享服务平台，提供面向公众、行业和城市管理的智能信息服务。

专栏2　重点领域应用示范工程

1. 智能制造

面向供给侧结构性改革和制造业转型升级发展需求，发展信息物理系统和工业互联网，推动生产制造与经营管理向智能化、精细化、网络化转变。通过RFID等技术对相关生产资料进行电子化标识，实现生产过程及供应链的智能化管理，利用传感器等技术加强生产状态信息的实时采集和数据分析，提升效率和质量，促进安全生产和节能减排。通过在产品中预置传感、定位、标识等能力，实现产品的远程维护，促进制造业服务化转型

2. 智慧农业

面向农业生产智能化和农产品流通管理精细化需求，广泛开展农业物联网应用示范。实施基于物联网技术的设施农业和大田作物耕种精准化、园艺种植智能化、畜禽养殖高效化、农副产品质量安全追溯、粮食与经济作物储运监管、农资服务等应用示范工程，促进形成现代农业经营方式和组织形态，提升我国农业现代化水平

3. 智能家居

面向公众对家居安全性、舒适性、功能多样性等需求，开展智能养老、远程医疗和健康管理、儿童看护、家庭安防、水、电、气智能计量、家庭空气净化、家电智能控制、家务机器人等应用，提升人民生活质量。通过示范对底层通信技术、设备互联及应用交互等方面进行规范，促进不同厂家产品的互通性，带动智能家居技术和产品整体突破

4. 智能交通和车联网

推动交通管理和服务智能化应用，开展智能航运服务、城市智能交通、汽车电子标识、电动自行车智能管理、客运交通和智能公交系统等应用示范，提升指挥调度、交通控制和信息服务能力。开展车联网新技术应用示范，包括自动驾驶、安全节能、紧急救援、防碰撞、非法车辆查缉、打击涉车犯罪等应用

5. 智慧医疗和健康养老

推动物联网、大数据等技术与现代医疗管理服务结合，开展物联网在药品流通和使用、病患看护、电子病历管理、远程诊断、远程医学教育、远程手术指导、电子健康档案等环节的应用示范。积极推广社区医疗+三甲医院的医疗模式。利用物联网技术，实现对医疗废物追溯，对问题药品快速跟踪和定位，降低监管成本。建立临床数据应用中心，开展基于物联网智能感知和大数据分析的精准医疗应用。开展智能可穿戴设备远程健康管理、老人看护等健康服务应用，推动健康大数据创新应用和服务发展

6. 智慧节能环保

推动物联网在污染源监控和生态环境监测领域的应用，开展废物监管、综合性环保治理、水质监测、空气质量监测、污染源治污设施工况监控、进境废物原料监控、林业资源安全监控等应用。推动物联网在电力、油气等能源生产、传输、存储、消费等环节的应用，提升能源管理智能化和精细化水平。建立城市级建筑能耗监测和服务平台，对公共建筑和大型楼宇进行能耗监测，实现建筑用能的智能控制和精细管理。鼓励建立能源管理平台，针对大型产业园区开展合同能源管理服务

（五）完善公共服务体系

打造物联网综合公共服务平台。针对物联网产业公共服务体系做好统筹协调

工作，充分利用和整合各区域、各行业已有的物联网相关产业公共服务资源，引导多种投资参与物联网公共服务能力建设，形成资源共享、优势互补的公共服务平台体系。依托现有实验室、工程中心、企业技术中心、大学科技园等各类创新载体，整合创新资源，加强开源社区建设，促进资源流动与开放共享，提供物联网技术研发、标识解析、标准测试、检验检测等公共技术服务。充分发挥物联网各类联盟的作用，加强产业链上下游协同，促进产需对接和成果转化。鼓励龙头企业强化产业生态布局，提供第三方开发能力和解决方案，带动物联网中小企业协同发展。继续推进科技金融、投融资担保、政策咨询、知识产权服务、成果转化、人才培养等综合公共服务平台建设，认定一批物联网公共服务示范平台。探索建立公共服务平台多方参与、合作共赢的商业模式，推动公共服务平台市场化、专业化运营，实现平台自我造血，促进公共服务健康可持续发展。

加强物联网统计监测和发展评估。建立物联网统计监测平台，完善统计指标体系。加强产业运行分析，把握产业发展规律，优化产业相关政策，指导和统筹全国物联网发展。建立物联网发展评估体系，对各地区物联网产业发展进行分析评估，为推动物联网产业有序健康发展提供支撑。

（六）提升安全保障能力

推进关键安全技术研发和产业化。引导信息安全企业与物联网技术研发与应用企业、科研机构、高校合作，加强物联网架构安全、异构网络安全、数据安全、个人信息安全等关键技术和产品的研发，强化安全标准的研制、验证和实施，促进安全技术成果转化和产业化，满足公共安全体系中安全生产、防灾减灾救灾、社会治安防控、突发事件应对等方面对物联网技术和产品服务保障的要求。

建立健全安全保障体系。加强物联网安全技术服务平台建设，大力发展第三方安全评估和保障服务。建立健全物联网安全防护制度，开展物联网产品和系统安全测评与评估。对工业、能源、电力、交通等涉及公共安全和基础设施的物联网应用，强化对其系统解决方案、核心设备与运营服务的测试和评估，研究制定"早发现、能防御、快恢复"的安全保障机制，确保重要系统的安全可控。对医疗、健康、养老、家居等物联网应用，加强相关产品和服务的评估测评和监督管理，强化个人信息保护。

四、保障措施

（一）加强统筹协调

充分发挥物联网发展部际联席会议制度的作用，做好部门、行业、区域、军民之间的统筹协调，以及技术研发、标准制定、产业发展、应用推广、安全保障的统筹协调，形成产业链配套和区域分工合作以及资源共享、协同推进的工作格局。充分发挥物联网发展专家咨询委员会的智库作用，加强对重大政策和重大问题研究。

（二）加强财税和投融资政策扶持

加大中央财政支持力度，支持物联网关键核心技术研发和产业化、重大应用示范工程和公共服务平台建设。鼓励物联网企业与银行、保险公司三方合作，探索风险共担、利益共享的融资担保模式。鼓励对重大项目和工程优先给予信贷支持。加强产业与金融资本对接，鼓励风险投资及民间资本加大投入和融资担保力度支持物联网企业发展，支持有条件的企业在创业板、新三板等资本市场直接融资。鼓励地方设立物联网专项资金和制定优惠政策，支持物联网产业发展。

（三）健全完善政策法规

加强政策制定和统筹协调，破解物联网与行业深度融合的体制机制障碍，支持车联网、健康服务等物联网应用创新发展。推动跨部门的物联网数据资源开放、共享和协同，发展物联网开环应用，推进智慧城市建设。开展数据安全和个人信息保护的政策法规研究。合理规划和分配频率、标识、码号等资源，促进物联网基础设施建设。加大物联网标准的宣贯、实施与推广力度，加强知识产权的保护和运用。

（四）加强国际合作

积极推进物联网技术交流与合作。依托政府间对话机制，深化物联网标准、公共服务平台和应用示范的合作。支持国内企业与国际优势企业加强物联网关键技术和产品的研发合作，联合建立国际产业技术联盟。支持我国物联网企业走出去，鼓励企业在境外设立研发机构，积极参与国际标准制定，抢占国际竞争制高点。

（五）加大人才队伍建设力度

健全多层次多类型的物联网人才培养和服务体系。支持高校、科研院所加强跨学科交叉整合，加强物联网学科建设，培养物联网复合型专业人才。支持物联网实训基地建设，鼓励高校和企业合作，发挥学会和协会作用，加强物联网技能和业务培训。依托国家科技计划、示范工程和国际合作，培养高层次人才和领军人才，加快引进国际高端人才。建立高端人才的流动机制，促进人才合理流动，打造专业化的企业管理团队。

附录：

名词解释

英文简称	英文全称	中文全称
3G	3rd-Generation	第三代移动通信
4G	4th-Generation	第四代移动通信
5G	5th-Generation	第五代移动通信
Tbit/s	Tera Bit Per Second	太比特每秒
TD-LTE	Time Division Long Term Evolution	时分同步码分多址长期演进技术
IPv6	Internet Protocol Version6	互联网协议第六版本
PUE	Power Usage Effectiveness	能量使用效率
RFID	Radio Frequency Identification	射频识别技术
M2M	Machine-To-Machine	机器对机器通信
IPTV	Internet Protocol Television	交互式网络电视
CDN	Content Delivery Network	内容分发网络
SDN	Software Defined Network	软件定义网络
NFV	Network Function Virtualization	网络功能虚拟化
ICT	Information Communications Technology	信息通信技术
IDI	ICT Development Index	信息与通信技术发展指数
3D	Three dimensional	三维的
WLAN	Wireless Local Area Networks	无线局域网络
IDC	Internet Data Center	互联网数据中心
POP	Point of Presence	网络服务提供点
NB-IoT	Narrow Band Internetof Things	窄带物联网技术
APP	Application	手机应用程序
IP	Internet Protocol	互联网协议
.CN	—	中国互联网英文国际顶级域名